충청도 청주
동학농민혁명

동학총서
━008

충청도 청주 동학농민혁명

삼남의 요충지인 청주는 근대사회로 전환하는 시기에 변혁운동의 중심지 역할을 했던 지역입니다. 청주는 한국 근대사에서 평등사회 실현과 반침략 민족운동을 추동한 동학의 근대사상이 발현된 선도지역이기도 합니다. 청주 출신의 여러 대접주들은 동학 교단이 크게 영향력을 미친 충청도 지역 동학대도소 지도부의 핵심에 있었습니다. 충의대접주 손병희는 장내리 대도소의 실무 책임자였고, 그의 조카인 청의대접주 손천민은 남일면 송산리를 거점으로 청주에서 기포를 이끌었습니다.

동학학회 엮음

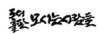

머리말

　1998년 창립 이래 동학학회는 동학에 대한 학제적 연구를 통하여 한국사상의 정체성을 확립하는 데 기여해 왔습니다. 동학 연구의 범위도 협의의 동학에만 국한하지 않고 근대사와 근대사상을 포괄하는 것은 물론 동서고금의 사상 및 현대 과학의 사상과도 비교하는 광의의 동학으로 그 외연을 확대하였습니다.

　그동안 동학학회는 서울과 지역을 순회하며 40차에 걸친 학술회의를 개최함으로써 동학의 글로컬리제이션(Glocalization)에 총력을 기울여 왔습니다. 지역 순회 학술대회는 2011년 경주 추계학술대회를 시작으로 2012년 정읍 춘계학술대회와 고창 추계학술대회, 2013년 보은 춘계학술대회와 예산 추계학술대회, 2014년 영해 춘계학술대회와 남원 추계학술대회, 2015년 대구 춘계학술대회와 홍천 추계학술대회, 2016년 구미 춘계학술대회와 김천 추계학술대회를 개최하였습니다. 그리고 2017년 청주 춘계학술대회를 개최하였으며, 가을에는 수원 추계학술대회를 개최할 예정입니다. 또한 연 2회 단행본 발간과 더불어 등재학술지인 동학학보를 연 4회 발간함으로써 학회지의 질 제고와 양적 성장의 기틀을 마련하였으며, 온라인 논문투고시스템도 구축함에 따라 『동학학보』가 명실공히 권위 있는 학술지로 발돋움하게 되었습니다.

2017년 5월 12일 동학농민혁명 제123주년을 맞이하여 동학농민혁명의 전개과정에서 매우 중요한 위치를 차지하는 청주에서 '동학의 글로컬리제이션: 1894년 동학농민혁명과 충청도 청주'를 대주제로 춘계학술대회가 개최되었습니다. 거기서 발표된 6편의 논문과 기조강연 2편 및 유관 자료들을 부록으로 정리하여 단행본으로 발간하게 된 것을 매우 뜻깊고 또한 기쁘게 생각합니다. 청주시 주최, 동학학회 주관, 그리고 동학농민혁명기념재단 · (사)의암손병희선생기념사업회 · (사)동학민족통일회 · 미래로가는바른역사협의회 · 동학학회 후원회가 후원한 청주 춘계학술대회는 청주 일대를 중심으로 활동한 청주 동학농민군의 실체를 밝히고 이들의 활약상에 담긴 역사적 문화적 의의를 성찰하며 그 결과를 학술대회를 통해 공론화함으로써 청주 지역의 정체성 규명과 문화적 역량 제고의 계기를 마련하였습니다. 특히 동학농민혁명사에서 청주가 차지하는 역사적 위상을 사료 연구를 통해서 실증적으로 입증함으로써 한국 근대사의 전환기에 청주 일대의 주민들이 기여한 실상을 밝히고, 한국 근대사의 발전 과정에서 중요한 역할을 한 청주 동학농민혁명의 의의와 가치를 21세기 글로컬 시대의 시각으로 재조명함으로써 청주 지역 문화의 세계화에 기여함과 동시에 발전적 과제에 대한 통찰을 통해 미래적 전망을 할 수 있게 하는 뜻깊은 학술대회였습니다.

삼남의 요충지인 청주는 근대사회로 전환하는 시기에 변혁운동의 중심지 역할을 했던 지역입니다. 청주는 한국 근대사에서 평등사회 실현과 반침략 민족운동을 추동한 동학의 근대사상이 발현된 선도지역이기도 합니다. 청주 출신의 여러 대접주들은 동학 교단이 크게 영향력을 미친 충청도 지역 동학대도소 지도부의 핵심에 있었습니다. 충의대접주 손병희는 장내리 대도소의 실무 책임자였고, 그의 조카인 청의대접주 손천민은 남일면 송산리를 거점으로 청주에서 기포를 이끌었습니다. 지금까지 동학의 창도 및 발전에 관한 자료 조사와 연구는 다양하게 이루어졌으나 청주에서 동학이 발전하고 세력을 확대해 온 실상에 대해서는 본격적인 연구가 수행되지 못했습니다. 따라서 이번 학술대회에서는 청주 출신 대접주의 포 조직을 비롯해서 각 지도자들과 그 활동상을 파악하고, 청주성 전투 관련 사료를 종합적으로 검토하며 더불어 청주의 농민경제와 사회경제 구조를 파악함으로써 청주 지역의 실상에 대한 새로운 연구 성과를 학계에 제공하는 계기를 마련하였습니다. 역사학, 정치학, 철학, 종교학, 국문학 등 다양한 분야의 동학 전문가들이 모여 개최한 청주 춘계학술대회는 경주, 정읍, 고창, 보은, 예산, 영덕, 남원, 대구, 홍천, 구미, 김천에 이어, 충청도 청주에서 지역민들과 전문 연구자 및 대학생들의 참여를 통해 학문적 교류와 소통의 장을 마련하고 후속 연구를 촉발시키며, 지역적 정체성과 애향심을 고취시켜 애국·애족·애민의 정신을 함양하고, 동학정신과 동학혁명의 가치를 후속세대에 전승하며, 아울러 국내외 전문가를 포함한 인적 인프라 구축을 통해 동학의 글로컬리제이션에 기여할 수 있었다는 점에서 그 의의가 크다 하겠습니다.

동학은 진정한 의미에서의 인간학이고, 동학학회는 이러한 진정한 인간학을 연구하고 그것을 삶 속에 투영시키는 학회입니다. 동학은 상고시대 이래 면면히 이어져 온 민족정신의 맥을 살려 주체적으로 개조·통합·완성하여 토착화시킨 것으로 전통과 근대 그리고 탈근대를 관통하는 '아주 오래된 새것'입니다. 동학의 즉자대자적(卽自對自的) 사유체계는 홍익인간·광명이세의 이념을 현대적으로 구현하는 원리를 제공하고 나아가 평등하고 평화로운 세계를 창조하는 토대가 될 수 있게 한다는 점에서, 백가쟁명의 사상적 혼란을 겪고 있는 오늘의 우리에게 그 시사하는 바가 실로 크다 하겠습니다. 문명의 대전환이라는 맥락에서 볼 때 동학은 새로운 문명의 패러다임, 즉 전일적인 새로운 실재관을 제시함으로써 데카르트 - 뉴턴의 기계론적 세계관의 근저에 있는 가치체계의 한계성을 극복할 수 있게 한다는 점에서 서구적 근대를 초극하는 의미가 있다 하겠습니다. 특수성과 보편성, 지역화와 세계화, 국민국가와 세계시민사회의 유기적 통일성을 핵심 과제로 안고 있는 오늘의 우리에게 이번에 발간하는 단행본이 해결의 단서를 제공해 주기를 기대해 봅니다.

끝으로, 청주 춘계학술대회 개최와 이번 단행본 발간을 위해 지원과 배려를 아끼지 않으신 이승훈 청주시 시장님과 황영호 청주시의회 의장님께 충심으로 감사드립니다. 그리고 이 책을 발간해 주신 '도서출판 모시는사람들'에도 감사의 마음을 전합니다.

2017년 9월
동학학회 회장 최민자

머리말 ── 5

동학을 개신(開新)함에 있어서의 몇 가지 문제제기 | 김태창 ──────11

1. 공공(하는) 철학을 통한 개신운동 ──────────13
2. 시천기화의 인문학으로서의 동학 ─────────18
3. 현대 한국에서의 개벽의 필요성 ─────────25

동학군 별동대장 이종만의 행적 | 이상면 ──────27

1. 서론 ──────────────────29
2. 청주 동학과 이종만 가문 ───────────30
3. 교조신원운동과 반봉건 항전 ─────────35
4. 척왜항전과 별동대장의 역할 ─────────38
5. 결론 ──────────────────61

갑오년 이후 의암 손병희의 의식변화와 개화혁신 | 임형진 ──────65

1. 서론 ──────────────────67
2. 혁명 이후 의암의 활동 ────────────69
3. 일본에서의 활동 ──────────────75
4. 개화혁신으로의 의식 변화 ────────────83
5. 결론 ──────────────────91

청주병영의 동학농민군 진압과 모충사 | 김양식 ────── 95

1. 머리말 ───── 97
2. 개항 이후 청주병영의 변모 ───── 98
3. 청주병영의 동학농민군 진압과 청주성 방어 ───── 103
4. 청주병영 전몰 장병에 대한 인식과 모충사 ───── 116
5. 맺음말 ───── 120

북접농민군의 교단 거점 수비와 청주 일대의 전투 | 신영우 ────── 123

1. 머리말 ───── 125
2. 기포령 직후 북접농민군의 청주성전투 ───── 129
3. 북접농민군의 교단 거점 수비군 배치와 문의전투 ───── 139
4. 북접농민군과 일본군 중로군의 증약전투(10.29, 양 11.26) ───── 149
5. 김개남의 남접농민군과 일본군 간 청주성전투(11.13, 양 12.8) ── 155
6. 맺는 말 ───── 167

『문의군양안』으로 본 청주지역 농민들의 사회경제 기반 | 정경임 ──── 171

1. 머리말 ───── 173
2. 『문의군양안』의 기재 내용 분석 ───── 174
3. 문의군 농민의 사회경제 기반 분석 ───── 197
4. 맺음말 ───── 209

해방공간 (비)국민의 실태와 민권 탐구 | 안미영 ────── 211

1. 서론 ───── 213
2. 해방 이후 (비)국민의 실태와 민주주의의 오용 ───── 215

3. 동학운동, 민권의 태동과 좌절 ————218

4. 동학운동 이후세대의 민권 탐구 ————231

5. 결론 ————236

의암 손병희 사상의 철학적 조명 | 김영철 ————239

1. 들어가는 글 ————241

2. 불의에 맞서 정의로운 삶의 표본을 보이다 ————242

3. 동학을 천도교로 개칭하다 ————245

4. 인내천의 교리를 체계화하다 ————248

5. 인내천, 인간 본성의 자각이자 인간의 이해이다 ————250

6. 이신환성으로 인내천을 깨우치다 ————253

7. 나가는 글 ————255

부록 —— 257

주석 —— 269

참고문헌 —— 300

찾아보기 —— 305

동학을
개신(開新)함에 있어서의
몇 가지 문제제기

김 태 창_ 동양포럼 주간

1. 공공(하는) 철학을 통한 개신운동

저는 젊은 시절의 약 30년 동안 충북대학교에 몸을 담고 젊은 세대들과 함께 · 더불어 · 서로 미래의 새로운 길을 열어가는 데 온 힘을 쏟았던 것이 너무도 소중한 기억으로 남아 있습니다.

충북대학교의 건학정신은 '개신'(開新)입니다. 한문자의 뜻대로 '새로운 차원 · 지평 · 세계를 연다'는 것입니다. 그것을 라틴어로, 'Nova Aperio'라고도 표현했습니다. '새로운 길을 연다'는 뜻입니다. 길이 없는 곳에 새로 길을 연다는 것이지요. 그래서 그때의 젊은 학생들과 함께 윤동주의 '새로운 길'이라는 시를 읊으면서 좋아했던 기억이 새삼 떠오릅니다.

> 내를 건너서 숲으로
> 고개를 넘어서 마을로
>
> 어제도 가고 오늘도 갈
> 나의 길 새로운 길
>
> 민들레가 피고 까치가 날고

아가씨가 지나고 바람이 일고

나의 길은 언제나 새로운 길
오늘도… 내일도…

내를 건너서 숲으로
고개를 넘어서 마을로

　저는 1989년 12월 31일 일본 도쿄(東京)로 갔습니다. 1990년 1월 1일부터 일본인 학자들과 함께 사상과 철학과 문화의 새로운 길을 열어보자는 심산이었습니다. 그때까지는 주로 서양에 가서 배우고 깨달은 것을 가지고 한국에 돌아와서 충청북도 청주시에 있는 충북대학교 학생들에게 전하고 그들과 함께 인식과 실천을 공유함으로써 우리 고장과 우리나라와 우리 겨레의 오늘과 내일의 좀더 나은 삶을 이루어 나가는 데 조금이나마 기여하는 바가 있게 되기를 바라는 마음이었습니다. 겉으로 보기에는 그런대로 뜻 있는 삶이기도 했습니다. 그러나 속에서는 무언가 미흡하고 답답하고 안타까움이 더해가기만 했습니다. 나이 오십이면 마음의 안정을 찾을 때도 되지 않았느냐는 말들을 들었지만 왠지 견딜 수 없는 좌불안석의 상태가 매일 계속되어 급기야 과거와 현재를 일단 접고 오직 미래에 모든 것을 걸고 별로 인연이 없는 곳에 가서 안면도, 학연도, 지연도 없는 낯선 사람들과 새로운 길을 열어보기로 작정했습니다. 충북대학교의 건학정신이 어느새 저의 개인적인 삶의 바탕에까지 스며들어서 이제 남들이 그리고 제 스스로도 열어놓은 길을 따라서 걸어가기만 하는 것에 권태와 피로를 느끼고 신도 안 나고 흥도 일어나지 않았던 거지요. 나이에 어울리지 않게 꿈에 젖어 있었고 어떤 의미에서는 현실감각이 모자랐는지도 모르겠습니다. 그러나 지금 이 자리가 소중하지만 그곳에 머무르고 안주하기를 원하지 않은 것은 그때나 지금이나 마찬가지 저의 고집이라면 고집이라고 말할 수 있겠지요.

그래서 엉뚱한 생각을 하게 되었습니다. 우선 철학에 새로운 길을 열어 보자는 생각을 하게 되었습니다. 일본이라는 낯선 나라에서, 일본의 지성과 지식과 학문을 대표한다는 도쿄대학에서, 일본의 정치적, 사회적, 문화적 엘리트를 제일 많이 배출했다는 도쿄대학 법학부에서, 그들로부터 배우는 것도 아니고 그들에게 가르치는 것도 아니고 그들과 함께 더불어 서로 진지하고 활발한 대화를 하고 공동(共動=힘을 합쳐서 좋은 결과를 얻으려 함)하고 개신(開新=새로운 길을 엶)하려고 했던 것입니다. 특히 '개신한다'는 쪽에 힘을 기울였습니다. 처음에는 한국사람과 일본사람이 함께 · 더불어 · 서로 마음을 열고 대화를 한다는 것 자체가 어려웠습니다. 일본인 쪽에서 보면 대부분의 한국인이 배우러 오는 사람=유학생이었기 때문에 자기들이 가르친다는 의식이 습관화된 형편이었고, 어쩌다 특별한 경우에 특수분야에 관해서 한국인 전문가가 일본인 학생들을 가르치는 일도 없지는 않았지만 함께 · 더불어 · 서로 배우고 가르치고 새로운 길을 열어간다는 체험 · 경험 · 증험이 없었기 때문에 시행착오도 많았지만 그런대로 성과도 있어서 애초에는 2-3년 정도 해 볼 계획으로 시작한 일이었는데 어느새 26년이라는 세월이 흘렀습니다. 여러 차례 명칭 변경이 있었지만 결국 〈공공(하는)철학 쿄토포럼〉이라는 공식 명칭으로 정착했고 누군가가 자기 혼자서 생각하고 그 생각을 다듬어서 세상에 내놓은 철학—자기철학 · 위기철학(爲己哲學) · 사(私)철학도 아니고, 어떤 제도권에서 공인된 철학—관변철학 · 위인철학(爲人哲學) · 공(公)철학도 아닌, 새로운 철학—개개인의 일상생활이 구체적으로 영위되는 생활세계에서 사(私)와 공(公)의 사이를 잇고 살리고 넘어서는 철학—공공(公共)

하는 철학을 낳고 기르고 키워보자는 것이었습니다. 처음에는 주로 영어권에서 유학·수련·연구·교수했던 분들이 주축이 되어 소위, 선진 공공사상을 번역·수입·적용하는 단계가 있었고 그 다음에는 중국에 가서 수학. 연구, 교수했던 분들이 중심이 되어 중국적 공사관을 소개·소화·음미하는 단계를 거쳐서 일본사상 전문가들이 대거 참여해서 일본사상사를 재조명하는 가운데서 일본적 공사인식을 재정립하는 단계에 이르게 되었습니다. 그들 자신도 확실하게 인식하지 못했던 점을 새삼 알게 되었다는 사실에서 학계에서뿐만 아니라 언론계나 사회 전반에 그 영향이 적지 않았습니다. 명문대학에 공공철학강좌가 설치되었고 공공철학을 필수로 하는 인문사회계 대학원이 신설되었으며, 새로 개발된 어휘나 사고방식이 정치 지도자들과 종교지도자들의 발언에 자주 나오게 되었고, 저는 개인 자격으로 국가공무원 교육과정에 특별강사로 초빙받아 각급 공무원들과 진지하고 솔직한 대화를 나눌 수 있는 기회가 생겨 그 결과가 행정기관의 공적 매체를 통해서 공개되기도 했습니다.

그러는 가운데 제가 한국인이기 때문에 그리고 그때가 바로 배용준이 주인공으로 나오는 '겨울연가'―일본에서는 '겨울의 소나타'라는 이름으로 바뀌었음―가 선풍적인 인기를 끌어 일본 여인들의 마음을 사로잡아 저의 일본인 친구학자들도 부인들의 강요에 할 수 없이, 또는 자진해서, 정기적으로 방송되는 겨울연가를 보면서 그야말로 일본사회가 한류에 휩싸였던 시기이기도 해서, 한국과 일본의 관계개선을 위한 인식조정과 실천과제가 전에 없이 중시되었기 때문에, 한일 간의 학자 중심의 공공철학대화가 추진·유지·발전되었었습니다. 그 과정을 통해서 한국적 공공인식과 공공실천의 문제도 재인식·재정립·개선발전의 모색이 중요하고 필요하다고 생각하게 되었습니다.

저는 한편으로 미국과 유럽 여러 나라를 돌면서 그쪽에서의 공공논의를 섭렵·선별·정리하고 일본과 중국 그리고 그 이외의 이른바 제3세계의 나라들을 돌면서 그쪽 형편을 살펴보고 나서 얻은 인식지도에서 한국적 공사인식의 현주소를 가름하고 그 발전 가능성과 장애요인을 가려보았습니다.

그러는 가운데 저의 개인적인 견해에 불과하다는 것을 분명히 밝히는 동시에 우리 모두의 공통과제 중의 대단히 중요한 일환으로써 우리의 철학, 우리의 사상, 우리의 역사적 체험 등을 다시 한번 근본에서부터 살펴보고 거기서 세계와 더불어 공감할 수 있는 우리의 공공인식과 공공실천의 기본과제를 도출할 필요와 그 중요성을 절감하게 되었습니다.

때로는 고독한 고뇌 가운데서 암중모색하며, 때로는 함께하는 귀중한 동료들의 충언과 제안에 격려와 위로와 기대를 얻기도 했습니다. 그래서 오늘에 이르는 동안에 잠정적으로 깨달은 바를 요약해서 제시해 보겠습니다.

첫째로 우리 나름의 공공인식과 공공실천의 기본과제는 중앙(=서울)에서 누군가가 또는 어떤 집단이 정해서 지방에 하향 전달하는 식으로 정립, 보급, 확인하는 방법으로가 아니라 지방 간 상생의 인문학적 상상력의 상극·상화·상생의 역동적 발전·향상·성취의 과정을 통해서 형성·개선·성숙되는 것이 바람직하다는 것입니다.

둘째로 우리 나름의 공사인식과 실천과제는 현재세대 위주로 현재세대의, 현재세대를 위한, 현재세대에 의한 공공인식과 공공실천을 일방적으로 중시하는 경향을 탈피해서 세대간 상생의 인문학적 상상력의 상극·상화·상생의 역동적 발전·향상·성취의 과정을 통해서 형성·개선·성숙되는 것이 바람직하다는 것입니다.

셋째로 우리 나름의 공공인식과 공공실천은 제도권이 주도하는 제도지, 관이 주도하는 관지(官 知), 전문가 집단이 주도하는 전문지에 편향 의존하는 구태에서 벗어나 생활세계에서 자생하는 생활지, 시민이 주도하는 민지(民知), 한 사람 한 사람의 생명을 존중하는 생명지를 밑바탕으로 하는 것이 바람직하다는 것입니다.

마지막으로 우리 나름의 공공인식과 공공실천은 서양이나 일본, 심지어 중국에서도 공공성이란 무엇인가를 인식하는 데 지나치게 편중되어 있는 데 비해서, 역사적 체험으로써나 현재의 과제의식으로써나 공공성이란 무엇인가를 어느 정도 알았다고 해도 그것을 일상생활이나 업무수행을 통해서 실지, 실행, 실천하지 않는다면 아무런 의미가 없지 않느냐는 문제의식이 있어서 공공(인식의)철학에서 공공(하는)철학으로 발전해야 한다는 것입니다.

2. 시천기화의 인문학으로서의 동학

위와 같은 깨달음에 터해서 우리의 지성사, 사상사, 생활사를 심층 성찰해 본 결과의 하나로 동학이 가진 뜻 깊은 가능성을 체감하게 되었습니다. 동학의 내재적 심층 이해는 그동안 정말 각고의 노력으로 그 정수를 밝혀내고 그것을 다른 많은 관심 공유자들에게 이해 가능한 형태로 제시했던 선인들의 업적을 존중하고 그들의 노고에 경의를 표합니다.

그것을 전제로 하고 그 터전 위에서 저의 개인적인 소망을 말씀 드리는 것입니다마는, 오늘의 우리 젊은 세대가 '이게 나라냐?'라고 소리 높여 외치고 '헬조선'이라는 자조적인 자기의식, 자국인식, 세상인식으로 스스로와 함께하는 많은 사람들의 마음을 아프게 하고 있는 현실 상황에 대해서 그것의 형성 과정과 거기서 빚어진 결과에 대한 책임의 일단을 자책할 수밖에 없는 기성세대의 일원으로서 간절한 심정으로 함께 '이게 나라라는 거야'라고 말할 수 있고 당장 '파라다이스조선'까지는 가지 못한다고 해도 거기로 가는 새 길을 함께·더불어·서로 열어 나가자고 호소하고 지방과 세대와 남녀가 함께하는 희망을 키워 좀더 나은 미래를 함께 꿈꿀 수 있는 철학을 세워 나가자고 말하고 싶은 것입니다.

그런 입장과 견해와 취지에서 오늘 이 자리에서 저는 여러분과 함께 동학을 개신하는 데 필요한 인식과 실천의 토대 구축과 방향전환의 사안(私案)을 말씀 드리고 여러분과의 화쟁회통하는 기회를 가질 수 있으면 더없이 크고 기쁜 일이 될 것입니다.

다시 말씀 드립니다마는 이것은 어디까지나 저 자신의 개인적인 견해입니다. 그동안 일본을 거점으로 세계를 상대로 함께 전개해 온 〈공공하는 철학 쿄토포럼〉을 통해서 통산 26년간 2,000명 이상의 일본 국내외의 전문가, 사회지도자, 민간인, 경영인, 관료, 학생들과 대화, 공동, 개신의 과정을 거치는 동안에 때로는 제가 직접, 때로는 동학의 전문가를 모시고 함께 공구공론(共究共論)했던 문제관심을 다시 한번 제나름대로 요약 정리한 것입니다. 그렇기 때문에 여러분의 기탄 없는 반론·이론·신론·반박·비판·변경에 열려 있습니다.

기본적으로 저는 동학을 '시천기화'(侍天氣化)의 인문학으로 재구성함으로써 오늘과 내일의 시대적, 상황적 요청에 능동적으로 적정 대응할 수 있게 되기를 바란다는 것입니다. 여기에 포함되는 기본적인 발상 전환의 핵심만을 추려서 제시하려고 합니다.

동학의 '동'(東)은 서학의 '서'(西)와 대비되는 것이라는 개념의 전환이 필요합니다. 그것은 어디까지나 '서'를 중심으로 잡고 그것과 비교·대조·평가하는 사고방식에서 벗어나기 어렵습니다. 동이(東夷)를 동쪽오랑캐로 해석하고 그것을 한국 또는 한국인을 폄하는 것으로, 중국인은 물론 한국인까지도 자조적으로 이해하는 경향이 있는 것도 그와 같은 의미 이해 때문입니다. 저는 그동안의 경향이 그렇게 흘러온 것도 그와 같은 의미 이해 때문이라고 생각합니다. 저는 그동안의 철학대화를 통해서 체득한 바가 있습니다. 그 것은 '동'(東)이란 중심부(세계적으로나 일국 내로나)에 의한 주변부의 식민지화(정복·동화·평정)에서 벗어난 외각지대를 중심부적 발상으로 규정·차별·폄하한 것입니다. 그렇기 때문에 동은 서와는 전혀 다른 새로운 것이 태동·태생·성장·성숙할 수 있는 가능성이 충분히 남아 있는 지역이라는 뜻으로 해석하는 것이 마땅하다는 생각입니다. 서세동점하던 시대상황에서도 서(중국이나 서양)의 식민지화에 맞서서 끝까지 저항했고 압도적인 물리력으로 말미암아 정복·동화·평정된 와중에서도 민족의식의 최심층에 잠류하고 있다가 때를 만나면 집단적으로 폭발하곤 했던 탈식민지화·탈영토화를 끈덕지게 부추기는 운동 에너지가 농축된 현장으로 이해할 필요가 있습니다.

저는 우리 겨레와 우리나라의 지철학(地哲學)적 위상을 냉엄하게 새겨볼 필요가 있음을 여러 번 직감했습니다. 중국의 철학적 동력은 '문화'(文化= 文德感化=문화의 힘으로 주변세계와 거기서 사는 인간들을 감화시킨다)력에 의한 '중화화'로 나타나고, 일본의 철학적 세력은 '습합'(習合=외부로부터 들어오는 일체의 것을 취사선택해서 철저하게 자기 것으로 바꿈)에 의한 '일본화'로 표출되는데, 그 사이에 놓여져서 중국 쪽의 외향적 동화력과 일본 쪽의 내향적 통합력을 동시에 중화 조절하면서 독자적 정체성을 확보·유지·발전시킬 수 있었던 것은 대국이나 강국의 논리와는 다른 중간국의 생존전략을 역사적 체험을 통해서 체인·체득·체화할 수 있었기 때문이라고 생각하게 된 것입니다.

그렇다면 중국의 '문화'와 일본의 '습합'과는 다른 우리 나름의 내외조정의 철학적 원동력은 무엇인가? 한참 동안 고심한 끝에 깨달은 것은 신라말기의 최치원이 비슷한 지철학적 위기상황에서 생각해 낸 우리 고유사상으로서의 풍류도의 핵심 지향으로서의 '포함삼교'와 '접화군생'을 오늘과 내일의 시대상황에 맞추어서 새밝힘하는 데서 도출될 수 있다는 자각·각성·체인(體認)입니다. 제 나름의 재해석은 '포함삼교'를 '삼차원상관연동적 상상력'으로, 그리고 '접화군생'을 활명연대(活命連帶)적 상상력으로 새밝힘한다는 것입니다. 삼차원상관연동적 상상력이란 모든 이원대립적 분쟁 상태를 그 사이로부터 양쪽을 함께 살리면서 넘어서는 길을 찾아 거기서 스스로도 삶을 새롭게 할 수 있는 새 차원·새 지평·새 세계를 열어간다는 것이 기본인 상생전략적 구상력을 말하는 것이며, 그것을 종래의 공(公)중심, 전체 주도의 사상·철학·문화와 사(私)중심, 개인주도의 사상·철학·문화와의 극단적 이분대립 상황에서오는 폐단·병리·모순을 그 사이로부터 포월—초월이 아닌—하는 가운데서 공사공진화(公私共進化)를 이루도록 한다는 뜻에서 개신한다는 것입니다.

그리고 '접화군생'에 관해서입니다마는 저 개인적으로 체험·경험·증험·효험의 과정을 거쳐서 터득한 바에 의하면 중국의 '문화'와 일본의 '습합'에 직접 대비되는 한사상·한철학·한문화의 근본적 지향은 '접화'라는 것이며 거기서 빚어지는 결과가 '군생'이라는 것입니다. 그것은 타자와 자기가 만나게 될 때 자기에 의한 타자의 동화·회수·통합을 지향하는 것이 아니라 타자와 자기가 함께·더불어·서로 살리고 사는 길을 찾는다는 것입니다. 자기중심적 생존사고를 자타상생적 사고로 바꾼다는 사고전환으로 새밝힘한다는 것입니다. 만남이 타자 말살의 계기나 자기소멸의 위기가 되는 것이 아니라 자타상존(自他相尊)을 통해서 자타상화·상생·공복(共福)의 새로운 세계를 열어가는 기회가 된다는 뜻에서 개신한다는 것입니다.

'시천'(侍天)은 일단 '시'와 '천'으로 따로따로 떼어서 각각의 뜻을 살펴보고 그것들을 다시 합쳐서 그 깊은 뜻을 새밝힘할 필요가 있습니다. '시'는 '모시다'라는 우리말을 한자로 표기한 것입니다. '모시다'라는 것은 신분이 높은 분이나 내게 귀하고 소중한 분을 안으로 받아드리고 극진히 대접하고 그 뜻을 이루도록 한다는 뜻입니다. 그리고 '천'은 하늘인데 인격적으로 이해할 때는 하늘님, 하느님, 하나님이 되며 비인격적으로 파악할 때는 지기(至氣) 즉 가장 순수하고 가장 생명력이 충만한 기ー원기(元氣), 영기(靈氣), 생기(生氣)를 뜻합니다. 저는 이때까지의 종교적 의미해석에서 생명론적 재해석으로 해석전환을 감행할 필요가 있다고 생각합니다. 저 자신의 개인적인 견해를 말씀 드리면 근원적·내재초월적 생명력·생명에너지에의 눈뜸이며 깨달음이며 그것의 기질화·체질화·습관화라고 생각합니다.

다시 말하면 개개인의 개체생명ー인간만이 아니라 우주만물을 똑같은 생명현상으로 보는 입장에서는 개개물의 개체생명ー을 바쳐주고 지켜주고 어느 기간이 지나면 나중에는 거기로 돌아가도록 마련되어 있는 더 큰, 더 근원적인 생명ー우주생명이라고 부르기로 한다ー의 역동적 임재를 체감·각성·체인하고 그것을 타인·타자·타물과 공유한다는 것입니다. 나도 너도 그도 그녀도 모두가 하늘 = 우주적·근원적 생명에너지를 속 깊이 모시고 있는 존재라는 뜻에서 상호존중이 필수불가결이며 우주적·근원적 생명에너지를 분유(分有)·공유(共有)·공육(共育)하고 있다는 점에서 근본적으로 평등, 무차등하다는 것입니다. 여기서 자타가 함께 더불어 서로 경천(敬天), 경인(敬人), 경물(敬物)해야 할 근거가 도출되기도 하는 것입니다. '경'(敬)이란 지극한 마음으로 정성껏 모신다는 뜻에 다름 아니기 때문입니다.

이제 '기화'(氣化)를 새밝힘 할 차례입니다. 기화도 '기'와 '화'를 따로따로 고찰한 다음에 다시 합쳐서 그 뜻을 새롭게 심문해 볼 필요가 있습니다. 우선 '기'(氣)인데 그것은 앞서도 언급된 바와 같이 근원적 생명력, 생명에너지라고 이해할 수 있습니다. 그것은 개체생명의 근원적 생명에너지와 우주생명의 근원적 생명에너지를 포함하는 것입니다. 저는 거기에 보태서 개체적·근원적 생명에너지와 우주적·근원적 생명에너지를 그 사이에서 때로는 상극하고, 때로는 상화하고, 때로는 상생하는 매개적·관계형성적 생명에너지를 포함시킬 필요가 있다고 생각합니다. 동서양의 여러 언어의 어원학적 고찰의 결과를 상고해보면 공기=기=영 또는 혼 또는 영혼=호흡=생명에너지라는 의미연관이 확실하다는 것을 알 수 있습니다. 다만 어느 때 어느 분야의 인식 패러다임이 주도적 위상을 차지하고 있었느냐에 따라서 그에 상응한 해석이 다른 해석보다 인식적 우위에 섰는가가 영향을 받았고 그것이 줄곧 변화되어 왔다는 사실을 감안할 필요가 있습니다. 그래서 기화라고 하면 영화(靈化) 또는 생화(生化=생명론적 인식으로의 변화)라고도 할 수 있는데 인간변혁·사회변혁·세계변혁의 원동력을 인간 주체의 이성이나 감성이나 의지에 관련지어서 이해·파악·주장했던 종래의 변혁이론에서 인간과 만물이 공유하는 근원적 생명에너지 동원의 적정화·적합화·시중화(時中化)를 가장 중요시하는 변혁이론으로의 근본 전환을 뜻하는 말로도 해석할 수 있겠습니다. 저의 문제 관심과 결부시키면 민중의 근원적 생명력을 동원함으로써 개인적·민족적·국가적 영혼의 탈식민지화·탈영토화를 지향하는 운동개념이라고 볼 수도 있습니다.

원래 우리의 고유사상·철학·문화의 근저에는 '화'(化)가 핵심적 지향(指向)·정향(定向)·향향(響向)으로 끈질긴 저류를 이루고 있었습니다. 우리의 건국신화에도 '원화위인'(願化爲人=간절히 바라옵기는 스스로 바뀌어서 사람이 되고 싶다는 것)이라든가 '재세이화'(在世理化=이 세상이 하늘, 땅, 사람의 이치에 따라 제대로 좋게 바뀌어지도록 함)가 중심가치로 제시되어 있지 않습니까? 지금 젊은 세대가 '이게 나라냐?'고 절규하고 있습니다. 제 나라를 두고 '생지옥'이라고 말하고 '한국을 떠나고 싶다'는 제목의 책이 널리 읽히고 많은 젊은이들에게 공감을 일으킨다는 것입니다. 그렇다면 나라의 모습이 바뀌어야겠지요. 그렇지 않습니까? 나라는 우리 세대만의 것이 아닐뿐더러 다음세대가 이어야 할 세대간 공공물=공공재=공공선이기 때문입니다. 그래서 현재세대의 인식·의식·지식으로는 그런대로 살 만하다고 해도 다음세대의 입장·처지·관점으로는 못살겠다면 그 차이·격차·모순을 세대간 공평성·공정성·공명성의 균형 있는 판단으로 세대간 상생 쪽으로 변경·변혁·개혁해 나가도록 최선의 노력을 실행에 옮겨야 할 책임이 제1차적으로 기성세대 쪽에 있다고 생각하지 않으십니까? 그런데 그와 같은 변경, 변혁, 개혁이 현재의 부분적 세부조정으로 이루어질 수 없다면 근본적이고 전반적인 변혁이 필요한데 동학에서는 특히 이점에 착안해서 '개벽'(開闢)이라는 말을 썼고 그것도 '다시 개벽'이라는 점을 강조하고 있습니다.

일본인 학자들과의 대화에서 알게 된 사실인데 일본에서는 '개벽'이라는 말은 쓰지 않는다는 것입니다. '개벽'이란 일본이라는 나라가 처음 세워질 때 아마테라스여신(天照大女神)에 의해서 성취된 위업으로 기억할 뿐 그 이후에는 그 어느 누구도 개벽을 생각할 수 없다는 것입니다. 그것이 일본인들의 사상·철학·문화의 기조음(基調音)으로 계속되어 오고 있습니다. 그것이 그들의 나라의 모습이며 기본틀이기도 합니다. 그것이 소위 만세일계의 천황제에 의해서 변함없이 보존되어 왔습니다. 우리의 역사에서도 어쩌면 이씨조선의 초석을 다진 정도전이 생각하고 제시했던 공천하국가(公天下國家)의 구상은 일종의 개벽적 사건으로 정당화하고 나서 그 이후에는 필요에 따라 개혁까지는 허용하되 '개벽'은 금기시했던 것이 아닌가 하는 생각이 들기도 합니다. 그래서 숱한 정쟁이 있었고 그때마다 개혁이 거론되고, 실행되었지만 개벽이라는 어휘는 최제우가, 그리고 동학운동이 명시적으로 제창

할 때까지는 역사의 무대에 등장한 적이 없었습니다. 그것은 하늘을 바꾸고 땅을 바꾸고 사람을 바꾸어서 새로운 하늘과 새로운 땅과 새로운 사람이 새롭게 아우러지는 총체적 개신을 의미하기 때문에 쉽사리 입에 올리거나 일을 시작할 수 있는 것이 아니기 때문입니다.

3. 현대 한국에서의 개벽의 필요성

그런데 지금 우리나라는 이대로는 안 된다는 세대간 · 지방간 · 남녀간 · 계층간 · 분야간 공통인식이 널리 퍼져 있는 것 같습니다. 세대간 · 지방간 · 남녀간 · 계층간 · 분야간의 행복격차 · 희망격차 · 기회격차가 너무 심하다는 현실인식이 팽배하고 있습니다. 지방은 중앙의 식민지 영토와 같은 위치에 놓여 있고, 장래세대는 기성세대의 과도한 이기주의에 의해서 상대적 박탈감에 시달리고, 지도자와 대중은 극심한 동상이몽에 집착할 뿐이며, 여자는 아직도 남자보다 사회적 · 문화적 · 경제적인 차별에서 벗어나지 못하고 있으며, 태어날 때 '금수저'를 가질 수 있었던 인간들은 세계적 수준의 호사를 만끽하는데도 불만으로 가득 차 있는데 '흙수저'를 가지고 태어난 인간들에게는 더 나은 미래를 꿈꿀 수 있는 최소한의 희망도 가질 수 없는 절망상태에서 벗어날 길이 안 보인다는 것이 현실 상황입니다. 적어도 대다수의 젊은 세대의 현실인식입니다.

그래서 다시개벽이 필요하다는 것이 아니겠습니까? 물질개벽이 필요하다는 것은 몇십년 전에 제창되었던 시대선언이었습니다. 정신개벽이 필요하다는 시대선언이 최근에 나왔습니다. 그렇지만 저 자신의 개인적인 감각으로는 앞선 두 가지 개벽에 보태서 생명개벽 · 생활개벽 · 생업개벽이 필요합니다. 특히 겉으로 보이는 한국인의 체격이나 용모나 성격은 지난날에 비해서 월등하게 개선·개량·개진된 것 같습니다마는 기본적인 생명력·생활력·생업력은 약화·퇴화·열화(劣化)된 것같이 느껴지는데 저만의 착각입니까? 그리고 그렇게 된 개인적·정치적·사회적·문화적 원인이 기성세대의 무책임·무감각이 인식 부족에서 연유한 점이 적지 않았다고 생각하는데 저만의 과잉자책입니까? 세계를 다니면서 여러 나라의 다양한 세대간·지방간·남녀간·계층간·분야간 공공하는 철학 대화운동을 전개해오는 가운데서 절실하게 체감하게 되었던 것은 장래세대에 대한 현재세대의 책임의식과 배려가 상대적으로 희박한 우리의 현실을 반성할 수밖에 없었는데 저의 무식의 소산입니까? 물론 자기 자신의 아들딸에 대한 책임과 배려는 세계 어느 나라와 비교해도 손색이 없을 정도로 강렬합니다. 그러나 사회적 의식화의 수준에서 아직도 후진국형의 틀을 벗어나지 못했다는 것입니다. 가족이기주의·친족중시주의·파벌우선주의 등등 친밀권 집착적 경향을 극복하지 못했다는 지적을 받고 거기에 합리적인 반론을 펴기가 어려웠던 것이 보탬 없는 사실입니다. 근본적인 의미에서 기화가 필요한 시대 상황입니다. 인간과 사회와 국가가 생명개벽·생활개벽·생업개벽을 필요로 하고 있습니다.

동학이 촉발한 민중의 원기력·영기력·생기력이 집합적으로 적정화·적합화·적시화될 때 강력한 생명개벽·생활개벽·생업개벽을 제대로 실현시킬 수 있는 원동력으로 작용할 것입니다. 그와 같은 방향으로 동학 연구와 동학 실천이 이루어지면 '이것이 바로 나라다'라고 말할 수 있는 나라의 기틀이 마련될 수 있으며, 헬코리아가 파라다이스코리아로 근본 변혁되는 길이 열리지 않을까 하는 느낌이 드는데 여러분은 어떠십니까?

동학군 별동대장
이종만의 행적

이 상 면_ 서울대학교 명예교수

1. 서론

1894년 가을 척왜항전의 역사는 처절한 패배주의적 서술이 대부분이지만, 이종만(李鍾萬)이 레밍턴 소총을 든 별동대를 이끌고 면천 승전곡(勝戰谷) 전투에서 현지 동학군을 지휘하여 일본 서로군 지대를 물리쳤고,[1] 문의 지명진(芝明津)과 그 남쪽 금강 상류 일대에서 벌어진 일련의 전투에서 별동대의 선봉에서 호중동학군을 선도하여 일본 중로군과 그에 부속된 관군과 일련의 대등한 전투를 벌여 그들이 끝내 우금치(牛禁峙)전투에 참가하지 못하게 한 것을 보면 그렇지만도 않았다.[2] 당시 일본군이 남긴 기록에도 관군 복장에 레밍턴 소총으로 무장한 별동대가 승전곡전투 후에 지명장(芝明場)으로 급히 이동하여 흰옷 입은 동학군을 지휘하여 전법에 맞게 포진하고, 지뢰를 매설하고 대포를 쏘는 등 대등한 전투를 벌였다고 썼다.

이종만은 청주 태생으로 13세에 동학에 접하여 25세에 동학전란이 끝나기까지 소년기와 청년기를 다 동학혁명운동에 바쳤다.[3] 소년기에 가족과 함께 속리산 북변 용해(龍海) 솔면이(松面里)로 이주하여 동학과 무술을 배웠고, 장성하여 보은 장내리에 살면서 동학교단 가까이에서 활동했다. 그는 1892년 10월 공주취회를 거쳐 11월 삼례취회에 참여해 전봉준을 만났다. 그는 이내 금강 상류를 누비며 동학도를 동원하여 1894년 3월 보은취회를 여는 데 공헌했다. 1894년 봄 전봉준이 고부에서 봉기하여 전라도를 석권하고 정부 측과 전주화약(全州和約)을 맺어 개혁에 나서자, 그는 문의현(文義縣)을 점령하고 집강으로 일했다.[4]

이종만은 전봉준의 측근으로 박인호(朴寅浩)의 덕포(德包)에 속하여 동학혁명운동과 척왜항전에서 호중지방의 동학군을 선도해 큰 공헌을 했는데도 제대로 알려지지 않았다. 필자와 가족이 이종만으로부터 직접 들은 것을 기초로 당시 사료와 증언을 종합적으로 분석하여 그의 행적을 탐구하고 그 함의를 논하고자 한다.

2. 청주 동학과 이종만 가문

1) 이종만의 유년 시절

동학은 흔히 가난하고 신분이 낮아 차별받는 계층에서나 하는 것으로 알려져 있었는데 이종만(李鍾萬, 1870-1956)의 경우는 그렇지 않았다. 남부럽지 않은 양반 가문에서 2대 독자로 태어난 그가 어린 시절에 가족과 함께 동학에 접하게 되어 소년기와 청년기를 오로지 동학혁명운동과 척왜항전에 바치게 된 배경은 어떠한 것이었으며 그 동인은 무엇이었을까?

동학은 원래 1860년 최제우(崔濟愚)가 경주에서 창도했지만, 그가 관에 잡혀 1864년 3월 순도하자, 최시형(崔時亨)이 대를 이어 잠행하며 포덕(布德)을 했다. 최시형은 1871년 영해봉기에 가담하였다가 실패하고 영춘, 단양 등 소백준령으로 숨어들어 동학의 명맥을 이어갔다. 개국의 기운을 승시하여 1880년에 『동경대전(東經大全)』을, 1881년에 『용담유사(龍潭遺詞)』를 펴내 포덕에 나서, 그 성과가 1882년부터 호중지방(湖中地方)에서 드러나게 되었고, 청

주 이종만 가에도 영향을 미치게 된다.[5]

이종만은 1870년 청주목(淸州牧) 남일면(南一面) 관터(館基里)에서 태어났다.[6] 고려말 정승이며 문인으로 이름이 높은 익재(益齋) 이제현(李齊賢, 1287-1367)의 20대손이다. 이제현의 6대손이 창평에서 현령을 지낸 박팽년(朴彭年)의 사위 이공린(李公麟)이고, 그의 아들 8(八鼈)형제 가운데 3남 이원(李黿, 1471-1504)이 김종직(金宗直)의 제자로, 1498년 무오사화(戊午士禍)에 연산군의 화를 입어 나주로 유배되어 1504년 갑자사화(甲子士禍) 때 현지에서 사약을 받았다. 창평공 이공린의 부친은 평안도관찰사를 지낸 이윤인(李尹仁)이며 조부는 참찬(參贊)을 지낸 이계번(李繼蕃)이다. 이계번은 이제현의 고손이니, 재사당(再思堂) 이원(李黿)은 곧 익재 이제현의 7대손이다. 이원이 남기고 간 아들 가운데 막내 이발(李渤)이 부친 이원의 바로 아래 동생 생원공 이타(李鼉)에게 양자로 갔다.

무오갑자 양차 사화에 화를 입은 충격에 그들은 남한강을 거슬러 충청도로 낙향했다. 양자의 손자 이대건(李大建) 대에 제천에서 청주 오근장(梧根場)으로 이주하여 아들 둘이 과거에 급제했다. 장남 이시발(李時發, 1569-1626)은 왜호양란(倭湖兩亂)에 걸쳐 공을 세우고 영의정으로 추서되어 진천에 유택을 두었다.[7] 차남 이시득(李時得, 1574-1640)은 풍천부사를 지내고 청주 남일면 관터(館基里)에 정착했다. 이시발의 아들 이경휘(李慶徽, 1617-1669)가 형조판서에 오른 후로 양쪽 형제 집안에서 크고 작은 인물이 종종 나왔지만, 널리 알려진 것은 10대에 이르러 구한말에 진천 쪽에서 나온 헤이그 밀사 이상설(李相卨, 1870-1917)이다. 청주 남일면에서 난 이종만(李鍾萬, 1870-1956)이 그와 동갑이다.

이종만의 부친 이규성(李圭誠, 1843-1900)도 일찍이 신동으로 이름이 자자하여 13-14세에 생원 진사과에 합격했다. 성균관에 들어가 문과에 응시할 준비를 하던 중, 1858(戊午)년 정월 서울에 사는 고령박씨 고관의 딸(1844-1858)과 결혼했으나, 석 달 만에 역병으로 상배하고 만다. 그는 곧 청주 북일면(北一面) 수름재에서 난 18세 한산이씨(1841-1878) 규수와 재혼했다. 이규성(李圭誠)은 성품이 올곧고 효성이 지극하여 서울에서 관직에 있는 십여 년 동안 부인으로 하여금 향리에서 홀로된 부친(李隣榮,1814-1874)을 모시게 했다. 그런 탓인지 결혼 12년 만에 1870년 이종만을 낳았다.

이규성(李圭誠)은 그 후 정국이 혼탁하여 관직에서 물러나 가족과 함께 보은에서 도를 닦는 생활을 하다가 1870년대 중반부터 전라도 능주목(綾州牧)에 가서 몇 해 근무하게 된다.[8] 이종만은 아홉 살 때 어머니 한산이씨(1841-1878)를 여의었다. 부친 이규성은 둘째 부인마저 상배하자, 다시 배필을 찾지 않고 하녀를 데리고 실았다. 이종만은 그녀를 서모라고 불렀지만, 말은 '해라'를 했고, 그녀는 종만을 '도련님'으로 받들었다고 한다. 부친은 하나 있는 아들을 집에 독선생을 두고 가르치려고 했지만, 종만은 동네 아이들과 놀기만 좋아하고 공부에는 관심이 별로 없었다고 한다. 그랬지만 종만은 부친으로부터 바른 생활태도를 견지하고 매사에 자신을 드러내지 않고 일하는 것을 배웠고, 어머니 한산이씨로부터 활달하고 친화에 능한 성격을 물려받았다.

부친 이규성(李圭誠)은 그후 다시 상경하여 승문원(承文院) 교리(校理)로 근무하게 되었으나 1882년 임오군란이 일어나 세상이 극도로 어지러워지자 벼슬을 그만두고 낙향하여 향리 남일면 관터로 돌아오게 된다.[9] 대원군이 청나라로 끌려가고 민씨 척족이 권력을 휘두르는 조정에서 매관매직이 횡행하는 참담한 현실을 보고 크게 충격을 받아, 그의 호 경칙(敬則)이 보여주듯 올곧은 성품에 더 이상 참을 수 없어 혼탁이 극에 달한 서울을 떠나 초야에 묻혀 도를 닦기로 작심한 것이었다.

2) 이종만의 소년시절

이종만의 부친 이규성(李圭誠)이 1870년대 초에 관직에서 물러나 가족과 함께 보은에 몇 해 가서 도를 닦으며 지내는 동안, 조부 이인영(李隣榮, 1814-1874)이 1874년 봄에 별세하여 보은 삼년성 남쪽 용천산(龍川山)에 유택을 마련한 것을 보면, 그 이전에 이미 동학에 접했을 것으로 생각된다. 이종만은 5살 때 조부가 보은에서 작고하여 읍내 앞 용천(龍川,報靑川)이 스쳐 흐르는 삼년성 아래 용천산(龍川山)의 정상에서 가까운 후록에 어렵게 매장한 것을 잘 기억했다. 이종만네가 보은에 이주하여 도를 닦던 시기는 1871년 이필제(李弼濟)의 영해봉기로 여파로 정국이 극도로 혼란스러웠다.

이규성(李圭誠)은 1882년 임오군란 후 서울에서 청주 남일면 관터로 낙향한 지 얼마 안 되어 향리에 있는 집과 전답을 그대로 둔 채, 가족과 함께 괴산 - 문경 간 소백준령의 명승지 솔면이 선유동(仙遊洞)으로 이주하여 또 다시 도를 닦는 데 몰입하게 된다.[10] 그가 장성하여 남접 대부 서장옥(徐璋玉) 부류들과 활동한 행적을 보면 이종만네는 그 무렵 청주에 살던 서장옥과도 교류가 있었던 것 같다.[11] 청주 북면에 사는 손천민(孫天民)이 1883년 동학에 입도했고, 그의 연하의 서숙(庶叔) 손병희(孫秉熙)도 그 뒤를 따랐다. 이종만의 생가가 있는 관터마을 서쪽 무심천 건너편에 있는 솔뫼마을(松山里)에 그들과 연고가 있는 강영문이 살고 있어 서로 자주 오갔다고 한다.

당시 단양현(丹陽縣) 남면에 은거하던 2대 교주 해월 최시형은 1880년에 『동경대전』을, 1881년에 『용담유사』를 펴내고, 적극적으로 동학 포덕에 나섰다.[12] 그는 영춘, 영월 등 양백준령(兩白峻嶺)의 산간오지를 전전하다가, 1882년부터 청주로, 목천(木川)으로 두루 돌아다니며 포덕을 했다. 그 다음 해부터는 공주 마곡사(麻谷寺)로, 보은 장내리(帳內里)로 은거지를 옮겨가며 충청도 전역은 물론 전라도 북쪽까지 세를 펼쳤다.

1883(癸未)년 봄에 목천(木川)에서 『동경대전』 100권을 간행했는데, 그해 김화성(金化成)이 보은으로 가서 최시형으로부터 도(道)를 받았다고 한다. 최시형은 당시 보은 장내리에 거주하는 첫째부인 밀양손씨 집에 머물면서 포덕을 한 것으로 보인다.[13] 그해 5월에는 공주접이 발의해서 『동경대전』을 중간하고 경주판이라고 명시했다. 김화성은 목천에서 보은을 오가면서 도중에 청주에 들렀을 것이니, 그 가근방에서 동학에 입도하여 활동하던 서장옥, 손천민, 손병희 등과 접촉이 있었을 것이다.

이종만은 가족을 따라 괴산-문경 간 솔면이 선유동으로 이주한 후 산 너머 남쪽 용해(龍海,龍華)를 넘나들며 무사 도인들로부터 무술을 배웠다. 활달한 성격에 기골이 장대한 청년으로 자라나 천하장사라는 말을 듣게 되었다. 몸을 날려 담을 훌훌 넘었고 여남은 산적이 덤벼도 맨손으로 해치웠다고 한다.[14] 또 어린 시절부터 승마에 능해 달리는 말 위에서 활을 쏘아 사냥감에 명중시키는 재주가 뛰어났다고 한다. 그는 무과에 응시해 볼 생각을 하여 도를 닦고 무술을 연마한 것이었다.

솔면이에서 3-4년을 보낸 후, 전 가족이 산 너머 남쪽 괴산-상주 간 용해(龍海,龍華) 사담동(沙潭洞)으로 이주한다.[15] 용해는 상주 화북면 운흥리와 중벌리 및 괴산군 청천면 사담리가 이마를 맞대고 있는 거대한 분지로 '소의 배처럼 푸근한 느낌을 준다' 하여 예로부터 우복동(牛腹洞)으로 알려진 곳이다.[16] 분지 남쪽 문장대 위로 아침 해가 지나갈 때면, 마치 용(龍)이 바다를 헤치고 가는 듯 청량한 기운이 인다고 하여, 용해(龍海)라는 지명이 생겼다고 한다.

용해는 임진왜란 때 말을 타고 신기(神技)를 부려 적군을 물리쳤다는 정기현(鄭岐鉉) 장군의 전설이 있는 곳이다. 정감록에도 전쟁이 일어나도 만 명 가운데 한 명이 다칠까 말까 한 곳이라고 하여 만무일상(萬無一傷)의 십승지지

(十勝之地)로 꼽았다. 주위가 온통 거봉으로 이어진 거대한 분지인데도 벼농사가 가능하여, 백두대간에서 영춘(瀼春)의 의풍(儀豊)과 상주 - 괴산 간 '용해 솔면이'에서만 장작불에 지은 이팝(白飯)을 먹을 수 있다고 했다.[17] 이종만은 용해에서 무사들과 무술을 연마하고 동학과 지리에 심취하여 이내 무과에 응시할 생각을 접고 동학혁명운동에 가담하게 된다.

보은 장내리에 살던 최시형이 산 너머 용해(龍海, 龍華)로 가서 괴산현 청천면 사담리 산간 마을에 살던 이종만 가에서 피신한 적이 있다고 하는데, 그 시기는 1889년 초가을 '기축(己丑)의 원왕(冤枉)' 때로 보인다.[18] 관에서 그곳마저 지목하자, 최시형은 충주를 거쳐 강원도로 갔고, 이종만 가족은 청주 고향으로 돌아간다.

3. 교조신원운동과 반봉건 항전

1) 교조신원운동

이종만의 부친은 이규성은 용해 솔면이로 이주하여 근 십년을 동학을 하며 사느라고 살림이 궁하게 되었다. 1889년 '기축(己丑)의 원왕(冤枉)'에 해평 윤씨 댁으로 시집간 누이동생이 사는 회인현 북면 수곡리(首谷里)로 돌아갔다. 기근마저 들어 하루는 하인을 해평윤씨 댁으로 보내 쌀을 좀 보내달라고 했더니, 찧지 않은 보리를 둥구미에 보내와 눈물을 흘렸다고 한다.[19] 『천도교창건사』에 의하면, 그 무렵 손병희가 사흘을 굶어 쓰러져 있었는데 이종만이 모미죽(牟米粥)을 진상했다고 한다.[20]

이종만의 부친은 남일면 관터의 가산을 정리하여 수곡리 묏골로 생활 터전을 옮기고 독자 종만을 신평이씨(新坪李氏, 1870-1896) 규수와 결혼시켰다. 얼마 후 지목이 풀리자, 이종만네는 회인현 북면 수곡리 집은 그대로 둔 채, 다시 그의 조부 묘소가 있는 보은읍 용천리(龍川里) 동쪽 인근 장내리(帳內里)로 가서 살면서 동학교단 가까이에서 활동을 하게 된다.[21]

동학의 교세 확장과 함께 이종만의 활동 무대도 금강 유역으로 확대되었다. 괴산 보은 간 백두대간 산악지대에서 무사들과 활동하며 장성한 그는 이제 남으로 고개를 넘어 온 백성이 먹을 보화가 묻혀 있다는 금적산(金積山) 아래 펼쳐진 옥천 분지에 골골이 감입곡류(嵌入曲流)하는 금강 상류를 보고 새 세상을 그려본다. 거룻배를 타고 금강을 오르내리며 역사와 지리를 좋아하는 협객을 사귀게 된다. 주암(舟巖)은 경치가 수려한 곳으로 5일장이 섰는데 강가 독락정(獨樂亭)에는 시국을 논하는 지사들이 많았다.[22]

최시형은 1892년 가을 청주 남일면 솔뫼마을(松山里)에 봉소도소(奉疏都所)를 설치하고 손천민 등으로 하여금 공주 감영에 제출할 소장(疏狀)을 기초하게 했다. 솔뫼마을은 이종만이 태어난 관터마을에서 서쪽으로 무심천 건너편에 바라다 보인다. 관터(館基里)가 청주 보은간 도로에 접해 있었으니 솔뫼마을을 드나드는 사람들은 대개 관터를 거쳐 갔을 것이다. 그 무렵 이종만은 보은 장내리에서 회인 북면 수곡리의 집을 거쳐 남일면 향리를 오가며 활동했고, 공주취회에 참여하게 된다.

어린 시절 능주(綾州)에서 자란 탓에 공주에 온 전라도 도인들과 쉽게 사귀었다. 그는 곧 삼례로 가서 전봉준을 만나고 이내 그와 의기투합하여 북접과 남접을 잇는 역할을 하게 된다. 금강 상류를 누비며 사귄 무사와 협객들을 거점으로 1893년 3월 보은취회에 동학도를 동원하는 임무를 수행했고, 그가 이룬 조직은 1894년 동학혁명운동과 척왜항전에 중요한 거점으로 작동하게 된다.[23]

2) 반봉건 보국 항쟁

1894년 봄 전봉준이 고부에서 봉기하여 전라도 전역에서 무장투쟁에 나서자, 이종만은 그와 의기투합하여 보국안민의 기치를 내걸고 동학혁명운동에 나섰다.[24] 머지않아 그는 남접의 대부 서장옥과 뜻을 같이 하는 무사 협객들과 회인현과 회덕현의 관아를 습격하기도 한다.

이종만은 괄괄한 성품에 기골이 장대하고 무술이 뛰어나, 비슷한 성격과 체력을 갖춘 문의(文義) 접주 오일상(吳日相), 회덕(懷德) 접주 강건회(姜建會) 등과도 호형호제하는 사이가 되었다. 그들 셋은 예산의 박인호(朴寅浩, 1855-1940) 대접주의 덕포(德包)에 속했다. 오일상의 집은 문의현 서쪽 끝에서 가까운 연기현(燕岐縣) 남면 월성리(月城里)에 있었다.[25] 이종만의 고향집이 문의현(文義縣) 동쪽 끝에 인접한 회인현(懷仁縣) 북면 수곡리(首谷里)에 있어서, 서로 오가려면 동서로 80리 길을 걸어야 했다. 두 사람의 집이 이처럼 문의현의 동서 양쪽의 경계 밖에 있어, 문의 관아의 감시를 벗어나 활동하기가 수월했다.

1894년(갑오) 4월 28일(양 6.1) 전봉준이 이끄는 동학군이 전주성을 점령했다. 5월 초 청일 양국 군대가 동학란 진압을 기화로 조선에 속속 들어오자, 전봉준 대장은 전라도 관찰사와 5월 7일 전주화약(全州和約)을 맺어 무력항쟁을 종식하고 개혁정책을 실시하게 되었다. 그에 따라 전라도 전역에서 집강 제도가 실시되자, 이종만은 무사 협객들과 동학도를 동원하여 어느 무더운 날 저녁 문의현 관아를 점령했다.[26] 이때 관아에서는 새로운 원님이 오셨다며 삼현육각(三絃六角)을 연주했다고 한다.[27]

이종만은 이내 집강(執綱)으로 오일상 등과 함께 문의현과 인근 현에서 폐정개혁을 위해 노력했다.[28] 인근 청주에 진남영(鎭南營)이 있는데도 동학군이 문의 관아를 점령하고 집강소를 설치한 것은 놀라운 일이었다. 오일상이

1903년 9월 그가 살던 연기군 남면 월성리에서 일어난 살인사건을 다루는 법정에서 이웃 주민으로서 증언을 하는 가운데, 척왜항전 시에 자신의 계급이 관령(管領)이었고, 반봉건 보국항쟁 시에는 집강(執綱)으로 일했다고 진술한 것을 보아도, 문의현과 그 인근 지역에서 집강제도가 실시된 것을 확인할 수 있다.[29]

진잠, 회덕, 문의 등 전라도에 가까운 충청도에서는 집강제도가 좀 늦게 실시되기는 했지만, 그 판도가 급기야 진남영(鎭南營) 남쪽 인근에 있는 문의현에 이르렀다는 것은 평가해야 한다. 이종만과 오일상 같은 동학지도자가 거의 모두 양반 출신이라 그랬는지, 고령신씨 은진송씨 등 낙향해 사는 양반들의 세거지가 많아서 그랬던지, 문의현과 그 인근에서는 반상간의 갈등이 비교적 적었던 것도 특이하다.

4. 척왜항전과 별동대장의 역할

1) 동학군과 관군 일본군의 전략

전봉준은 호남동학군을 이끌고 북상하여 10월 12일 논산에 유진했다. 지난봄 전주를 점령하고 전주화약을 얻어냈으니, 이제 척왜항전에서 공주성을 차지하게 되면, 6월 21일 이래 경복궁을 점령하고 있는 일본군과 일대 담판을 벌일 작정이었다.[30] 공주는 그 북변에 엎어놓은 반원형으로 흐르는 금강과 그에 상응하는 반원형의 야산 줄기로 둘러싸인 남변이 서로 접하여 천연의 둥그런 성곽(城郭)이 되어 지키기에 수월하고 공격하기 어려운 요새였다.

그 무렵 손병희가 남한강 유역에서 모집한 호서동학군을 이끌고 보은을 거쳐 동학교단 본부가 있는 청산(靑山)에 도착했다.[31] 동학교단에서는 손병회의 호서동학군을 1대(甲隊)로 보고, 문의, 회덕, 옥천 등 금강 상류에서 일어난 호중동학군을 호서동학군 2대(乙隊)로 여겼지만, 그 둘은 성격과 임무가 달랐다.[32] 문의 접주 오일상과 회덕 접주 강건회는 예산의 박인호(朴寅浩, 1855-1940) 대접주의 덕포(德包)에 속하여 이종만 별동대와 함께 청주 진남영(鎭南營)에 대적하고 있었다.

10월 15일 미나미 고시로(南小四郎) 소좌가 인솔하는 후비보병 독립 제19대대 750명이 동학군을 진압하기 위해 서울 용산기지에서 남하했다. 제1중대 동로군(東路軍)은 충주를 거쳐 경상도로 떠났고, 제2중대 서로군(西路軍)은 공주로 향했으며, 제3중대 중로군(中路軍)은 미나미(南) 소좌와 함께 조선의 가장 중요한 지방 군영인 진남영(鎭南營)이 있는 청주로 가도록 했다.[33]

전봉준 대장은 손병희 북접군과 연합전선을 형성하기로 합의한 바에 따라, 16일 논산에서 양호창의영수(兩湖倡義領袖) 명의로 충청감사 박제순(朴齊純)에게 "일제에 빌붙어 군부(君父)를 협박하고 백성의 원한을 짓는 오리(汚吏)를 소제하기 위해 일어났으니 동참하라"는 서신을 보냈다. 일제와 금영은 이를 개전서(開戰書)로 여겼다. 조정에서는 10월 4일부터 양호도순무영(兩湖都巡撫營)을 설립하여 동학군 토벌에 나선다고 했지만, 일제가 6월 21일 경복궁을 점령한 이래 조선은 이미 주권 제약을 받아와, 척왜항전에 즈음해서 관군의 지휘권은 대대장 미나미(南) 소좌의 손아귀에 들어가 있었다.

우선봉 이두황(李斗璜, 1858-1916)이 인솔하는 장위영(壯衛營) 군은 미리 청주 진남영으로 내려가 10월 14-17일 보은, 회인, 문의를 돌며 동학도를 쫓다가 금영(錦營)의 요청으로 공주행을 고려하고 있었다. 선봉장(左先鋒) 이규태(李圭泰, 1841-1895)가 이끄는 통위영(統衛營) 군은 진위(振威)에 먼저 내려가서 공주 전장으로 향하는 서로군 중대장 모리오 마사이치(森尾雅一) 대위를 기다리고 있었다.[34]

선봉장(左先鋒) 이규태(李圭泰)는 17일 저녁 진위에서 중대장 모리오(森尾) 대위를 만나 초토방안을 의논했다.[35] 이규태가 예하 우선봉 이두황(李斗璜)의 장위영 군이 최근 보은, 회인, 문의를 돌며 동학도를 토벌하고 있다고 말했다. 모리오(森尾) 대위는 아산만 수로를 위협하는 이창구(李昌九) 동학군을 초멸하겠다며 18일 예하 아카마즈 코쿠보(赤松國封) 소위의 지대를 평택 아산을 거쳐 예산 면천 등 내포지역으로 보내 동학군을 토벌하고 공주로 가게 했다. 서로군 지대는 1개 소대 2개 분대로 총 87명이었고, 교장(敎長) 황수옥(黃水玉)이 이끄는 관군과 잡대 43명을 대동하고 있었다.[36]

전봉준 대장은 논산에서 척후를 천안으로 보내 관군 일본군의 동향을 파악하고 있었다.[37] 18일 김복용(金福用) 대접주는 천안 동남변 목천(木川) 세성산(細城山)에 동학군 1천 8백여 명을 포진시켰다.[38] 세성산은 청주와 공주로 가는 통로에 있는 '경향 간의 요충'으로서, 남진하는 관군–일본군의 앞길에 놓인 '장애물'이었다. 선봉장 이규태는 19일 천안에 도착해 20일 모리오(森尾) 대위를 다시 만나 동학군 진압 방안을 논의했다.[39]

전봉준 대장이 호남동학군을 이끌고 20일 노성으로 북상하여 공주성을 칠 태세를 갖추자, 동학교주 최시형은 손병희에게 대통령기(大統領旗)를 내리고 남한강 유역에서 모집하여 청산에 내려와 있는 호서동학군을 이끌고 옥천으로 가서 대기하게 했다.[40] 문의 접주 오일상(吳日相, 吳一尙)과 회덕 접주 강건회(姜建會) 등은 호중동학군을 이끌고 청주 진남영(鎭南營)에 대적해야 했다.

청주 진남영에서는 세성산 동학군이 천안에서 공주로 가는 길을 가로막자, 20일 새벽 6(卯)시경에 그곳에서 멀지 않은 연기(燕岐) 봉암동(鳳岩洞)에 유진하고 있던 우선봉 이두황의 장위영 군을 세성산에 보내 김복용 동학군을 초멸하도록 명령했다.[41] 이두황은 10(巳)시경 봉암동을 떠나 세성산에서 가까운 송정리(松亭里)로 가서 유진했다.

10월 21일 새벽 6(卯)시경 이두황(李斗璜)의 장위영 군 840여 명이 세성산으로 접근했다. 1,800여 김복용(金福用) 동학군은 구식무기로 무장하고 훈련도 제대로 되어 있지 않아, 신식무기를 갖춘 장위영 군에 한나절에 무너졌다.[42] 김복용 대접주도 생포되었다. 동학군은 '경향 간 요충' 세성산을 잃은 것이었다.

바로 다음날 당진 송악산(松岳山, 崇學山)에서 아산만 수로를 위협한다는 면천(沔川,唐津)의 이창구(李昌九) 대접주가 관아의 유인작전에 휘말려 체포되었다. 그는 당일 홍주성에 끌려가 처형되었다.[43] 내포지역의 맹주인 예산의 박인호(朴寅浩) 대접주는 21일 세성산전투에서 김복용(金福用) 대접주의 동학군이 허물어진 데 이어서, 22일 당진 면천의 강자 이창구 대접주가 처형되자 커다란 충격에 휩싸였다. 현지 동학군은 당장에 새로운 지휘관이 필요했다.

박인호(朴寅浩) 대접주는 자신의 덕포(德包)에 속한 문의 접주 오일상과 회덕 접주 강건회가 9월 하순 최신 무기를 구하려고 청주 진남영군과 며칠간 싸운 것을 상기했다. 청주성전투에서 잡힌 동학군 두령들이 10월 1일 무심천변에서 효수되자, 한밭(大田坪)으로 물러난 '1만여' 동학군은 3일 순찰을 마치고 우연히 그곳을 지나 공주로 가던 영관 염도희(廉道希)가 인솔한 진남영군 80명을 유인해 제압하고 73명을 조용히 죽이고 시체를 소각해 버린 바 있었다.[44]

그날 관군한테 빼앗은 레밍턴 소총 80정과 상당한 양의 실탄은 물론 심지어는 관군 시신에서 벗긴 군복까지 호중지방 동학군의 자산이 되었다고 한다. 사건 현장이 한밭(大田坪)이라 회덕 접주 강건회(姜建會)를 지목하기도 했지만, 진남영과 일본군이 오일상(吳日相, 吳一相)을 문의와 회덕의 구릉지대에 준동하는 '난폭자'로 낙인을 찍은 것으로 보아 그 사건과 관계된 인물로 꼽았던 것 같다. 그러니 그들과 함께 활동한 이종만도 관아의 눈초리에서 자유롭지 않았을 것이다. 무술과 병법에 능한 이종만이 청년무사를 뽑아 관군한테 빼앗은 레밍턴 소송 80정으로 특수훈련을 실시해온 터에, 박인호 대접주는 아카마츠(赤松) 지대가 내포지역으로 들어와 토벌에 나서자, 강건회 오일상과 같이 그의 덕포(德包)에 속한 천하장사 이종만에게 협조를 요청한 것은 당연한 일이었다.[45]

2) 승전곡전투

동학군 별동대는 무술이 뛰어난 청년무사로 구성된 사관특수부대로, 평소에는 검은 제복을 입고 흰옷 입은 동학군을 훈련시키고 지휘했다.[46] 마치 후일 독립군이 만주에서 일본군과 비슷한 군복을 입고 유인하며 싸웠던 것처럼, 별동대는 유사시 관군 제복을 입고 레밍턴 소총으로 무장하고 대개 말을 타고 이동했다.[47] 이종만은 별동대원 80명 가운데 50명을 이끌고 예산에서 박인호 포의 호응을 받아 면천(沔川,唐津)으로 갔다.[48]

10월 24일 (양11.21) 아침 아카마츠(赤松) 지대 1개 소대 2개 분대 78명이 관군 34명과 함께 짐바리(駄馬牛) 5마리에 보급품이 든 배낭을 싣고 면천 읍성에서 서북 여미(餘美) 방향으로 이동하고 있었다.[49] 동학군은 승전곡(勝戰谷, 僧田谷) 양쪽 기슭에 포진하고 그들을 기다리고 있었다. 동학군 십여 명이 승전곡 초입 근처에 나타나 어른거렸다.

일본군 앞장(尖兵)은 승전곡으로 가는 1,500m 전방에 동학군을 발견하고 전진했다.[50] 500m 전방에 깃발 몇 폭이 나부껴 접근해보니 4-5백 명의 동학군이 모여 있었다. 일본군 앞장(尖兵)이 '적이다'하고 소리치자, 아카마츠(赤松) 소위는 한 분대를 동쪽 작은 둑에 있게 하고 나머지 대원을 앞장(尖兵) 선으로 전진하여 산개하고 사격하게 했다. 동학군은 별 대응도 해 보지 못하고 곧 흩어졌다.[51] 일본군은 동학군이 수만 많았지 별것 아니라고 생각하고 11시 반 산판에 앉아 소풍하듯 점심을 먹었다.

12시 반 아카마츠(赤松) 소위는 데리고 온 관군 34명을 서쪽 산길로 전진시키고 앞서 내보냈던 일본군을 불러들여 본대와 합류시켰다. 잠시 후 관군과 동학군 사이에 총격전이 벌어졌다. 아카마츠(赤松)는 곧 짐바리(駄馬牛)에 붙인 병사를 후퇴시키고, 본대를 다시 반으로 나누어 3개 분대 27명을 오른쪽 산길에 배치한 다음, 나머지 병사를 본대로 삼아 승전곡으로 전진해 들어갔다.[52] 멀리 골짜기 양쪽에 여러 개의 깃발이 펄럭이고 동학군이 허옇게 포진하고 있었다. '1만 5천 명'이나 되어 보였다.[53]

아카마츠(赤松) 소위는 한 분대를 오른쪽 큰길로 전진하며 경계하도록 하고 본대 2개 분대 반을 이끌고 골짜기로 전진했다. 곧 사격전이 벌어졌다. 연기가 시커멓게 피어오르고 있었다. 일본군은 동학군의 무장이 형편없는 줄 알았는데, 검은 제복을 입은 별동대 수십 명이 레밍턴 소총으로 사격하고 흰옷 입은 동학군을 지휘하는 것을 발견했다.[54]

그때 산정 오른쪽 산길로 전진하던 분대원이 관군과 함께 허겁지겁 산에서 뛰어 내려왔다. 산위에서 '수천 명'의 동학군이 맹렬하게 사격해 와 전진할 수 없었고, 서풍을 이용해 산과 들에 불을 지르고 공격해 와 그 연기와 불길이 하늘을 찌를듯하여 물러났다고 말했다. 아카마츠(赤松) 소위는 발길을 돌리기로 했다.[55]

그런데 문제는 그때부터 터졌다. 오후 4(申)시 일본군이 후퇴를 개시하자, 동쪽 고지에 포진한 동학군이 함성을 지르고 전진하며 맹렬히 공격에 나섰다. 일본군은 저지대에 있기가 위험하여 얼른 동북쪽 고지로 퇴각했다. 동학군은 그 산정으로 추격했다.

아카마츠(赤松) 소위는 보급품을 실은 짐바리(駄馬牛)가 보이지 않자, 소리를 질렀다. 짐바리 세 마리가 어느 새 달아났다고 했다. 한 마리는 죽었으며 나머지 한 마리는 놀라 날뛰는 바람에 짐을 떨어뜨렸다고 했다. 아카마츠(赤松)소위는 그제야 속은 것을 알게 되었다. 짐바리(駄馬牛)를 끌던 위장 동학군 5명이 초병을 때려눕히고 배낭을 진 채 짐바리를 끌고 달아나 대원 78명이 사용할 보급품이 사라진 것이었다.[56] 일본군은 간신히 혈로를 열고 달아났다.[57] 그 와중에 아카마츠(赤松) 소위는 관군 복장을 한 별동대에 생포될 위기에 처해 나팔을 빼앗기고 달아났다.[58]

일본군은 밤 10(亥)시 허겁지겁 덕산에 이르러 겨우 끼니를 때웠다. 그들은 밤새 길을 걸어 이튿날 오전 8시 홍주성으로 들어갔다.[59] 아카마츠(赤松) 소위는 병사들이 전투가 개시되기 전에 실탄을 100발씩 받았는데 하오 3시 반경 탄약이 동나자, 후퇴할 수밖에 없었다고 패인을 해명했다.[60]

3) 승전곡전투 당일, 공주 전장의 상황

손병희 통령은 청산을 떠나 옥천에 와 있다가 전봉준 대장으로부터 공주영(公州營)을 공격할 터이니 '북문외(北門外)'에 와 매복하고 있다가 합세하라는 통지를 받았다.[61] 10월 23일 호서동학군은 금강 북안으로 서진하여 한다리(大橋) 동남방 '한솔벌'에 유진했다. 다음 날 약조대로 '공주성 북문외(北門外)'로 갈 셈이었다. 경리청 대관 백낙완(白樂浣)은 금강진(錦江津)을 건너 북안을 순시하다가 그들로 보이는 동학군 수십 명을 잡아서 저물녘에 돌아왔다.

24일 4(寅)시경 경리청 부영관 홍운섭(洪雲燮)은 박제순(朴齊純) 관찰사 지시에 따라 경리청 병력 709명 4개 소대를 반으로 나누어 참령관 구상조(具相祖)와 더불어 350여 명 2개 소대를 인솔하고 효포(孝浦)로 나갔다. 포대(砲隊)와

호각대(號角隊)도 절반이 그 뒤를 따랐다. 당시 조선군 소대의 규모는 일본군의 중대에 해당했다.

홍운섭(洪雲燮)은 4천여 전봉준 동학군이 30리 되는 경천(敬川)에서 효포(孝浦)로 올라오고 있고, 옥천에서 서진해 온 '동도 수만 명'이 30리 되는 한다리(大橋, sic)에' 둔취하고 있다가 전봉준 호남동학군과 곧 회합(會合)하여 공주를 치리라는 정보를 입수했다.[62] 효포(孝浦)에 그냥 있다가는 남과 북에서 협공당할 우려가 있었으므로, 일단 피하면서 묘책을 찾기로 했다. 성하영(成夏永) 영관이 거느리는 경리청 병력 709명의 절반인 2개 소대가 곰티(陵峙)와 금강진(錦江津)을 지키는 가운데, 효포를 지키던 경리청 부영관 홍운섭(洪雲燮)은 기각지세(掎角之勢)에 빠질 것을 우려하여 새벽 하현달 아래 참령관 구상조(具相祖)와 더불어 2개 소대 350여 명의 병력을 이끌고 북진하여 금강진(錦江津)을 건넜다.[63] 관찰사 박제순은 그 소식을 듣고 놀라 경리청 영관 성하영에게 곰티(熊峙)만 지키려고 하지 말고, 공주성 밖으로 나가 효포(孝浦)도 지키게 했다. 홍운섭 부영관은 참령관 구상조와 함께 2개 소대 350여 명을 이끌고 금강진에서 북쪽으로 가다가 진영에서 25리 되는 수촌(壽村)에서 식사를 하고, 이내 우회하여 한다리(大橋) 뒷길로 동진했다. 국사봉 기슭 월성리(月城里)에 동학군 수천 명이 둔취하고 있는 것이 보여 배후에서 기습하여 단숨에 무너뜨렸다.[64]

홍운섭의 경리청군은 이어서 옥천, 영동 등 멀리서 이동해 와 그 아래 강가 '한솔벌'에서 노숙한 '수만 명'의 호서동학군을 마구 공격해 내려갔다.[65] 동학군은 '별 생각 없이' 금강변에 배수진을 친 꼴이 되어 버려 허둥지둥 하다가 일단 동쪽 야산으로 피해 올라가려고 했다. 크고 작은 야산 둘을 놓고 두어 시간이나 밀고 밀치는 혈투가 벌어졌다. 동학군은 시간이 흐를수록 경리청 군의 막강한 화력을 당해낼 수가 없었다. 점차 기력을 잃더니 오후 늦

게 동쪽으로 후퇴를 거듭하다가 금강 지류 미호천(美湖川)을 도섭하여 달아났다.[66]

그날 24일 오전 8(辰)시경 전봉준 대장은 경천(敬川)에서 효포(孝浦)로 북상하여, 성하영(成夏永) 영관의 경리청 군과 대치하고 온종일 산발적인 전투를 벌였다. 전일 옥천에서 서진하여 '한솔벌'에 와서 유진한 호서동학군이 '공주성 북문외(北門外)'로 오기를 공허하게 기다렸다.[67] 전봉준은 오후 늦게서야 그들이 '패전하고 미호천을 건너 후퇴한 사실'을 알게 되었던 것 같다. 저녁 무렵부터 비가 내려 화승총을 사용하기 어려워져 제대로 공격을 할 수가 없어 호남동학군도 효포에서 물러나야 했다.[68]

사실 그날 24일 공주 전장에서는 날이 밝기도 전부터 전세가 동학연합군에게 유리한 상황이 전개되고 있었다. 무엇보다도 스즈키 아키라(鈴木彰) 소위가 서울에 임무가 있다면서 금영(錦營)의 만류를 뿌리치고 한밤에 일본군 소대를 이끌고 금강진(錦江津)을 건너 서울로 가 버린 것이었다.[69] 효포에 있던 경리청 부영관 홍운섭도 전봉준의 호남동학군이 경천에서 효포로 북상하고 있고 호서동학군이 이미 '한다리(大橋)' 인근에 당도했다는 정보를 입수하고, 구상조 참령관과 함께 2개 소대 350여 명을 이끌고 새벽 하현달 아래 금강진을 건너 강북으로 가고 없었다. 천안에서 남하하던 모리오(森尾) 대위의 서로군과 선봉장 이규태(李圭泰)의 통위영 군이 광정(廣亭)에서 유진하고 있어 그날 저녁에나 공주에 당도할 수 있었다. 이두황(李斗璜)의 장위영 군은 21일 세성산전투에서 승리하고 나서 아직 그곳에 머물러 있는 판국이었다.

공주성을 지키는 관군은 성하영 영관의 경리청 군 4개 소대 709명 가운데 홍운섭 부영관과 구상조 참령관이 이끄는 2개 소대 350여 명이 빠져나가고 나머지 2개 소대가 효포와 곰티와 금강진(錦江津)을 방어하고 있을 뿐이었다. 공주성에 남은 경리청의 2개 소대 병력을 나누어 여러 곳을 동시에 지키며

전투를 하기가 어려웠다. 실로 공주성을 지키는 관군은 일본군이 없는 상태에서 방어능력이 가장 취약한 상태에 처해 있었던 것이다.

동학군에게는 다시없을 절호의 기회가 도래했는데도, 전봉준 대장은 옥천에서 서진해 '한솔벌'에 이르렀다는 호서동학군이 공주성 '북문외(北門外)'로 오기를 기다리며 산발적인 전투를 벌였으나, 이미 그들은 '한솔벌'에서 패전하여 45리 밖으로 물러났던 것이었다. 전봉준 대장은 그 패전 소식을 듣고 땅을 쳤을 것이다. 때마침 내리는 비에 화승총 심지에 불을 붙이기 어렵게 되자 하늘을 원망하며 공격을 중지하지 않을 수 없었다.[70]

그날 24일 저녁때 모리오(森尾) 대위가 이끄는 서로군 본대는 선봉장 이규태(李圭泰)의 통위영 군과 함께 장기진(長岐津)에서 금강을 도하하여 공주에 입성했다.[71] 그들이 공주성 '북문외(北門外)'에서 가까운 금강진(錦江津)을 마다하고 장기진(杖基津)으로 들어온 것을 보면, 군사요충인 한다리(大橋)를 거쳐 온 것으로 보인다. 경리청 부영관 홍운섭도 '한솔벌'전투 후에 동학군을 추격하다가 그들이 미호천(美湖川)을 도섭하여 달아나자, 군사를 돌려 수촌(壽村)을 거쳐 8(戌)시경 금강진(錦江津)을 건너 공주로 돌아왔다.

4) 금강 상류 전투

(1) 문의 부근 지명진전투

승전곡전투에서 이종만 별동대가 현지 동학군을 선도하여 아카마츠(赤松)의 서로군 지대를 격파한 10월 24일 오후, 공주전장에서는 위에서 본 바와 같이 전봉준의 호남동학군이 공주성 진입작전을 하다가 수포로 돌아갔고, 손병희의 호서동학군은 이미 살핀 바와 같이 공주성 북문외(北門外)로 가는 약조를 지키려고 금강을 따라 접근전을 시도했으나 길잡이로 선봉에 섰던 옥천 영동 포를 필두로 경리청 군의 기습에 무너져 45리 밖으로 물러나고 말았던 것이다. 저녁에 모리오(森尾雅一)의 서로군과 이규태(李圭泰)의 통위영군이 장기진(杖基津)을 건너 공주에 입성한데 이어,[72] 한다리(大橋) '한솔벌'에서 승전한 홍운섭(洪雲燮)의 경리청 군도 금강진(錦江津)을 건너 공주로 들어왔는데, 바로 그 무렵 청주에서는 대대장 미나미(南小四郎) 소좌가 중로군과 함께 진남영(鎭南營)에 들어섰다.

그날 한다리(大橋) 인근 '한솔벌'전투에서 패배한 남한강 유역에서 온 호서동학군은 미호천 동쪽으로 물러났다가 이튿날에야 다시 전봉준의 호남동학군 진영 쪽으로 이동할 길을 찾게 된다. 옥천 영동 등 금강 상류에서 온 동학군은 문의 남쪽 지명진(芝明津)으로 돌아가 인근 지역에서 온 현지 동학군과 함께 회덕 땅 주막거리 장터에 둔취했나.[73]

청주 진남영에서는 이장회(李章會) 병마절도사가 그날 저녁 미나미(南小四郎) 소좌에게 문의(文義)와 연기(燕岐) 간에 창궐하는 '난폭자' 오일상(吳日相) 동학군의 실태와 회덕(懷德)에서 판치는 강건회(姜建會) 동학군 및 최근 금강을 따라 서진해온 호서동학군의 이동상황을 보고하고 대대적인 토벌을 건의했다. 미나미(南) 소좌는 25일 이른 아침 척후를 문의(文義)와 연기(燕岐) 쪽으로 보내 동학군을 탐지하게 한다.[74]

이런 상황 하에, 이종만은 24일 승전곡전투를 끝낸 후, 별동대 본대를 이끌고 말을 달려 지명장(芝明場)으로 이동하여 두고 갔던 지대 30명과 합류했다.[75] 미나미(南) 소좌는 승전곡전투 후 검은 제복을 입은 별동대 50여 명이 문의로 이동했다는 정보를 입수하고 긴가민가했는데, 지명진(芝明津)으로 와보니 실제로 그들로 보이는 검은 관군 제복 차림에 레밍턴 소총을 든 자들이 흰옷 입은 동학군을 훈련, 지휘하고 있었다.[76] 미나미(南) 소좌는 그들의 민첩한 기동성에 놀라지 않을 수 없었다.

지명진(芝明津)은 보은, 청산, 영동, 금산, 옥천, 회인, 회덕, 문의 등 십여 현에서 흘러나온 크고 작은 하천이 금강 본류가 되어 신탄진 평야로 흘러나가는 '병목'에 있는 나루였다.[77] 지명진은 강폭이 70-100미터나 되고 수심이 깊어 거룻배로 건너야 했다. 지명진 북안 문의 땅에도 집이 좀 있었으나, 회덕 관할인 남안의 주막거리에는 길 양쪽으로 집이 늘어서 있어 5일장이 섰고, 멀리 산 밑에는 동네가 있었다.[78]

지명장터(芝明場)에는 24일 한다리(大橋) '한솔벌' 전투에서 호서동학군이 선봉부터 여지없이 무너져 패전한 것을 놓고, 강건회, 오일상 등 호중동학군 관령들이 공주로 가는 관군 일본군에 길을 내준 꼴이 되어, 공주성 진입작전에 치명타를 초래하게 되었다며 묘책을 궁리하고 있었다. 이종만이 별동대원 50명을 이끌고 면천으로 달려가서 현지 동학군을 선도하여 24일 승전곡에서 아카마츠(赤松) 지대를 격파하고 돌아온 것에 다들 놀라워 칭송하며 그의 병술에 기대하고자 했다.

이종만은 관령들과 의논하여 지명장(芝明場)과 그 뒷산에 문의, 회덕, 동학군 주력을 포진케 하고, 좌우 야산에 각 포에서 온 동학군을 배치했다. 별동대 80명을 풀어 각 포에서 온 동학군을 훈련시키고 지휘 체계를 세웠다. 작전 목표는 우선 청주에서 문의로 남하하는 중로군의 금강 도하를 좌절시켜 공주로 가지 못하게 막는 것이었고, 다음으로 금강을 거슬러 옥천으로 남진하여 청산에 있는 동학교단 본부를 엄호하는 것이었다.

10월 25일 저녁 7시 20분경 중로군 척후가 청주에 돌아와서 보고하기를 연기(燕岐) 방향에는 약간의 동학군이 산 위에 있는데, 그 모습이 마치 초병(哨兵) 같았고 서남쪽에서 총성을 들었다고 했다.[79] 문의에 갔던 정찰대는 동학군이 문의 남쪽 약 20리에 있는 '지명(至明, 芝明)'을 근거로 하고 있는데 그 수가 많아 산위에 허옇다고 보고했다.[80]

간간이 내리던 비가 밤늦게 갰다. 미나미(南) 소좌는 26일 한밤중인 1시 반 일본 중로군 중대를 이끌고 교도중대 316명과 진남영 병정 100명과 함께 밤새 문의(文義)로 행군했다.[81] 관군 일본군을 다 합치면 750명이 넘는 대대병력이었다. 미나미(南) 소좌가 병력을 이끌고 이른 아침 문의에 도착해 보니 이상하게도 동학군은 하나도 보이지 않았다. 이리저리 수소문을 해 본 결과 문의 남쪽으로 2-3정(丁) 내려가면 금강건너 지명(至明, 芝明)이라는 장터가 보이는데, 동학군이 그곳에 집결해 있다고 했다.[82] 11시 30분 일본군 전위가 금강 북안에 도달하여 강 건너편을 보니 과연 동학군이 지명장터(芝明場)와 그 뒷산에 포진하고 있었다.[83] 동학군이 좌우 주변 고지에도 허옇게 있어 '1만 2-3천' 명이나 되어 보였다.[84]

동학군 척후도 일본군과 그에 부속된 관군이 강북 언덕에 당도한 것을 포착했다. 동학군 초병이 사격을 하자 일본군 전위가 응사했다. 일본군은 작은 촌락 하나를 두고 사격을 하여 금강 북안에서 전장을 조망할 수 있는 언덕 하나를 점령했다.[85] 동학군 1개 분대가 북안에서 마치 배수진을 치고 싸우다 후퇴하는 척하며 유인작전을 폈다.[86] 일본군 저격으로 동학군 몇이 쓰러지자, 별동대가 레밍턴 소총으로 사격에 나섰다. 동학군 일부는 하상 중앙까지 접근하며 사격을 했다.[87]

일본군은 동학군의 무장이 형편없는 줄 알았는데, 자세히 보니 레밍턴 소총 등 후장총(後裝銃)을 가진 자들이 적지 않았다. 특히 관군제복을 입은 자가 80명이나 되었고, 그들이 레밍턴 소총으로 충분한 실탄을 사용하여 공격하고 있는 것이 놀라웠다.[88] 더욱이 그들이 전법에 맞게 포진하고 사격하며 흰옷 입은 동학군을 지휘하는 것이 볼만했다.

양측이 금강을 사이에 두고 사격만 주고받다가는 승부가 날 것 같지 않다. 일본군은 강북에 건너와 있던 동학군을 물리친 후, 전위 소대원을 남쪽으로 증가시켰다. 한낮 도하작전은 무모한 것이었다. 얼마 후 강 건너 동학군 진지에서 대포소리가 두 번이나 울렸다. 밤새 청주에서 걸어와 전투에 임한 탓에 지친 병사들이 놀라 사기가 떨어졌다.[89] 미나미(南) 소좌는 무언가 전기가 있어야겠다는 생각이 들었다. 전위를 텃골(下垈) 언덕에 남겨 놓고 일단 병력을 문의 쪽으로 철수시켜 충분한 휴식을 취하게 했다.

(2) 지명장 안개작전

밤이 깊어갈수록 안개가 짙어졌다.[90] 미나미(南) 소좌에게 묘안이 떠올랐다. 동학군이 잠들어 있는 시각에 은밀히 분대를 도강시켜 그 배후를 치기로 했다. 27일 0시가 되자 2개 분대가 지명진(芝明津)에서 금강 북안을 따라 남쪽으로 가다가 은밀히 도강했다. 그들은 금강 남안에서 북진하여 황호리(黃湖里)와 지명장(芝明場) 쪽에서 유진하고 있는 동학군의 배후를 급습했다.[91]

안개 속에 자고 있던 동학군이 기겁을 하고 허둥지둥 달아났다. 기습에 성공하자, 미나미(南)는 0시 20분 짙은 안개 속에 전위 소대를 남안으로 이동시켰다.[92] 지명장에 있던 동학군이 이미 남쪽 고지로 이동한 뒤였다. 이어서 2개 소대가 추격하려고 했지만, 안개가 짙고 곳곳에 지뢰가 매설되어 있어 전진이 어려웠다.[93]

미나미(南) 소좌는 새벽 3-4시경 시라키 세이타로(白木誠太郞) 중위로 하여금 지대원 18명과 교도중대 316명을 이끌고 지명진(芝明津)에서 금강을 거슬러서 남진하도록 했다.[94] 혹시 동학군이 '새어나가' 우회해서 청주 쪽으로 모여 배후를 칠 것이 염려되었기 때문이었다.[95] 짙은 안개 속에 앞서가던 병사가 지뢰를 밟아 부상당했다.

날이 새자 동학군이 사용하던 취사장이 안개 속에 더러 보였다.[96] 창 12자루, 화승총 6정, 화살 천 다발 등 구식 무기와 깃발을 수십 개나 노획했다.

일본군은 동학군의 소 12마리와 말 16필을 끌어가다가, 말 6마리는 갖고 나머지 10마리는 진남병이 달라고 하여 주었다.[97] 교도중대는 동학군의 소와 말을 36마리나 끌고 갔다.

해가 떴어도 안개가 잔뜩 끼어 있어 어디서 동학군이 나타날지 모를 일이었다.[98] 지명진(芝明津) 북안에 있을 때는 남안으로 건너가면 모든 것이 수월해질 것 같았으나, 막상 남안으로 건너오고 보니 배수진을 친 형국이 되어 버렸다. 동학군이 어디서 한꺼번에 공격해오면 도리어 낭패에 빠질 수도 있었다.

(3) 증약 부근 금강변 전투

10월 28일은 동학교조 최제우(崔濟愚)의 탄신일이었다. 동학군은 각처에서 제례를 지내고 대규모 공세를 벌일 계획을 세웠다. 미나미(南) 소좌는 중로군 본대를 문의에 유진한 채, 시라키(白木) 지대와 교도중대를 남진시켜 금강 상류로 거슬러가며 동학군을 토벌하도록 했다. 공주성을 방어하는 서로군 중대장 모리오(森尾) 대위는 동학군이 자꾸만 공주로 모여들고 있다며 중로군이 어서 와서 합세해 줄 것을 요청했다. 미나미(南) 소좌는 문의 남쪽 금강 상류와 회덕현에 준동하는 동학군을 그대로 두고 공주로 갈 수는 없었다. 시라키(白木) 지대에게 금강 상류로 가서 옥천, 청산에 준동하는 동학도를 토벌하고 영동, 금산을 경유하여 전주에서 본대와 합류하도록 하라고 지침을 주었다.[99]

오전 11시경 시라키(白木) 중위가 지대와 교도중대를 인솔하고 금강 우안을 따라 남진하다가 하천을 건너 증약면 접경에 들어섰다. 고리산(環山,579m)을 오른편에 두고 금강줄기를 따라 주암(舟巖,周安) 쪽으로 가려고 하는데, 멀리서 동학군 '만여 명'이 크고 작은 50여 개의 깃발을 들고 북쪽으로 행진해

오는 것이 보였다.[100]

오전 11시 20분 시라키(白木) 지대와 교도중대는 각기 좌우 산록을 따라 동학군 전위의 800미터 앞까지 전진했다. 별동대가 관군 일본군에 사격을 개시하여 전투가 벌어졌다.[101] 동학군 주력은 가운데 야산에 포진하고 응사했다. 좌우 산록에 우익군과 좌익군도 징과 꽹과리를 치며 전진했다.

시라키(白木) 지대와 교도중대가 400미터 앞까지 전진하여 사격했다.[102] 레밍턴 소총을 든 별동대도 전진하며 응사했다. 화승총을 든 흰옷 입은 동학군들이 전진하여 사거리를 좁히더니, 여나믄씩 밀집대형을 지어 일어서 쏘고 앉으며 파상적인 공격을 퍼부었다. 동학군이 화승총에 장전을 하려고 몸을 드러내어 사상자가 많이 났다. 일본군이 목격하기로 흰옷 입은 동학군 110명이 쓰러졌다.[103] 그래도 동학군은 굴하지 않고 공격을 계속했다. 그때 우익 동학군이 산기슭을 타고 빠르게 문의 쪽으로 전진했다.[104]

우익 동학군이 초월 공격에 나서자 교도중대가 포위될까 겁을 먹고 달아났다.[105] 일본군도 그 뒤를 따라 내뺐다. 동학군은 이산저산에서 "적은 적다. 포위하라"고 외치며 달려들어 그들을 문의 쪽으로 밀어냈다.[106] 오후 늦게 문의현 용흥면(龍興面)으로 접어들었다. 동학군이 더욱 불어나 여기저기 허옇게 보였다. 현민 태반이 동학군에 가담한 것 같았다.

그날 저녁 미나미(南) 소좌는 문의에 유진하면서 시라키(白木) 지대가 증약 쪽으로 가다가 동학군을 조우하여 물리쳤다는 보고를 받았다.[107] 그러나 그 보고는 사실과 좀 달랐다. 미야모토 타케고로(宮本竹五郎) 소위가 쓴 전투상보에서도 동학군(別動隊)의 강력한 화력공세에 시라키(白木) 지대가 밀리던 차에, 우익 동학군이 산기슭으로 초월 공격을 하여 교도중대가 포위될까 봐 도망을 가자 시라키(白木) 지대도 하릴없이 그 뒤를 따랐다고 썼다.[108] 미나미(南) 소좌는 동학군이 지대를 따돌리고 청주를 향해 간 것을 '달아난 것'으로 잘못 인식하고, 29일 날이 새면 중로군을 이끌고 공주로 가서 서로군과 합세하기 위해 연기(燕岐)로 이동하기로 결심했다.[109]

(4) 중로군의 공주행 포기

미나미(南) 소좌는 29일 아침 7시 공주로 향할 작정으로 문의를 떠나 일단 연기(燕岐)로 갈 예정이었으나, 보고가 연달아 들어와서 출발이 3시간쯤 지연되었다.[110] 시라키(白木) 지대가 문의현 내에 들어와 있다고 보고해 왔다. 미나미(南) 소좌는 먼저 떠나니 연기로 와서 본대와 합류하라고 지시하는 전령을 보내고, 오전 10시 연기로 출발했다.[111]

시라키(白木) 중위는 12시가 다 되어 연기로 가려고 문의현 남쪽으로 지나다가 진남영(鎭南營) 군 약 30명과 조우했다. 그들을 지휘하는 상급자가 조금 전 동학군 무리들이 지나갔는데 지금 "적의 한 부대가 '연기 길'을 막고 다른 한 부대는 청주를 치려고 한다"고 말해주었다. 어제 증약면 북변에서 시라키(白木) 지대를 공격하던 '만여 명'의 동학군이 이제 문의를 거쳐 지금 청주로 가고 있다는 것이었다.

시라키(白木) 중위는 청주 쪽으로 달려가 동학군의 배후를 치자고 했지만, 교도중대를 이끄는 영관 이진호(李軫鎬)가 겁에 질려 싸울 기세가 보이지 않았다.[112] 어제 동학군에 쫓기던 악몽이 가시지 않은 것이었다. 시라키(白木) 중위는 '연기 길'이 막혔고 동학군이 청주로 향하고 있으니, 어서 달려가 그 배후를 쳐야 한다고 설득했다.

시라키(白木) 중위는 지대와 교도중대 및 진남병 백명을 이끌고 정오경 문의를 떠나 청주로 향해 출발했다. 맑은 날씨였는데 도중에 차츰 구름이 모여들었다. 저녁 무렵 청주에 도달하니 컴컴한 남문 밖에 사람들이 웅성거렸다. 진남병이 수상해 보이는 동학도들을 보고 달려들어 접주 이하 16명을

붙잡았다.[113]

미나미(南) 소좌는 그날 저녁 연기(燕岐)에서 10여 리 되는 용포(龍浦)에서 유진했다. 시라키(白木) 중위로부터 기다리던 보고가 들어왔다.[114] 정오가 다 가올 무렵 문의현 남쪽을 지나 연기로 가려다가 진남병 30명을 조우했는데, 그들을 이끌던 상급자가 말하기를 동학군 한패가 '연기 길'을 막고 다른 한 패가 청주로 향했다고 하여, 청주로 급히 왔다는 것이었다.[115] 미나미(南) 소 좌는 지대와 연결이 끊어지면 곤란하므로 야음을 타서 이동하여 합류하기 로 했다.[116]

그날 저녁 바람이 불고 먹구름이 모여드는데, 동학군 '만여 명'이 횃불을 들고 청주성을 공격했다. 진남영 군이 반격에 나섰다. 시라키(白木) 지대와 교도중대도 가세했다. 밤이 깊어 빗방울이 날려 화승총 심지에 불을 붙이기 어려워지자, 동학군에 불리해졌다. 동학군은 수많은 사상자를 내고 패퇴하 여 남쪽 증약 방면으로 물러갔다.[117]

그날 밤 공주와 홍주에서도 동학군은 일대 공세를 취하다가 일기가 불순 해지는 바람에 하릴없이 패퇴했다. 청주성을 공격하다 남쪽으로 물러간 동 학군이 언제 다시 올라올지 모르는 일이었다. 그들을 그냥 두고 공주로 갈 수는 없었다. 청주 공주간 구릉지대에 '난폭자 오일상' 무리들이 있을 터인 데, 잘못하다가 배후를 차단당하면 큰 탈이 날 수 있었다.[118] 미나미(南) 소좌 는 공주행을 포기하기로 했다. 비가 개면 중로군을 직접 이끌고 증약 옥천 으로 가서 시라키(白木) 지대를 청산(青山)으로 보내고 금산(錦山) 쪽으로 가기 로 했다.[119]

교도중대는 전투보고문에, 지명장(芝明場)에서 동학군과 혼전을 벌였으나 동학군이 회덕 땅에서 기세를 올리고 있어, 공주 전장으로 가지 못하고 문 의로 향했다고 썼다.[120] 충경포(忠慶包) 대접주 권병덕(權秉悳)도 후일 『갑오동학란(甲午東學亂)』에서 호중동학군이 지명장전투에서 승리했다고 적었다.

결국 미나미(南) 소좌의 중로군은 서로군 중대장 모리오(森尾)의 요청에도 불구하고 공주 전장으로 가지 못하고 말았다. 이종만 별동대장이 선도하는 호중동학군은 지명장(芝明場)과 그 남쪽 금강 상류에서 벌인 일련의 전투에서 일진일퇴 하면서도 일본군을 열흘이나 묶어 두어 우금치(牛禁峙)전투가 끝날 때까지 공주로 가지 못하게 하는 소기의 목적을 달성했던 것이다. 금강 상류에는 접주가 현마다 둘씩이나 있을 정도로 동학 세력이 강했고, 이종만 별동대가 그 선도적 역할을 해냈기 때문이었다.[121]

(5) 마지막 전투

① 공주성의 위기 모면

10월 28일 동학군은 각처에서 교조탄신제례를 지냈다. 청주뿐만 아니라 공주와 홍주에도 일대 공세를 취했다. 29일 저녁 공주에서도 동학연합군이 진입작전에 기세를 올렸다.[122] 손병희가 지휘하는 호서동학군이 공주성 서변 봉황산(鳳凰山) 하고개 방면으로 공격하여 감영(監營)이 한때 위기에 처했다.[123] 감영에서는 8(戌)시경 금강진(錦江津)을 건너 파발을 띄워 광정(廣亭)에 유진한 장위영 부영관 이두황(李斗璜)에게 "동학군이 5리까지 다가와 위급하니 어서 공주로 돌아오라"고 구원을 요청했다.[124]

모리오(森尾雅一) 서로군 중대장도 겁에 질려 "거의 포위된 꼴이 되었다"며, 문의 방면에서 중로군을 이끌고 있는 미나미(南小四郎) 대대장에게 구원을 요청했다.[125] 미나미(南) 소좌는 모리오(森尾) 대위에게 "오직 성을 사수하라"며 "한 발자국도 나오지 말라"고 엄명을 내렸다.[126] 밤 10(亥)시경 비바람으로 동학군이 화승총을 쏘기 어렵게 되자, 공주성 진입작전을 포기해야 했다. 동

학군은 할 수 없이 노성(魯城)으로 물러났다.[127]

지명진(芝明津)과 그 부근에서 금강 상류를 오르내리며 벌인 일련의 전투가 29일 그믐밤 일단락된 것은 갑자기 몰아닥친 악천후 때문이었다. 11월 1일부터 거센 비바람이 계속되었다. 미나미(南) 소좌는 시라키(白木) 중위로 하여금 지대와 교도중대를 이끌고 다시 금강 건너편 회덕 땅을 거쳐 남진하여 동학군의 근거지가 있는 주암(舟巖,周安) 쪽으로 가게 했다.[128]

② 청산 문암리 교단 본부 보호

그 후 별동대장 이종만의 행적은 별다른 관련 기록이 없으므로 가문에 전승된 고사에 의존하여 추론해 볼 수밖에 없다. 그 하나가 최시형의 딸 최윤(崔潤, 1878-1956)이 근 60년 후에 조문차 이종만을 방문하여 나눈 대화의 내용이다. 이종만이 1953년 8월 상배한 후 달장간에 걸쳐 각처에서 조문객이 많이 왔는데, 동학군 동지들도 있었다. 특히 9월 하순 경주에 살던 최시형의 딸 최윤(崔潤)이 60년 전에 그녀와 가족에게 베풀어준 은혜에 대한 보답으로 천리 길을 찾아왔다고 했다. 그녀가 그의 집에서 10여 일 머무는 동안에 동학과 동학전란에 관한 많은 이야기가 이어졌다. 그 가운데는 1894(甲午)년 11월초 청산지역 전투와 관련된 고사도 있었다.

미나미(南) 소좌가 11월 4일 증약으로 내려가 유진하면서 시라키(白木) 지대를 청산으로 보내 문암리 동학수부를 공격할 계획을 짰다. 동학교단에서도 그것을 감지하고 11월 3-4일 금산 방면으로 이동했다. 위에서 본 최윤(崔潤)의 언사에 따르면, 그녀와 가족이 피란하는 과정에서 청산에 현지 수비대가 백 명이 있었지만 별동대가 별도로 엄호한 것 같다. 동학군은 최시형의 첫째부인 밀양손씨가 연로하고 거동이 불편하여, 안동김씨가 낳은 방년 17세의 딸 최윤(崔潤)을 붙여 백학산(白鶴山, 933m) 근처 후미진 산골로 피신시켜 돌보게 했고,[129] 셋째부인 밀양손씨를 청산 동쪽 백화산(白華山, 1,063m) 높은 곳으로 피신케 했는데, 그런 일련의 과정이 이종만의 영향 하에 이루어진 것 같다.[130]

시라키(白木) 지대가 11월 6일 새벽 옥천을 떠나 청산현으로 향했다. 이른 아침 구와하라(桑原榮次郎) 소위가 이끄는 군로조사호위대 분대도 상주에서 추풍령을 넘어 청산현으로 들어갔다. 그들은 정오경 청산현 문암리 임시 대도소를 덮쳤으나, 최시형은 이미 3일 전에 임시 대도소를 떠나 금산 방면으로 떠나간 후였다.[131] 그의 가족도 그 무렵 이미 백화산과 백학산으로 가 버린 후였다.

그 후 민보군이 청산 옥천 지역을 돌며 동학잔당의 토벌에 나섰다. 여러 날이 지난 후 최시형의 첫째부인 밀양손씨와 17세가 된 딸 최윤이 불행하게도 민보군에 체포되어 옥천 감옥에 수감되었다.[132] 최윤이 이종만에게 은혜에 보답하는 마음으로 천리길을 찾아온 것을 보면, 그녀가 체포된 후에도 구조의 노력을 기울인 것으로 보인다.

③ 공주 우금치전투

동학 연합군은 10월 29일 밤 일기가 불순하여 공주성 진입작전을 시도하다가 노성으로 물러난 이래, 근 일주일을 그곳에 유진하며, 공주성에 심상치 않은 공백이 생긴 것을 감지했다. 우선봉인 장위영 부영관 이두황(李斗璜)은 11월 6-7일 해미읍성 전투에 나가 있었고,[133] 선봉장 통위영 영관 이규태(李圭泰)는 서로군 중대장 모리오(森尾) 대위의 지휘를 받지 않겠다고 버텨 알력이 고조되고 있었다.[134] 그 무렵 청산 방면에서는 일본군 군로조사호위대 분대가 동학군 본거지를 덮치고 나서 각처를 수색하고 있었고, 중로군 본대는 옥천에서 금산으로 가는 협곡에서 고전을 면치 못하고 있었다.

전봉준 대장은 이런 분위기를 감지하고, 11월 8일(양 12.4) 호남동학군을 이끌고 이인(利仁)에서 우금치(牛禁峙)로 밀고 올라갔다. 손병희의 호서동학군도 공주성을 서쪽으로 우회하여 봉황산 서록으로 치고 올라갔다. 봉황산 북록의 하고개를 넘어 공주성 서변으로 입성하여 감영(監營)을 접수할 셈이었다. 동학군 일부는 공주성 동변의 곰티(熊峙)를 공격하기도 했다. 이미 관군 일본군이 공주성 주변 고지에 포진하고 있어 진입작전은 극히 어려운 것이었다.

그 무렵 우선봉 이두황의 장위영 군이 해미성(海美城)에서 현지 관군과 합세하여 동학군을 무찔렀다는 소식이 들렸다.[135] 그가 이끄는 840여 명의 장위영 군이 언제 공주로 돌아올지 모르는 것이었다. 당시 시라키(白木) 중로군 지대가 교도중대와 함께 금산(錦山)에서 김개남(金開男)이 이끄는 호남좌도 동학군과 현지 동학군을 상대로 힘겨운 전투를 벌이고 있었지만, 옥천에서 금산으로 접근하고 있던 중로군 본대가 곧 와서 합세하게 되면, 중로군은 금산에서 동학군을 간단히 무찌르고 연산(連山)을 통하여 공주로 북상할 수도 있는 것이었다.[136]

벌써 초겨울, 곧 엄동설한이 올 텐데 병참이 턱없이 부족한 동학연합군에게 더 이상의 책략도 시일도 없었다. 사태의 유불리를 따질 수 없었다. 동학군 대장 지휘소에서는 다음날 마지막으로 사력을 다해 공주성 진입작전을 펴기로 했다. 왜적에 대항하여 결사항전을 하는 것이 충성이요 도리였다.

사력을 다해 싸우는 전투에서 용기와 투지에 못지않게 중요한 것이 지략과 전략이다. 마지막 전투에 실패한다면 그 후에 이 겨레 이 나라는 어떻게 될 것인가? 나라가 없어지고 민족이 노예가 될 수는 없다. 지금 싸우는 동학군 지도자들이 다 죽어버리면, 후세를 누군가 이끌어야 할 것이 아닌가?

오일상(吳日相) 관령은 그간 빛나는 전공을 세운 25세의 이종만 별동대장을 주목했다.[137] 이종만은 10월 24일 당진 승전곡전투에서 현지 동학군을 선도하여 아카마츠(赤松國封) 서로군 지대와 싸워 승전을 이루어냈고, 이어서 26-29일 문의 지명진(芝明津)과 그 인근 남쪽 금강 상류에서 벌어진 전투에서도 중로군과 그에 딸린 교도중대와 진남병을 효과적으로 대적하여 그들이 끝내 공주로 진격하지 못하고 돌아서게 했다.

이 모든 전공이 그의 부친의 환후가 깊다는 전갈이 당도한 가운데 이룩한 것이었다.[138] 그의 공로는 드높이 평가할 일이지만, 그것은 동학군 행동강령인 충효쌍전(忠孝雙全)에 비추어 재고할 일이었다. 그는 또 동학교단 가까이에서 성장하여 교주 최시형과 손병희 통령의 신임을 받았고, 전봉준 대장의 최측근이기도 했다. 오일상 관령은 전봉준 대장과 손병희 통령에게 이종만을 귀가시켜 효도를 나하게 하고, 후일을 도모하게 하자고 건의했다.[139] 두 지도자가 이를 재가하지 않을 리가 없었다.

그날 밤 오일상은 이종만을 불렀다. "내일 전투에서는 모두가 죽을 것인데, 자네는 2대 독자로 '쓸 자식' 하나 없지 않나. 부친의 환후가 깊은데 멸문이 되면 어쩌겠는가."[140] 이종만이 멈칫하자, 오일상은 다시 말했다. "우리가 명일 전투에서 다 죽고 나면, 후일을 도모할 사람이 있어야 할 것이 아닌가. 충효쌍전은 동학군의 강령일세. 전봉준 대장과 손병희 통령에게도 말해 놓았으니, 귀가하여 부친의 병환을 돌보게나. 명일 조회 때 '담배쌈지를 가져오게.' 하고 소리치면 그 길로 귀가하도록 하게."[141]

11월 9일(양 12.5) 날이 밝자 동학연합군 지휘부가 도열했다. 오일상 관령이 이종만을 가리키며 "내 담배쌈지 좀 가져오게"라고 외치자, 이종만은 "예!" 하고 빠져나와 그길로 향리로 향했다. 그의 허리춤에는 승전곡전투에서 노획하여 그간 지휘에 사용해온 일본군 나팔이 아직 달려 있었다.[142]

5. 결론

척왜항전의 역사에 호남에서 전봉준이 거느리고 온 동학군과 손병희가 남한강 유역에서 이끌고 온 호서동학군이 공주성을 공격하다가 우금치(牛禁峙)전투에서 관군 일본군에게 처절하게 패한 것으로 되어 있지만, 당시에 정작 중요했던 것은 충청도 병마절도사가 있는 청주 진남영(鎭南營)에 대적하며 일본군 진압군 총책인 미나미 고시로(南小四郎) 소좌가 이끄는 중로군을 제어하는 일이었다. 예산의 박인호(朴寅浩) 대접주는 자신의 덕포(德包)에 속한 문의 접주 오일상(吳日相)과 회덕 접주 강건회(姜建會) 등이 9월 24일부터 청주성전투를 벌이고 10월 3일 한밭(大田坪)에서 조우한 진남영 군 80명을 타도해 레밍턴 소총 80정을 구해서 이종만이 80명의 장사로 구성된 별동대를 창설한 것을 높게 평가했다. 21일 목천 세성산전투에서 김복용(金福用) 대접주가 생포되고 22일 면천 대접주 이창구(李昌九)마저 관의 유인에 말려들어 홍주로 잡혀가 처형되자, 이종만에게 요청하여 지도자를 잃은 면천(沔川) 동학군을 지휘하게 했다.

이종만은 별동대 80명 중 50명을 이끌고 면천으로 급히 이동하여 24일 현지 동학군을 지휘하여 승전곡(勝戰谷)전투에서 일본 서로군 아카마츠(赤松) 지대를 격파했다. 승전곡전투에 이어서 26-29일 문의 인근 지명진(芝明津)과 그 남쪽 금강상류에서 벌어진 전투에서도, 이종만은 별동대 80명을 이끌고 문의, 회덕, 옥천 등 호중지방 동학군과 함께 싸워, 결국 일본 중로군이 우금치전투가 끝날 때까지 공주로 가지 못하게 했다. 전봉준과 손병희의 동학연합군이 공주성 진입작전에서 고전을 거듭하는 가운데, 이종만은 내포지역과 금강상류 지역에서 별동대를 이끌고 호중지방 현지 동학군을 선도하여 일본군과 부속 관군을 무찌르거나 대등한 전투를 벌여, 소기의 지연작전 목표를 달성했다.

동학군 진압작전을 총 지휘한 후비보병 제19대대장 미나미 고시로(南小四郞) 소좌가 쓴 「동학당정토약기(東學黨征討略記)」에 지명진전투에서 싸운 동학군 별동대의 면모가 기술되어 있다.[143] 검은 제복을 입은 동학군 별동대 50여 명이 레밍턴 소총으로 무장하고 24일 승전곡전투에서 동학군을 지휘한 후 문의로 급히 이동했다는 정보가 있어 처음에는 긴가민가했는데, 막상 26일 아침 문의 남쪽 지명진(芝明津)으로 가서 살펴보니 그게 사실이었고 그 수는 80명이나 되었다고 썼다.

일본군은 별동대의 지휘로 현지 동학군이 지명진과 그 남쪽 금강 상류에서 전개된 전투에서 충분한 실탄에 지뢰와 대포까지 사용하는 등 대등한 전투를 벌였고, 지리적 조건이 불리한데다가 이종만과 한패인 '난폭자' 오일상의 무리가 중간에 있어 공주전장으로 가는 것을 단념했다고 적었다.[144] 일본군과 함께 싸운 교도중대도 지명진 건너 회덕 땅에 동학군이 막강하여 공주로 가지 못하고 문의로 돌아왔다고 보고했다.

장위영 영관 이두황(李斗璜)이 남긴 『양호우선봉일기(兩湖右先鋒日記)』에서도 관군 복장으로 위장한 동학군 별동대가 최신 무기로 무장하고 말을 타고 이동을 하며 허를 찌르는 통에 애를 먹었다고 썼다.[145] 이두황은 하는 수 없이 관군 장졸로 하여금 마고자(馬掛子)의 오른쪽 소매를 걷어 올려 그들과 구분하도록 했다고 한다.[146]

이종만이 동학전란 때 일본군을 무찌른 일화는 이미 전설로 남아 있는 곳이 더러 있다. 이를테면, 면천 승전곡에서 그리 멀지 않은 당진 송악읍에는 "충청도 출신 이종만 혁명대장(別動隊長)이 전봉준 대장(大將)의 지시로 2천여 명의 혁명군을 이끌고 송악산(松岳山, 151m)에 포진하고 석포(石浦)로 침입한 일본군을 물리쳤다"는 이야기가 전승되고 있다.[147] 송악산전투 현장에는 동학군이 마셨다는 우물터와 천하장사 이종만이 지고 와 그의 손자국과 등자국이 박혀 있다는 장군바위도 있다. 그 고사는 송악읍 석포리에 사는 이석구(李晳求, 1932-)가 그의 부친 이형규(李亨珪, 1899-1989)로부터 들은 것을 2009년 『당진시대』에 발표하여 세상에 알려지게 되었다.[148]

이석구는 87세의 고령에도 필자가 2017년 5월 12일 청주 동학학회 학술대회에서 이 논문 초안으로 기조강연을 하는 자리에 아들 이훈복과 함께 출석하여 이종만 '혁명대장(別動隊長)'이 송악산전투를 지휘한 고사에 관해 가문에 전해 내려오는 이야기를 증언했다. 그는 "이종만 혁명대장(別動隊長)이 승전 기념으로 심은 나무가 고목으로 자랐으나 6·25전쟁 때 인민군이 방공호 공사를 하면서 훼손되었고, 그가 송악산 전투시 산성에 비축한 큰 돌을 굴려내려 싸우다가 큰 돌이 동나자 성벽을 허물어 커다란 돌을 굴려내려 가까스로 방어에 성공했는데, 그때 산성 아래 쌓인 수백 트럭분의 커다란 돌들이 1970년대 전대리 수리사업 공사장에 가져다 써 버렸다"고 증언했다.

이종만은 동학전란 후 제천에서 유인석(柳麟錫, 1842-1915)이 의병을 일으키자 별동대를 다시 일으켜 가담하여 승전을 이루어내기도 했으나 이내 다시 북방으로 밀려야 했다. 그 와중에 첫째부인 신평이씨가 1896년 7월에 죽었고, 갑오전란시 쓰러진 부친이 1900년 2월에 별세했다. 소년시절부터 이종만을 돌보아준 마음씨 고운 하녀 '서모'가 혼자된 고령의 부친을 끝까지 보살폈다고 한다. 하나 남은 혈육인 1893년생 딸 이우(彦姝)를 아랫동네에 맡겨 놓고 자기 고향으로 돌아갔는데 그 딸은 결국 동네 혼인을 하여 향리에 남게 되었다.

1907(丁未)년 일제가 헤이그 밀사를 파견한 것을 구실로 고종을 강제로 퇴위시키고 군대마저 해산하자, 이종만은 신인구(申仁求) 등과 의기투합하여 다시 의병을 크게 일으켜 백두대간을 누비며 일본군과 싸웠다. 그후 이종만

은 이내 먼 북방으로 가 무장독립운동을 전개했다.

1914년 제1차 세계대전에서 일본과 러시아가 연합하여 독립운동이 어려운 지경에 빠지고, 십삼도의군(十三道義軍)을 이끌던 유인석마저 별세하자, 조상의 대를 이어야 한다는 일념으로 이상설(李相卨, 1870-1917) 등과 헤어져 종찬(鍾贊)으로 개명하고 귀향했다. 그는 1915년 가을에 용케도 12년 연하의 미혼모 창녕성씨(1882-1953)와 재혼하고 제2의 인생을 살았다.

1953년 8월 그가 상배하자 각처에서 동학군 동지들이 조문 와서 동학전란을 회고하는 가운데 그의 행적이 하나하나 드러나게 되었다. 특히 최시형의 딸 최윤(崔潤,1878-1956)이 경주에서 천리길을 찾아와 조문을 하고 10여 일을 머물면서 이종만과 나눈 긴 이야기는 동학과 동학전란사의 미진한 일부를 채워 주는 귀한 자료다.

동학전란사를 균형있고 정확하게 기술하려면 관군 일본군이 남긴 자료 외에도 동학군 측 자료가 중요한데, 이미 다 멸실되어 버려 희소하기만 하다. 참전자로부터 직접 들은 것을 전해줄 사람조차 별로 없다. 이 글에서는 공교롭게도 이종만이 필자의 조부여서 직접 들은 기억과 가문의 기록을 기초로 기존 사료를 비교 분석하여 기술하였다. 기억의 제한과 자료의 부족으로 미진한 부분이 적지 않다.[149] 마치 부서진 조각을 이어 맞추고 연결해 가며 옛 도자기를 재생해 내듯, 얼마 안 되는 기록과 증언에 필자의 기억을 더듬어 가며 동학군 별동대장 이종만의 행적을 다시 구성해 보았다. 강호제현의 비평을 받아 수정하고 보완해 나가고자 한다.

갑오년 이후
의암 손병희의
의식변화와 개화혁신

- 일본 망명시기를 중심으로

임 형 진_ 천도교 종학대학원 원장

1. 서론

갑오년 동학농민혁명 이후 의암 손병희의 삶은 고난과 형극의 길 그 자체였다. 무엇보다도 동학농민혁명의 최고 지도자 중 한 명으로 관의 끈질긴 추적을 피해야 했고, 그런 상황 속에서도 해월 최시형으로부터 전수받은 동학의 도(道)도 지켜내야 했기 때문이었다. 당장에 시급한 것은 관의 추적을 피하는 일이었다. 전봉준과 손화중, 김개남, 김덕명 등 남접의 지도자들이 대부분 체포되었고 급기야는 모시고 피신을 하던 해월 최시형마저 체포되어 처형당하자 그는 더욱 절박해졌다.

피신 중에도 의암이 실천해야 했던 것은 동학의 불씨를 살리는 일이었다. 스승의 유업이자 시대적 사명과도 같은 사람이 하늘처럼 대접받는 사회를 향한 그의 꿈이 포기될 수는 없었다. 특히 동학농민혁명의 여파로 삼남지방의 동학은 전멸되다시피 하였다. 동학을 한다는 것은 곧 죽음으로 이어지고 마을에서 쫓겨나는 처지가 되어야 했다. 백성들은 목숨을 부지하기 위하여 그리고 대를 잇기 위하여 동학을 부인해야 했다. 결국 의암이 손을 내민 지역은 이북 지역이었다.

즉 북쪽의 관서지방을 중심으로 동학을 포덕하자 다시금 동학의 불길이 타오르기 시작하였다. 동학 세력 재건이 어느 정도의 궤도에 오르자 동학도들은 다시 전국적으로 불어났다. 그러나 시대적 상황은 더욱 악화되고 있었다. 무엇보다도 조선침략의 야욕을 본격화한 일본의 거센 침략이 그것이었다. 일본은 거의 강제로 조선을 근대화시키고자 하였다. 그리고 여기에 더하여 러시아와 미국 등 서구 열강들마저 호시탐탐 조선을 노리고 있었다. 조선은 순식간에 세계 열강의 각축 무대로 변모된 것이다.

의암은 이 순간 세계를 이해하지 못한다면 다시금 뒤떨어지게 될 것을 직감하고 미국 등 세계를 알아야겠다고 판단하였다. 의암의 외유는 겉으로는 해외의 정세 탐방이었지만 내부적으로는 관의 추적을 피하는 것이었다. 미국행을 목표로 한 외유는 일본에 그치고 말았지만 여기서 그가 본 것이 바로 일본의 개화된 모습과 근대화된 일본 국민들의 높은 개화의식이었다. 이제 의암의 관심사는 동학을 근대적 종교화하고 나아가 대한제국을 혁신시킬 수 있는 방법론이었다. 당국에 건의하는 정책 건의서는 물론 갑진개화혁신운동이나 동학을 천도교로 명칭을 바꾸고 이후 전개된 천도교의 문화운동 등은 모두 의암의 문명개화로의 자각과 인식의 변화로부터 출발했다. 결국 의암의 일본행은 동학을 개화시키고 나아가 민족 전체의 삶을 변화시키는 당시로서는 최선의 구국책이 되었다.

이와 같은 전개의 초석이 되는 의암의 인식 변화는 일본 체류 이후에 발생한 것들이었다. 이는 그동안의 봉건적 구질서 하에 있었던 의암의 의식이 세계와의 조우 끝에 문명개화야말로 당시 조선을 구할 유일한 방법론이라는 인식의 일대 전환이었다. 즉 동학농민혁명 당시 보국안민을 위해 척양척왜를 외친 그가 오히려 서양과 일본으로부터 문물을 받아들이고 문명개화를 하자고 역설한 것이다. 이러한 사고의 일대 전환은 그의 일본 망명시절에 구체화되었던 것이다. 의암의 일본 생활이 어떠했기에 그것이 가능했는지를 규명하는 것이 본 글의 목적이다. 따라서 본 연구는 의암의 갑오년 이후의 삶과 일본 망명시절을 연구함으로써 관련된 내용을 탐구하고자 한다.

2. 혁명 이후 의암의 활동

123년 전 갑오년의 주역들인 전봉준과 손화중은 모두 그해 12월부터 체포되어 이듬해 서울의 전옥서에서 처형되었다. 김개남은 체포된 즉시 전주에서 즉결 처형되어 그의 수급만이 서울 서소문에 효시되었다. 남아 있던 지도자들에 대해서도 집요한 추적이 계속되었다. 특히 동학 교주인 해월 최시형과 북접 통령 의암 손병희에 대한 관의 추적은 끈질기게 이어졌다.[1]

해월 최시형은 피신 생활이 더 이상 오래 가기 어려움을 예감해 1897년 경기도 여주의 전거론에서 손병희 · 김연국 · 손천민에게 "이제부터 도중(道中) 서사(庶事)를 그대 3인에게 맡길 터이니 그대 등은 십분 면려하라. 3인이 합심하면 천하가 다 흔들릴 위기에 직면하더라도 해낼 수 있을 것이다." 하고, 특히 "3인 중에 주장(主將)이 없으면 일이 안 될 터"이므로 의암으로 주장을 삼기로 하고 북접 대도주(大道主)에 임명했다.[2]

이로써 의암 손병희는 37세의 나이에 입도한 지 15년 만에 동학의 법통을 승통하여 최제우와 최시형에 이은 동학 3세 교조에 임명되었다. 의암은 동학 창도 이래 가장 어려운 시기에 교조라는 막중한 책임을 맡게 된 것이다. 그리고 1898년 7월(음 6.2)에는 동학난의 괴수라는 죄목으로 동학의 2대 교주이자 최고 지도자인 해월 최시형이 서울 단성사 인근에서 교수형되었다.[3]

해월의 순도 이후에는 전적으로 의암의 어깨에 동학의 미래가 달리게 되었다. 즉 그는 해월 최시형으로부터 도통을 전수받고 어떻게 해서든 동학을 부흥시키고 혁명 당시의 염원이었던, 모든 민중이 차별받지 않는 이상사회를 만들어야 했다.

그러나 동학의 3세 교조로 임명된 의암 손병희의 앞에는 더욱 엄혹한 국내외 정세가 놓여 있었다. 일본은 조선에 대한 본격적인 침략 야욕을 드러내어 놓고 있었으며 전국적으로는 을미사변을 계기로 각지에서 의병이 일어나고 있었다. 위기감을 느낀 고종은 대한제국으로 국호를 바꾸고 칭제건원을 하는 등 개혁에 나섰으나 국력의 뒷받침이 없는 개혁은 형식논리에서 벗어나지 못하였다. 다행인 것은 민간 차원에서 독립협회가 설립되어 〈독립신문〉을 발행하고 만민공동회 같은 민회운동이 전개되는 등 조선은 점차 근대화의 길로 들어가기 시작한 것이다. 그런 가운데 일본·미국·러시아·영국·프랑스·독일 등 열강의 이권침탈이 극심하여 철도부설권·금광채굴권·어업권·산림벌채권·동해안 포경권 등 국가의 주요자원이 대부분 외국에 넘어갔다. 이에 대항하여 만민공동회가 열리고 동학혁명의 정신을 잇고자 하는 영학당·활빈당 등이 활동에 나섰으나 전세를 바꾸기에는 역부족이었다. 특히 아관파천으로 친러파가 세력을 잡은 뒤 러시아가 세력을 확대하면서 일본과의 대립은 더욱 격화되어가고 있었다.

의암은 동학농민혁명 이후 관헌의 눈을 피하면서 흩어진 교세를 정비, 동학교문의 재건에 힘써 왔다. 오히려 지금의 위기를 동학의 기틀을 재건하기 위한 기회로 삼기로 하였다. 이에 따라 손병희는 수련에 정진하는 한편 교단 재정비에 착수하였다. 1899년 4월에는 동학농민혁명 당시 덕의대접주로 내포지역에서 활약하였던 박인호에게 춘암이라는 도호를 주어 장차 교단 내부의 일을 맡길 인재로 인정하였다. 이어 7월에는 「각세진경」을, 12월에는 「수수명실록」을 지어 반포하여 교인의 신앙심을 강화하는 한편 포덕에도 주력하였다. 또한 이듬해 1900년 4월 23일 이종훈의 집에서 입도문을 새로 제정하는 등 교단을 점차 정비해 나갔다. 1901년에는 광주에 모셨던 스승 최시형의 묘를 여주 천덕산으로 이장하였다.[4]

의암은 김연국을 중심으로 하는 교단 내부의 불만과 분열상을 인화와 설득을 통해 해결하고자 종통설법식을 열었다. 처음에는 불참했던 김연국 측에서도 그의 성심에 이끌려 참석하고, 손병희를 동학교단의 최고책임자인 법대도주(法大道主)로 추대하는 데 동조하기에 이르렀다. 의암은 손천민을 성도주(誠道主), 김연국을 신도주(信道主), 박인호를 경도주(敬道主)로 임명하는 등 지도체제와 조직체계를 정비하였다. 이로써 동학은 손병희를 중심으로 하는 제3기 체제에 접어들었다. 그러나 관의 추적은 멈추지 않았고, 각지에서 동학도에 대한 탄압도 줄어들지 않았다. 목숨을 잃거나 재물을 빼앗기는 교인이 수없이 많았다.

당시 의암은 동학 재건을 위해 두 가지의 목표를 설정했다. 첫째는 혁명의 과정에서 나타났듯이 남부지방에 비해 북부지방의 교세가 전무했기에 포덕의 우선적 목표를 북부지방에 집중하기로 했다. 이는 혁명의 여파로 인한 남부지방에서의 동학교도 탄압에 비해 상대적으로 북쪽에서의 포덕에는 감시와 지목이 덜하기 때문이기도 했다. 두 번째의 목표는 역시 혁명과정에서 위력을 절감한 서구문명에 대한 재인식과 수용이었다. 이제 개화는 시대의 요청이었고 개화를 통한 신문물의 시급한 수용은 민족적 과제가 되었다. 필연적으로 새로운 시대를 대비해야 한다는 것도 동학의 앞에 놓인 과제였고 어떻게 해서든 이 문제를 해결해야 했다.

북부지역에서의 동학포교도 그리 수월한 것은 아니었지만 의암은 동학교문의 재기 여부와 존폐의 위기 극복을 혁명의 결과로 황폐화한 남쪽의 재건보다도 새로운 북쪽에서 찾아야만 했다. 의암이 갑오년 혁명의 좌절 이후 숨어 지내는 동안 생존을 위해 한 일은 '상업 활동'이었다. 그리고 동학 교단의 부흥을 위해 새롭게 포덕 활동을 강화한 대상지역도 예전의 동학이 농촌을 주대상으로 했던 것과는 달리 '상업지역'이었다. 의암은 동생 손병흠과 함께 평안도, 황해도 등 관서지역의 개항장 부근이나 국경 근처의 상업지역을 중심으로 새롭게 교세 확장을 꾀했던 것이다. 서북지역은 이미 오래전부터 국경을 맞대고 있는 중국과의 무역 등으로 상업 활동이 조선의 다른 어느 지역보다 활발하였다. 이는 서북지역의 환경이 달리 다른 선택의 여지가 없었던 덕분이기도 했다. "척박한 농토, 정치적 차별 등으로 이 지역민들은 일찍부터 상업에 관심을 두었다"[5]는 것이다. 1876년 개항 이후 근대 자본주의가 마침내 유입돼 들어오면서 이 지역의 상업활동은 더욱 활발해졌다.

특히 의암은 1890년대 말 원산에서 직접 상업과 무역 활동을 하면서 한반도의 북부지역에서 경제적 자립과 정신적 자각을 계속해 오던, 즉 근대적 개혁을 갈구하던 반봉건적 성향의 신흥지주, 상인 및 자작농에 주목하였다. 손병희는 이들을 동학 재건의 기반으로 삼고자 북부지역에서의 포교를 시작했다.[6] 그 결과 북부지역의 교세는 1900-1905년간에 급속히 성장했다.[7]

북쪽지역 중에서도 평안도에서의 포덕이 크게 성하였다. 그것은 평안도의 지리적 위치가 개화운동의 영향을 크게 받고 있었던 점뿐만 아니라 일찍부터 척박한 영토로 인하여 지주–소작 간의 토지 갈등이 적었던, 즉 봉건적 요소가 잔존하지 않았다는 사회경제적 요인이 있었음을 지적할 수 있다. 이러한 분위기는 동학의 반봉건 평등주의적 이념 전파를 수월하게 하는 가장 큰 요인이 되었다.

의암은 이러한 1차 목표를 향하는 노력 중에도 관헌의 계속되는 지목과 추적으로 활동에 한계를 느끼자 1901년에 해외 망명의 길에 나서게 된다. 즉 거듭된 정부의 무자비한 동학 탄압에 커다란 압박을 받고 있었다. 1900년 8월 교단 중요 지도자 손천민과 서장옥이 체포, 처형되었다. 손천민은 손병희를 동학에 입도시킨 혈족이고, 서장옥은 동학혁명 당시 큰 역할을 한 맹장이었다. 이런 상황에서 손병희는 정부의 탄압과 추적을 피해 호서지역을 전전하였다. 박인호 · 손병흠 · 홍병기 · 이용구 등 측근들이 수행하였다. 손병희는 호서지역을 순방하면서 헐벗고 굶주린 동포들의 참상을 지켜보았다. 변방에 이를수록 관헌들의 위세와 착취가 심하여 원성이 하늘을 찔렀다. 동학도라는 사실이 알려지면 무작정 붙잡아 매질하고 재물을 빼앗아 갔다. 기울어 가는 나라를 지키고 동학이념을 널리 반포하기 위해서는 어떻게 해서든 동학을 합법화하는 등 정부의 인식 전환이 시급함을 절감하였다. 물론 의암의 망명은 단순히 피신만을 위한 것이 아니라 장차 동학을 세계에 창명하고 세계문명의 대세를 살피는데 보다 큰 목적이 있었다.[8] 그래서 처음에는 새로운 신흥 문명국으로 떠오르는 미국으로 가려다가 여건이 여의치 않아 결국 일본으로 떠나게 된 것이다.

의암은 근대적 학문을 접할 기회를 갖지 못한 채 청소년 방황기를 거쳐 곧바로 동학에 입도하였다. 따라서 신학문은 동학의 관점에서는 배타적인 '서양오랑캐'에 속한 것으로 인식되었을 것이다. 동학농민혁명의 기치 중에도 '척양척왜'의 구호가 크게 자리잡고 있었다. 그러나 그는 동학농민혁명 과정에서 일본군의 각종 신식 무기와 첩보 활동을 지켜보았고, 피신 중에는 서재필에 의해 발간되는《독립신문》그리고 1898년 봄 서울에서 개최된 만민공동회의 소식을 들었다. 물론 그 이전에 개화파와 독립당 등의 활동도 알았을 것이다.

시대의 흐름에 남달리 예민했던 의암 손병희는 동학 지도부의 위치에서 국제정세의 변화에 촉각을 곤두세웠던 것이다. 국수주의적인 성향의 다른 지도자들과는 크게 다른 모습이었다. 날로 발전하는 서양문명을 정확히 알고 이에 대처해야 한다는 입장이었다. 의암은 1901년 1월 교단의 지도층 간부들을 불러 자신의 계획을 말하였다.

내가 작년에 세계대세를 살피기 위해 미국에 유람할 뜻이 있어 손천민 · 김연국과 의논하다가 김연국이 이를 반대하므로 그 뜻을 이루지 못하였다. 그러나 이제 다시 생각하니 우리 도를 세계에 천명코자 한다면 먼저 세계 대세를 살펴야 할 것이다. 내 이제부터 10년을 한하여 국외를 유람하면서 세계 형편을 살펴보고자 한다. 그대들의 뜻은 어떠한가?[9]

의암의 의견에 모두 찬성하였다. 서세동점의 세계사적 조류와 하루가 다르게 밀려오는 서양문물 앞에 오랜 쇄국정책을 펴 온 조선은 국제적으로 고도(孤島)와 비슷한 처지가 되고 말았다. 그 결과 외세가 밀려들어와 국가의 각종 이권을 차지하고, 특히 일본은 조선의 국권을 송두리째 농락하기 시작했다. 의암이 미국을 택한 데는 그럴 만한 이유가 있었다. 구한말 유길준이 미국 유학 때 유럽의 여러 나라를 둘러보고 느낀 것을 기록한 『서유견문』이 1895년 국내에 간행되면서 큰 충격을 주었다. 일종의 '문화충격'이었다.[10]

의암이 척양척왜를 외치다가 문명개화노선으로 변경한 이유는 동학농민혁명 이후 서울이나 개항장인 원산, 혹은 국경지역 도시를 배회하면서 시세의 추이를 탐색하고 동학의 재건책 마련에 골몰했던 시기부터 형성된 것이었다. 또한 그는 동학과 달리 합법적인 정치운동을 통해 근대화를 선도했던 독립협회의 경험에 주목했다. 그가 내린 결론은 반봉건 근대화 노선을 지속적으로 추구하기 위해서는 종속을 감수하더라도 대세에 조응하여 문명개화해야 한다는 것이었다.[11] 이에 결국 의암은 세계로의 접근이 필요하다고 느꼈고 급기야 그는 미국으로 갈 결심을 하였다.

'문명개화'의 길을 찾기 위한 최적지를 미국이라고 본 것이다. 당시 여러 유형의 망명객들이 일본을 택한 데 반해 미국 쪽을 선택한 것은 일본이 동학농민혁명에 적대적이었음은 물론 민비 시해 등을 통해 침략주의 야심을 드러냈기 때문이다. 마음을 결정한 의암은 1901년 3월 미국으로 가기 위해 친동생인 손병흠과 최측근이라고 할 수 있는 이용구[12]를 대동하고 원산에서 배를 타고 부산으로 갔다. 원산은 개항장으로서 외국 선박이 드나들고 있어서 택한 것이다. 의암 일행은 부산에서 미국으로 가는 선편을 수소문했으나 찾을 길이 없었다. 그래서 일단 일본으로 건너가서 미국행 배를 알아보기로 하였다. 1901년 3월 드디어 의암은 국내를 벗어났다. 최종 행선지는 미국이었지만 당시 국내에서는 미국으로 직접 가는 배가 없기에 우선 일본으로 출발한 것이다.[13] 의암 일행은 일본 나가사키(長崎)로 건너가 다음날 시모노세끼(下關)를 거쳐 오사카(大阪)에 도착하였다.

3. 일본에서의 활동

의암 손병희는 1901년 3월부터 1906년 1월 귀국 시까지 잠시 국내와 중국을 다녀온 것을 제외하면 대략 4년 가까운 시간을 일본에 있었다. 의암의 일본 체류 목적은 국제 정세를 조망하고 나아가 신생 대한제국의 앞날을 구상하기 위한 것이었다. 물론 현실적으로 동학농민혁명의 좌절과 그에 따른 지목을 피하고자 하는 고육책이기도 했다. 국내에서는 대한제국을 선포했지만 여전히 일본과 러시아 등 외세에 국가적 이권이 강탈당하는 등 정상적인 나라가 아니었다. 이런 시국에 다른 지도자와 달리 국제정세의 중요성을 간파한 의암은 눈을 해외로 돌려 국제정세의 파악을 통해서 대한제국은 물론 동학의 나아갈 바를 모색하고자 한 것이다.

오사카 항에 도착한 의암이 처음으로 묵은 곳은 오사카시 북구 상복도 2정목(大阪市 北區 上福島 2丁目)으로 아마도 여관이었을 것이다. 그러나 차츰 일본생활에 정착하면서는 오랫동안 안정적으로 거주할 수 있는 곳을 구해야 했다. 그래서 의암이 처음으로 마련한 오사카의 주택이 오사카시 북구 당도리정(堂島裏町) 3정목 11번지이었다.[14]

일본에 머무는 동안 의암은 반정부인사인 친일 망명정객들과 제휴했다. 특히 그는 동학농민혁명 당시 동학당 초토사로 활동했던 조희문과 접촉하고 그의 소개로 권동진·오세창 등의 망명정객과 교유할 수 있었다.[15] 함안군수·육군참령을 지내고 개화당에 들어갔다가 임오군란 후 일본에 망명한 권동진(기미년 3.1만세운동 당시 민족대표 33인 중 일원)은 일본에서 손병희와의 만남을 다음과 같이 회고한다.

일본에 있을 때 지방 만유(漫遊)를 하는 중에 대판에서 이상헌(손병희의 假名)씨를 신축년(1901)에 천용성의 소개로 처음 만났습니다. 그는 갑오년에 일대 혁명운동을 일으킨 동학운동의 거두인 만큼 일견(一見)에 비범한 인물인 것을 알게 되었습니다.[16]

당시 일본에는 임오군란·갑신정변 등 각종 정치사건으로 권동진·오세창·조희연·이진호·조희문·박영효 등이 망명하고 있었다. 박영효 등은 1884년 갑신정변이 원세개(袁世凱)가 거느린 청국군의 공격으로 '3일천하'로 막을 내리자 인천을 거쳐 일본으로 망명했다. 김옥균은 10년간 일본 각지를 떠돌다 1894년 본국 정부에서 보낸 자객 홍종우에 의해 암살당하고 박영효 등은 여전히 일본에 남아 있었다. 한편 의암은 일본에서 미국으로 가기가 어려워지자 더 넓은 세계를 이해하기 위하여 그해 5월 중국 상하이로 갔다.

특히 상하이 황포강변의 국제반점에 머물면서 중국 혁명의 지도자인 손문(孫文)을 만나 교유하였다.[17] 이때 손문은 삼민주의에 입각한 중국의 개화혁명을 주장하며 동지들을 규합하고 있었다. 손문의 이러한 애국적인 모습에 의암은 많은 감화를 받았을 것이다. 특히 손문을 지지하는 수많은 중국의 젊은이들을 보고 젊은 인재 양성이야말로 조선의 개화 혁신의 첩경임을 깨달았을 듯싶다.

의암이 오사카 인근의 고베시로 온 것은 중국 상하이에서 돌아온 1902년 8월 29일이었다. 1902년 8월 29일 손병희, 손병흠, 민기호 등 3명은 여관 후등승장(後藤勝藏)에 투숙했다. 후등승장 여관의 주소는 해안통(海岸通) 3정목(三町目)이었다.[18] 그때는 이미 의암이 조선의 젊은 인재들의 일본 유학을 주선하기 시작한 뒤였다. 즉 의암은 동학도의 자제들 24명을 선발해서 교토에 있는 교토제일중학교로 보낸 것이다.[19] 당시 교토는 일본의 수도가 도쿄로 이전되면서 남아 있던 주민들이 교육의 도시로 만들자는 이념 하에 노력하여 일본에서 교육이 가장 발달된 도시였다. 이곳에 있는 교토제일중학교에서 유학생들은 어학 교육 등을 받고 일본의 명문대학으로 진학하였다.

두 번째 유학생 파견은 1904년 3월에 이루어졌는데 그때는 40명으로 동학교도들의 자제뿐 아니라 전국에서 선발한 인재들로 구성되어 있었다.[20] 의암의 동량지재 선발은 동학도들에 국한한 것이 아니었다. 그의 도량이 얼마나 컸는지를 가늠케 하는 사례이다. 의암은 앞으로의 조선의 장래는 이들 젊은 인재들에 달려 있다고 보았다. 그래서 그는 직접 이들 유학생과 가까이 접할 수 있는 교토로 이주하기도 하였다.[21]

당시 이곳을 거쳐간 최동희, 정광조, 이인숙, 오상준, 방정환 그리고 이광수[22] 등은 이후 일본 내의 명문대학에 입학해서 천도교의 중요한 일꾼으로 자리 잡았을 뿐 아니라 일제하 조선의 개화 혁신 운동에 혁혁한 공을 세우게 된다. 이처럼 의암이 전액 장학생으로 일본 유학생을 선발하고 그들의 뒷바라지까지 신경을 쓴 이유는 어디까지나 우리나라의 청년들을 양성하여 새로운 세계적 문명과 접촉시켜 새 문명사조에 호응시킴으로써 앞으로 부

강한 독립국가의 기틀을 마련하는 동량으로 양성할 계획에서였다.[23]

1904년 6월 일본의 수도 도쿄에 정착한 의암은 일본을 떠나는 1906년 1월까지 도쿄에서 지냈다. 도쿄에서의 의암의 주소지는 여러 곳이었다. 동경 지구(芝區) 겸방정(兼房町) 14번지(1904년 3월 3일 김승운과 함께 여관 '西村屋' 투숙, 3월 15일 교토로 돌아감), 동경 지구 금평정(琴平町) 13번지(1904년 6월 30일 도쿄로 이주하여 '信濃屋' 투숙) 그리고 마포구 아선방정(麻布區 我善坊町) 24번지는 1904년 7월 16일 권동진의 주선으로 마련된 주택으로 의암이 오랫동안 체류한 곳이었다. 이 집에서 의암은 갑진개화혁신운동과 러일전쟁이 발발하자 동학교도 40여 명을 불러 국내의 민회운동을 통하여 개화운동에 매진할 것을 지시했다.[24] 무엇보다도 의암은 이곳에서 동학을 천도교로 대고천하 하는 천명을 발표했다. 동학을 천도교로 개명한 것은 동학시대를 마감하고 본격적으로 근대적 종교인 천도교 시대를 열었다는 의미가 있었다.

이 당시에 만난 사람 중에는 후일 3·1운동에 혁혁한 공을 세운 최린도 있었는데 그는 황실 유학생으로 1904년 도쿄부립제일중학에 입학, 재일유학생회를 조직하고 회장을 맡고 있었다. 이 무렵에 의암을 만나 동학에 입도한 최린은 다음과 같이 회고하였다.

> 나는 일요일이면 종종 가서 뵈었고 그 고명한 도담(道談)을 많이 들었다. 그때 선생은 '이상헌'으로 가명하시고 망명생활을 하시기 때문에 우리들은 그 정체를 자세히 몰랐다. 그러던 차에 본국에서는 소위 일진회가 생기고 이용구·송병준 등의 매국적 행동이 노골화하여지자 그 배후 인물은 동학 괴수 손병희로서 그가 곧 '이상헌'이란 소문이 낭자하였다.[25]

의암의 일본 체류지는 대략 다음과 같다.

의암 손병희 일본 체류지[26]

〈오사카(大阪) 일대 손병희 흔적 조사〉	
大阪市 北區 上福島 2丁目	1904년 3월 19일 묵은 숙소
大阪市 北區 당도리정(堂島裏町) 3丁目 11번지	1904년 6월 30일 도쿄로 완전 이거하기 전까지 머물던 손병희의 숙소
대삼정류장(大森停留場)	조희연 등 개화파 인사들과 만나고 헤어지는 정류장
매전역(梅田驛)	교토(京都) 오갈 때 이용한 역
大阪港	도일하는 부관연락선 입항 항

〈고베 일대 손병희 사적〉	
해안통(海岸通) 3정목(三町目) 後藤勝藏(여관?)	1902년 8월 29일 손병희, 손병흠, 민기호 등 3명 여관 後藤勝藏 투숙
神戸港	중국 상해 왕복 출항한 항구
〈기타 한말 개화 인물 사적〉	
병고현하 수마(兵庫縣下 須磨)	1896년 7월 초 유길준, 박영효, 조희연 망명하여 거처한 곳

〈교토(京都) 일대 손병희 사적〉	
강기정(岡崎町)	1904년 2월 10일 오사카에서 교토로 이동, 숙소
上京區 聖護院町	1903년 6월 나라에서 교토로 이주하여 정한 숙소
京都 第一中學校	손병희가 천도교 자제 이인숙 등 20여 명을 입학시킨 학교
七條亭車場	1904년 4월 21일, 5월 10일 한국초빙대사 만난 곳
西本願寺	1904년 5월 10일 손병희, 조선공사와 관람

〈도쿄 손병희 관련 사적〉	
東京 芝區 겸방정(兼房町) 14번지	1904년 3월 3일 김승운과 함께 여관 西村屋 투숙, 3월 15일 교토 岡崎町으로 돌아감
東京 芝區 금평정(琴平町) 13번지	1904년 6월 30일 도쿄로 이주하여 信濃屋 투숙
국정 반정정(麴町 飯田町) 6丁目 赤十字社	1904년 3월 9일 조희연과 함께 방문
參謀本部	1904년 3월 7일 오전 宇佐川 소장의 초청으로 방문
京橋區 花月樓	1904년 3월 7일 오후 3시 조선공사 송별연 가짐
上野公園	1904년 7월 13일 홍대영 김현규와 함께 관람
천초공원(淺草公園)	1904년 7월 13일 홍대영 김현규와 함께 관람

마포구 아선방정(麻布區 我善坊町) 24번지	1904년 7월 16일 권동진의 주선으로 숙소 마련, 1905년 11월 15일 박인호, 이용구, 홍기조, 나인협 등 12명 도일하여 합숙
新橋停車場	1904년 7월 17일 권동진, 1905년 11월 20일 이용구, 나인협 등 12명 진보회원 1906년 1월 20일 이용구 등과 만나고 송별한 장소
우입구 희구정정(牛込區 喜久井町) 23번지 天一舍	1910년 3월경 정광조, 최동희 등 7명의 천도교 유학생 기숙사

〈손병희 흔적 조사〉	
겸창군 겸창정(鎌倉郡 鎌倉町)	1905년 5월 6일 鎌倉 長谷旅館에 투숙하고 5월 16일까지 지냄
- 담로정(談路町, 아와지초)	의암 동경거주지

이처럼 오사카와 고베, 교토 그리고 도쿄를 전전하면서 생활하던 의암은 여전히 가명을 사용하는 신비한 인물이었다.[27] 의암은 일본이 전봉준과 더불어 '동학수괴'로 점찍은 핵심 인물이었다. 남접의 전봉준은 붙잡혀 처형당하고, 북접의 손병희는 일본에 망명하여 변성명을 하고 4년여를 머물렀다는 것은 망명이기보다는 도피 생활이었다고 할 수 있다.[28]

일본 정부도 '이상헌'이란 조선인의 정체를 추적했으나 끝내 밝히지 못하였다. 변성명을 하고 있었으며 더욱이 일본의 눈 밖에 나는 일을 일체 하지 않았기 때문이다. 이상헌이란 조선인은 충청도의 갑부로 일본에 체류하고 있는 것으로 알려졌을 뿐이었다.[29] 그러나 시간이 지남에 따라서 일본정부는 의암을 의심하고 감시하고 있었다. 1904년 2월에 나온 일본의 정탐보고서는 다음과 같다.

「한국 경성 미동 이상헌」

고갑제(高甲第) 128호

위의 사람은 작년 6월 나라현(奈良縣)으로부터 이사해 와서 현재 경도시 상경구 성호원정(京都市 上京區 聖護院町)에 살고 있는데, 그 사람의 생활이 매우 사치스럽고 또한 그 나라 학생 수십 명을 초청해서 이들에게 응분의 학비를 급여하여 취학하게 하고 있는 중입니다. 그 사람이 스스로 말하는 바에 의하면, 고국에 대단이 많은 자산을 갖고 있으며 그의 동생 모(某)는 그 나라에서 광산업을 경영하고 있다는 것입니다. 또 그 사람이 지금의 시국을 감안하여 제국(帝國)을 위한 군사비로 1만 원의 헌납을 신청해 온 행동을 보아도 상당한 자산가가 아니고서는 할 수 없는 것으로 추측됩니다.

그런데 그 사람의 신상에 대해서는 종전부터 각종 풍문이 돌고 있는데, 그 중 한두 개의 예를 든다면, 그 사람은 러시아를 위해 우리나라의 정세를 정탐하고 있다고도 하고, 또 다른 예로는 그 사람은 한국의 조정으로부터 자금을 받아 비밀리에 제국에 체류하고 있는 망명자의 살해를 꾀하고 있는 자라고도 하는 등 기타 불미스러운 풍설이 적지 않게 떠돌고 있어서 상당한 주의를 기울이고 있는 중이나, 그 사람의 한국에 있는 자금이라든가 경력 등에 대해서는 지금도 판명되지 않고 있습니다. 따라서 이에 대한 감독과 단속을 위해 필요하오니 다음에 기록하는 각 항목에 대해 한국 주재 우리나라 공사나 영사에게 신속히 조회하시어 그 내막을 회보해주시기 바라며 이에 조회드립니다.

1904년 2월 17일

경도부지사 목삼종일(京都府知事 木森鍾一)

외무차관 진전습기 전(外務次官 珍田拾己 殿)

기(記)

一. 한국 조정과의 관계 유무

一. 한국에 체류 중인 러시아인 또는 러시아파 한국인과의 교제 상황

一. 자산

一. 한국에서의 거동과 이력.[30]

여전히 의암의 신분에 대해서 일본은 파악하지 못했음을 알 수 있다. 이처럼 철저하게 신분을 위장한 의암은 반대로 일본의 모습을 속속히 꿰뚫고 있었다. 그해 8월에도 역시 비슷한 내용의 정탐보고서가 작성되었다.

위의 사람은 전부터 사찰 중에 있는 사람이며, 그 사람과 서면 왕래가 있는 김사준 등의 신원에 대해서는 며칠 전에 통보해 주셔서 판명되었습니다. 이상헌 본인의 사람 됨됨이에 대해서는 비밀리에 정탐해 보았지만 그 요점을 잡을 수 없었으며, 일설에 의하면 그를 정의의 사람이라 일컫는 사람도 있지만, 이상헌의 신상을 둘러싸고 있는 모든 의문점을 풀기에는 부족합니다. 따라서 그 신상에 관한 대략적인 내용을 열거하면 아래와 같습니다.

一. 이상헌은 친러시아파 이근택 일파의 비밀 지시를 받고 2년 전 일본에 건너온 자이다.

一. 건너온 후 각처에서 처첩과 함께 동거하면서 사치스러운 생계를 영위하고, 또 학생 20여 명에게 매달 학자금을 지급하고 있을 뿐만 아니라, 지난 5월 중 경도부(京都府)를 거쳐 군자금 1만 원을 헌납하는 등 그는 항상 수만금을 움직이고 있으며, 이는 보통 부유하다고 일컬어지는 한국인일지라도 하기 힘든 바로서, 필경 위의 재원은 한국 조정 또는 친러파로부터 지출되는 것이 틀림없다. 그리고 1만 원의 헌금은 일본 정부의 환심을 사려는 방책이며, 이끌고 있는 학생들은 훗날 그의 매우 충실한 부하가 되어 각 방면에서 크게 해독을 끼치게 될 것이라고 하며(중략)[31]

심지어 일본 당국은 의암을 러시아의 스파이로 인식하고 있는 점이 특이

하다고 할 수 있다.[32] 그러나 러일전쟁 당시 의암은 일본에 거액의 기부를 함으로써 일본은 그의 신분에 더욱 혼란이 올 수밖에 없었다. 이처럼 철저하게 신분을 숨긴 채 의암은 일본에서의 생활을 영위해 나갔다. 그가 본 모습을 드러낸 것은 동학을 천도교로 대고천하하면서였다.

4. 개화혁신으로의 의식 변화

의암 손병희는 일본에서의 체류를 통하여 문명개화혁신의 노선을 확고히 하게 되었음은 틀림없다.[33] 특히 당시로서는 문명개화의 선진국인 일본을 현장에서 직접 확인하게 되었으니 충분히 그럴 만 했을 것이다. 전술한 대로 일본 망명 중 전직 개화파 관료이며 친일국사범인 조희연, 권동진, 오세창 등과의 교류를 통해 문명개화의 필요성을 깨닫게 되었다고도 할 수 있다.

의암이 일본에 체류할 동안에 주로 개화파 지식인들을 만났다는 점은 개화파 지식인들과의 공통분모가 있었기에 가능했다고 할 수 있다. 즉 개화파들 역시 갑신정변과 독립협회, 만민공동회 등의 좌절로 일본 망명 중이었다는 점에서는 의암과 같은 처지였다.

실제로 서구 문명의 엄습에 대해서는 서로 상반된 입장에 서 있던 동학과 개화파는 서로의 노선을 추구하는 실험을 실패하고는 점차 합치되는 길로 나아가고 있었다. 즉, 1884년의 갑신정변이 실패하고 10년 뒤에 일어난 동학농민혁명 역시 참담한 실패를 보았으나, 김홍집 내각에 의해서 추진된 갑오개혁의 내용에는 동학농민군들의 염원하던 개혁안이 일부 담겨 있었다. 그러나 이마저도 실패하고 말았지만 1896년 7월에 독립협회가 창설되면서 개화파는 다시금 그들의 뜻을 관철할 수 있는 기회를 맞이하였다. 특히 이듬해부터 시작된 만민공동회는 백성들의 정치 참여를 독려함은 물론 노비

제도의 폐지 등을 거론하며 의회 수립까지를 주장하기에 이르렀다. 이에 위기감을 느낀 고종은 강제로 만민공동회와 독립협회를 해산시키고 주모자들을 체포하였다. 결국 이들 개화파 지식인들은 망명의 길에 떠나야 했다.[34]

국내에서 개화파가 문명개화를 위한 노력을 하는 동안에 의암 손병희는 피신하면서 동학을 전파하고 있었다. 주로 북쪽의 관서지역을 돌면서 상업 활동과 동학 포덕을 병행하면서 그가 본 세상은 더 이상 척양척왜만을 외칠 수 있는 상황이 아님을 깨달았을 것이다. 보국안민을 위해서라도 서양을 배워야 했고 일본을 알아야 했다. 즉 더 이상의 과거의 구습에 얽매일 수는 없음을 자각한 것이고 그 대안을 찾아서 그는 미국으로의 망명을 추진했던 것이다.

의암이 일본에서 이들 개화파 지식인들과의 자연스러운 조우는 조국의 근대화 노선이 어느 정도 합치되었기 때문일 것이다. 비록 첫 길은 달랐지만 시간이 지나면서 동학 세력과 순수한 개화파 세력은[35] 일본에서 문명개화 노선으로 위기에 처한 조국을 구하고자 하는 마음으로 귀결되고 있었다. 또한 일본에 머물면서 의암의 당시 일본 사상계에 절대적 영향력을 미치고 있었던 후쿠자와 유키치(福澤諭吉) 같은 근대화론자들의 논의를 접하고 관련 사상가들과 교류했을 것이며 무술변법의 실패 이후 일본으로 건너왔던 양계초(梁啓超) 등과 같은 중국에서의 개혁론도 접하고 교류도 했을 것이다. 결국 의암은 일본에 머물면서 새로이 등장하고 있던 모더니티 문명을 좀 더 쉽게 접하면서 동학을 세계적 문명 흐름과 적응시킬 방안을 모색하였다.

이러한 의암의 문명개화 노선으로의 변화를 가장 잘 드러낸 것이 1902년 저술한 「삼전론」이다. 이 소책자 논설문은 국내에 있는 동학도들을 계몽하기 위해서 쓴 것으로 곧 국내에 전달되어 일본에 유학을 오지 못하는 교인들의 중요한 학습 교재로 활용되었다. 「삼전론」은 의암의 철학과 노선이 집대성된 것으로 그 근본정신은 동학에 뿌리내리고 있음을 확인시키는 개화 자강책이라고 할 수 있다.

의암은 「삼전론」의 서두에서 "천고의 역사적 사실이여! 외워서 밝히고 기록하여 거울하리라. 한 옛적에 만물의 생김이니 어찌하여 그렇게 되었으며 그럴 수 있을 것인가. 이치를 더듬어서 헤아려 본즉 아득히 먼 것 같지만 사물에 접촉해서 연구해 보면 혼연한 한덩어리 가운데서 나와진 것이 의심없도다"[36]라고 전제하면서 글을 풀어나간다. 논설은 이어서 "지금의 세계 대세는 사람의 기운이 강할 대로 강해지고 꾀가 날 대로 나서 서로 싸운다고 하더라도 오수부동(五獸不動)의 상태, 즉 코끼리 · 쥐 · 고양이 · 개 · 호랑이 등의 다섯 가지 짐승이 서로 약점이 있어서 꼼짝 못하는 상태와 같다고 파악하고, 앞으로는 무기로 싸우는 것이 쓸데없이 될 것이며 세 가지 싸움이 중요하게 될 것"[37]이라고 주장한다.

첫째, 도전(道戰)은 국민의 정신을 계발하는 데 전력을 다할 것이며, 둘째, 재전(財戰)은 국가의 산업을 개발하여 자립할 수 있는 국력을 키워야 하고, 셋째, 언전(言戰)은 외국의 사정에 밝아 외국과의 의사소통이 원활케 할 것을 제안한다.[38]

「삼전론」에서 의암은 서구의 군사력과 기술력을 높이 평가하면서도 그것이 곧 사람의 길도 아니고 하늘의 이치도 아니라고[39] 말하면서 세 가지 전쟁 즉 도전과 재전 그리고 언전을 언급하는 것이다. 이 글에서 의암은 동학농민혁명을 치르며 이미 무력을 통한 전쟁으로는 서구의 군사력이나 일본의 군사력과의 경쟁에서 승산이 없음을 인식하고 있음을 알 수 있다. 「삼전론」에서 국가를 수호하는 부국강병 전쟁을 언급하지 않고 '도전', '재전', '언전'을 제시하는데 그친 것만 보아도 이미 군사경쟁에 뒤처진 현실을 인정하고 있음을 볼 수 있다. 군사력에서 패배한 당시의 상황에서 할 수 있는 전쟁은 천도를 지켜서 서도와의 우월성을 유지하는 것이며, 산업화를 통하여 서구와의 경제력 경쟁에 나서는 일이며, 문화나 언론에서 서구 근대성에 대응할 수 있는 자기방어 능력을 형성하는 일이었다고 하겠다.

「삼전론」의 마지막에서 의암은 명백히 오늘은 문명개화의 시대임을 역설하고 교인들에게 이를 잘 인식하고 삼전을 준비하라고 주장하고 있다.

> 지금 세계 형편을 살펴보니 도의 앞길이 더욱 환하게 밝도다. 경전에 '병기 없는 전쟁'이라고 일렀으니 어찌 명백하지 않은가. 어쨌든 여러분들은 마치 우물 가운데 들어 앉은 것 같아서 필시 외세 형편에 혼암(昏暗)할 줄로 생각되므로 이에 삼전론 일편을 지어서 고루함을 잊고 돌려보이느니 행여 심지를 극진히 하여 그 크고, 작고 같고 다른 이치를 분석할 것 같으면 여기에 힘을 얻어서 빛나는 문채(文彩)가 마치 단것이 양념을 받은 것 같고 흰것이 채색을 받은 것 같으리니 마음을 가라앉히고 잘 음미하여 담벼락에 마주선 탄식이 없게 함이 어떠하뇨.

> 방금 세계문명은 실로 천지가 한번 크게 변해서 새로 창조될 운수인지라. 선각한 처지에는 반드시 서로 가까워지는 기운의 응함이 있으리니, 생각하고 생각하여 천지의 감동하는 정신을 어기지 말라. 대개 효제충신과 삼강오륜은 세계에서 부러워하는 바라. 그러므로 "인의예지는 선성(先聖)의 가르친 바라"고 하였나니 우리 도의 종지와 삼전의 이치를 아울러 활용하면 어찌 천하의 으뜸이 아니겠는가.

> 대개 이와 같은즉 그야말로 금상첨화라. 이로써 명심하기를 바라고 바라노라.[40]

1903년에 저술한 「명리전」에서는 더욱 구체적으로 문명개화의 필요성을 언급하고 있다. 즉 "선천의 시대는 동양에서는 운수에 의하여 성인이 태어나 문명지풍(文明之風)이 일어났지만 오늘에 이르러서는 고법(古法) 외에는 다시 궁구(窮究)하지 않으려 하니 무슨 물리의견(物理意見)이 나올 수 있겠"는가라고 개탄하면서 동양문명의 몰락은 시운 시기를 따르지 않아 상해지운에 빠짐으로써 초래된 필연적인 사태라고 주장했다. "지금 우리 동양 사람들은 긴 밤에 취한 꿈을 언제 깰는지 기약이 없는지라, 세계 각국이 죽은 송장으로 대하니 이것이 지금 통탄할 일이 아니냐."[41]

그러면서 이제 "사세지운(斯世之運)에 승세(乘勢)한 것은 재예필달(才藝必達)하고 기계편리(機械便利)하며 군민지분(君民之分)을 상수분실(相守不失)하여 공화지정(共和之政)과 입헌지치(立憲之治)가 당세(當世)에 문명한 서양"[42]이라며 서구 자본주의 문명이야말로 현세에 부응하는 신문명임을 역설했다. 그러므로 서구 자본주의 문명을 추종하는 것은 운수의 순환 법칙에 따르는 필연이라는 것이다.[43] 이처럼 오늘의 대세는 서양의 문명이므로 그것을 따르는 것은 지극히 정상적인 흐름이라는 것이다. 「명리전」에 이르면 의암의 사상은 확고하게 문명개화로 굳어졌음을 알 수 있다.

한편 1903년에 이르러서는 한국문제를 둘러싼 러·일 간의 전운이 급박하게 되었다고 판단한 의암은 이 전쟁이 곧 한국과 만주에 직접적인 영향을 미치리라 생각하고 어느 편이 이기든지 한국은 이기는 편에 예속될 수밖에 없는 운명에 처하리라고 판단했다. 따라서 우리나라가 이때에 수수방관만 하면 한국의 운명은 풍전등화와 같다고 의암은 예측했다. 의암은 대한제국이 전승국에 가담하여 패전국을 공격함으로써 나중에 전승국의 지위를 확보하여 국가 만전의 대계를 세우는 한 가지 길밖에 없다고 생각했다.[44]

의암이 러일전쟁에서 일본이 이길 것으로 판단한 이유는 세 가지 때문이었다. 첫째, 지리상으로 러시아는 수만 리 먼 곳에 있기 때문에 불리하다. 둘째, 전쟁 동기에서 러시아는 영토 확장과 부동항을 얻는 데 있지만 일본은 만일 한국이 러시아에 강점된다면 자기들이 러시아의 위협을 받을 뿐 아니라 일본의 대륙 침략 정책에 차질이 생기므로 국가의 운명을 걸고 싸울 수밖에 없다. 셋째, 군사력에서 일본은 독일의 정예한 무기와 전술을 배워 러시아를 앞선다.[45]

그러나 당시의 조선 조정의 권력은 친러파가 잡고 있었고 그들은 모두 러시아의 승리를 예측하고 있었다. 우물 안의 개구리 같은 수준의 조정에 비하여 의암은 정확한 정보를 바탕으로 한 판단으로 일본의 승리를 예상한 것이다. 의암은 일본 정부와 손을 잡고 승리한 일본과 함께 동학도들이 조정을 장악해 국정을 개혁할 계획을 세웠다. 이를 위해 의암은 일본 정부에 당시 돈 1만 원을 기부하였다.[46] 즉, 러일전쟁에서 일본의 승리를 예견하여 일본을 지지하는 입장을 보인 것이다.[47] 이는 러일전쟁에서 일본이 승리할 때 전승국과의 차후 협상을 좀더 유리한 입장에서 전개할 계산이었다고 할 수 있다. 조선이 장차 독립국가를 유지할 수 없다는 판단을 한 의암은 나름대로 국가를 보전할 수 있는 방안으로 일본의 협조를 기대한 것이었다.[48]

그런 와중에도 의암은 1904년 3월 15일 동양의 전운이 짙어감을 절감하면서 그대로 앉아 있을 수는 없었다. 그래서 그는 인편으로 정부의 의정대신과 법부대신에게 상소문을 보내어 러·일 간의 전쟁이 긴박한 사실을 알리고 비정(秕政)개혁에 나설 것을 간곡히 호소하였다. 먼저 의정대신(議政大臣) 윤용선(尹容善)에게 〈의정대신에게 보내는 비정혁신안〉을 보냈다.

개명한 이래로 '백성이 나라의 근본'이라는 것은 세계만국이 다 아는 것이라. 이러므로 서양에 강대한 나라는 각국을 멸하는 것이 그 수를 계산할 수 없으나 민심이 단합된 나라는 감히 손을 대지 못하였으니, 이 또한 문명한 경위라 (중략) 하물며 오늘 일본과 러시아가 전쟁을 하는 데 누가 이기고 질 것은 아직은 미리 알 수 없으나 승패가 결정되면 우리나라를 보존하지 못할 것이라는 것은 세계의 통론입니다. 이제 만일 한번 강토를 잃어 적의 손에 들어가면 종묘사직을 안보할 곳이 없고 불쌍한 창생은 고기밥을 면치 못할 것이니 백세 후에 죽은 혼이 황천에 돌아간들 무슨 면목으로 선왕의 영전에 할 말이 있겠습니까?[49]

그리고 법부대신(法部大臣) 이윤용(李允用) 앞으로 비정개혁을 요구하는 상소문을 올렸다.

우리나라의 땅이 비롯 크지는 못하나 2천만 생명이 또한 적은 것이 아니오니 진실로 문명을 하였다면 반드시 천하에 정사를 한다 해도 가하려니와, 이것은 나라가 흥한 후에 말할 바요, 저 왜적이 꾀를 이루기 전에 정치를 개선하고 조정에 독립의 힘을 길러서 국권을 확보하고 국민이 개명을 시작하였다는 만국의 인정을 받아야 권력을 가히 안보할 것이나, 아직도 지금 우리나라의 백성은 학문에 통달하지 못하여 이것을 행하여도 얻지 못할 것입니다. 우리나라의 팔도 안에 사람은 예전과 같사오니, 사람 가운데 그 뜻있는 일을 가리어 몇 천백만을 화육(化育)의 안에 불러 모아 무엇으로 이름을 하든지 민회(民會)를 설립하고 크고 작은 일을 의논케 하며, 정부가 교섭하면 외교의 실력은 통달하지 못하지만 창생보국의 정력은 골수에 젖어 들 것입니다.[50]

문명개화를 통한 정부 혁신이 오늘의 난국을 극복할 수 있는 길이라는 의암의 주장이었지만 무능한 정부 대신들이 망명객의 간곡한 호소문(상소)을 귀담아 들을 리 없었다. 오히려 동학의 괴수가 아직도 살아 있다고 증오심을 보이면서 상소문 전달자를 박해하였다. 두 번에 걸친 비정개혁안이 좌절되자 의암은 결국 스스로의 힘으로, 즉 국내의 동학도들을 하루빨리 개화시켜서 그들의 힘으로 조국의 앞날을 개척해야 한다고 생각하기에 이르렀다. 그 일환으로 등장하는 것이 갑진개화혁신운동이다.

갑진개화혁신운동은 정치결사를 통해 시작되었다. 의암은 1904년 초 박인호·이종훈 등 동학 간부 40여 명을 비밀리에 일본으로 불러 자신의 계획을 밝히고 국내에서 민회를 조직할 것을 지시하였다. 이를 통해 개화운동을 추진하려는 복안이었다. 민회운동의 경험은 이미 동학농민혁명 직전에 있었던 보은 장내리 집회를 통하여 실험된 가장 평화로운 그러나 그 성과는 매우 컸던 운동이었다. 민회의 이름은 처음에는 대동회(大同會)라 했다가 중립회(中立會)로 바꾸고 다시 권동진·오세창 등과 진보회(進步會)[51]로 개칭하였다.

진보회를 통한 민회 운동은 자주화와 근대화를 겸비한, 그야말로 지난한 국가 개혁을 지향하던 대한제국 정부에 대해 서구적 근대·선진·문명을 지향하는 종속적 근대화 노선으로의 전환을 촉구했던 반정부 투쟁의 일환이었다.[52] 특히 그해 4월부터 실시된 흑의단발(黑衣斷髮)운동에 동학도들이 대거 참여함으로써 정부는 진보회에 더욱 대척점을 세우게 되었다. 진보회가 1904년 10월 9일 총궐기하여 '갑진개화혁신운동'을 활발하게 전개하자 이때 참가한 사람이 전국적으로 360여 군에서 20만 명이었다고 한다.[53] "진보회가 설립되지 않은 곳이 없을"[54] 정도로 시대의 거센 흐름을 이루었다.[55] 결국 조정은 진보회의 해산을 명하였고, 진보회를 이끌던 이용구는 의암의 뜻을 배신하고 고육책으로 일진회와의 합동을 추진하였다. 그리고 일진회의 친일적 행위로 인하여 동학 전체가 친일단체로 인식되는 상황에 처하자 의암은 일대 전환의 계기가 필요해졌다. 그것이 동학을 천도교로 대고천하하는 것이었다. 동학에서 천도교로의 명칭 변경은 곧 그동안 숨어 왔던 의암이 세상에 나타나는 것이고 그동안 절치부심하였던 의암의 문명개화 의식이 만천하에 노출되고 그것이 곧 구국의 길임을 선언한 것이었다.

5. 결론

1905년 12월 1일 천도교로 대고천하[56]한 직후 1906년 1월에 귀국한 의암은 본격적인 개화혁신운동에 나섰다. 의암은 가장 먼저 오세창을 사장으로 하는 『만세보』[57]를 창간하여 문명개화와 애국계몽의 여론을 형성하는 통로로 활용하였다. 『만세보』 창간호의 사설에서 활동의 대략적인 방향이 뚜렷하게 드러나고 있다. "학문이 증진하고 식산(殖産)이 발달하야 국가와 인민의 실력을 야영하야 국위(國威) 국광(國光)이 만세(萬歲)에 분양(奮揚)"[58]이 그 목적으로 제시된다. 의암의 문명개화노선을 확실하게 선언한 것이다. 이것은 당시 유행하던 애국계몽운동과 궤를 같이 하는 것이라고도 할 수 있다. 그러나 의암의 개화혁신론은 동학에 기초하고 있다는 특성이 있다. 무엇보다도 도덕성을 중시하는데 의암 스스로도 문명을 "도덕의 풍화가 날마다 새롭고 달마다 성하여 풍기가 크게 열리고, 세도가 높이 성하여 인사가 크게 새로워지고, 물품을 받아 흥성하니 이를 문명의 성대라 이르느니라"[59]라고 규정하였다.

즉 동학은 지극한 성인에 이르는 무극대도를 받아서 시작되었으며 모든 사람들에게 이 하늘의 덕을 베푸는 것이 그 목적이라고 보았다. 그러므로 사람들로 하여금 천도를 깨닫고 천덕을 행하도록 하는 것이 바로 문명이라고 보았다. 또한 의암은 이러한 자신의 문명개화를 구체화하기 위하여 인쇄

소와 출판사를 운영하였다. 특히 귀국할 때에 최고급 활자 인쇄기를 가지고 올 정도로 출판의 중요성을 인식하였다. 그래서 설립된 것이 인쇄소 박문국 (博文局)이다. '널리 깊이 지식을 모으자'는 의미의 박문국은 보문관, 창신사 그리고 최종적으로 보성사로 귀결되어 1900년대에서부터 1919년 3·1운동 이 전개될 때까지 우리나라 근대 인쇄 출판업을 주도했다.

한편 진보회를 통한 민회운동도 계속되었다. 천도교단의 정비와 함께 지방의 동학조직을 천도교 조직으로 변경하면서 민회운동을 지속시켰다. 특히 천도교는 의식적으로나 조직적으로나 동학의 후천개벽이라고 하는 새로운 민이 주인이 되는 국가를 지향하고 있었다. 그러므로 "양민(良民) 상(上) 악정부(惡政府)가 무(無)한다 하니 차(此)는 국민이 개량이면 정부 독(獨)히 위악(爲惡)함을 불능(不能)한다"[60]라고 하여 인민에 기초한 정치질서를 지향하고 있었으며 구체적 전략으로 향촌자치를 구상하고 민회운동을 전개하였다. 향촌자치는 동학농민혁명 당시의 집강소를 응용한 논리였고 그것을 바탕으로 한 민회운동은 후천개벽을 기치를 내건 동학이념의 구체적인 표현이라고 할 수 있다. 결국 의암이 추진한 민회운동은 민의 자발성에 기초를 둔 민주주의의 자치 전통을 실질적으로 구현하려는 시도였다. 민회 구성의 원리는 '사람이 하늘이다'라는 동학의 자주적 정치이념을 토대로 제기되었다고 할 수 있다.

천도교의 교육사업 역시 교단이 중시한 문명개화운동이었다. 교육사업에 참여한 의암의 의도는 두 가지였다. 즉 독립정신의 함양과 기술 습득이었다.[61] 처음에는 형편상 교단이 직접 나서서 운영하는 학교보다는 주로 재정난에 처한 교육기관을 지원해 주는 차원에서 시작되었다. 그러나 보성학교와 동덕여학교는 직접 운영하기도 하였다. 이처럼 당시 천도교단의 직간접적인 지원을 받은 학교는 서울은 물론 지방에까지 분포하였다.[62]

이밖에도 의암의 개화혁신 노선은 문화운동을 중심으로 전방위적으로 진행되었다. 불과 10여 년 전에 보국안민과 척양척왜를 외치던 동학이 한 순간에 문명개화의 주역이 된 것이다. 이는 전적으로 최고 지도자인 의암 손병희의 의식전환에서 출발했다. 이는 조선이 근대적 자주독립국가로 향하는 첫걸음이었다. 비록 결과는 무능한 지도층과 어쩔 수 없는 국력의 차이로 인한 식민지화였지만, 그래도 근대화에 뒤진 조선이 조금은 개화하는데 기여했다고 할 수 있다. 물론 이러한 개화혁신의 실천은 꾸준히 전개되어 1919년 세계를 놀라게 한 3·1운동으로 귀결되었다. 조선의 근대화는 이처럼 한 사람의 위대한 선각자의 자각이 크게 기여했다.

청주병영의
동학농민군 진압과 모충사

김 양 식_ 충북연구원 수석연구위원

1. 머리말

청주지역은 지정학적 위치상 동학농민혁명사에서 매우 중요한 장소성을 가지고 있다. 동학농민혁명 이전 동학의 교조신원운동의 한 축을 담당하고 있었을 뿐 아니라, 동학교단이 위치한 보은과 인접해 있어 밀접한 연관성이 있었다. 또한 동학 지도자였던 서장옥의 근거지였기 때문에, 청주는 동학농민혁명사의 중심에서 벗어나 있을 수 없었다.

특히 청주에는 조선의 충청도 군사령부격인 충청병영이 1651년부터 설치되어 있었다. 또한 청주는 서울로 통하는 군사적 요충지였다. 그러므로 동학농민혁명 당시에는 정부 입장에서도 동학농민군 입장에서도 전략적으로 매우 중요한 지역이었다. 실제로 1894년 9월 이후 동학농민군이 여러 차례 청주성 점령을 시도하였다.

따라서 동학농민혁명사에서 차지하는 청주지역의 위상을 파악하기 위해서는 동학농민군의 활동 외에 청주병영의 활동도 주목해야 전체상을 알 수 있다. 그럼에도 불구하고 아직까지 청주병영의 동학농민군 진압 실상은 해명되지 못하고 있다.

더욱이 청주병영은 동학농민군을 진압하는 과정에서 진압군의 피해 가운데 가장 큰 규모인 장졸 73명이 동학농민군에 의해 죽임을 당하였다. 이들에 대한 현충사업은 동학농민혁명 이후 대한제국기에 큰 관심사였고, 청주에는 당시 건립된 이들을 위한 현충 시설이 현존하고 있다.

청주병영 전몰 장병을 위한 현충 시설, 즉 모충사(慕忠祠)의 전말과 그 의미 등에 관한 연구는 부분적으로 이루어졌으나,[1] 아직 미진한 부분이 많은 실정이다. 국가와 지역 두 관점에서 모충사의 역사와 그 의미를 새롭게 재해석하고 자리매김할 필요가 있다.

이에 본 연구에서는 청주병영을 중심으로 청주지역 동학농민군의 활동 및 진압 실상을 해명하여, 청주병영의 동학농민군 진압 실태를 통해 동학농민혁명사에서 중요한 지리적 위치를 차지하고 있는 청주지역 동학농민혁명의 실상을 살펴보고자 한다. 이는 동학농민혁명사의 전체상을 이해하는 데 많은 도움을 줄 것으로 기대한다. 아울러 모충사를 통해 동학농민혁명 이후 진압에 참여하였던 전몰 장졸에 대한 국가 및 지역단위의 현충사업의 실태와 그 의미도 살펴보고자 한다.

2. 개항 이후 청주병영의 변모

청주지역은 충청도의 중심지이자 서울로 통하는 삼남의 길목에 위치하고 있어 군사적으로 매우 중요한 지역이었다. 이 때문에 임진왜란 이후 군사제도를 진영체제(鎭營體制)로 개편하면서, 해미에 있던 충청병영이 1651년(효종 2)에 청주로 옮겨 설치되었다. 충청병영은 다시 충청도 53개 고을을 5진영(鎭營)으로 나누어 군사적으로 편제하였는데, 충청병영이 위치한 청주에는 중영(中營)이 설치되고 청주를 비롯한 진천, 청안, 문의, 회인, 보은, 청산, 영동, 황간, 목천, 천안, 직산 등 11개 고을이 속해 있었다. 병력은 충청병영 본영(청주병영)에 소속된 791명과 상당산성에 소속된 3,454명 등 총 4,245명이었으나, 실제 급료를 받고 근무를 하는 인원은 550명 정도였다.[2] 1871년에 작성된 청주병영 사례(事例)에 의하면,[3] 소속 인원이 448명이었다. 이것으로 보아 청주병영의 실제 병력은 500명 전후였던 것으로 보인다.

이것이 조선후기 청주병영의 기본 군사체제였으나, 개항 이후 군사제도 개편과 맞물려 변화를 겪었다. 개항 이후 근대적인 개화정책을 적극 추진하던 고종과 개화파 관료들은 1881년 5월 신식군대인 교련병대(敎鍊兵隊)를 창설하고 11월에는 기존의 군영을 통폐합하여 무위영(武衛營)과 장어영(壯禦營) 체제로 개편하였다.[4] 이는 다시 임오군란과 갑신정변을 거치면서 청군식으로 군제가 개편되었다. 친군 좌영, 우영, 전영, 후영, 별영으로 이루어진 친군 5영체제가 중앙 정부군으로 성립되고, 1883년에 기연해방영(畿沿海防營), 강화도에 친군심영(親軍沁營), 평양에 친군서영(親軍西營), 경상도에 친군남영(親軍南營) 등이 각각 창설되었다.[5] 그리고 1885년에 궁궐 수비를 위해 친군용호영(親軍龍虎營)이 만들어 지었다.[6]

1885년에 확립된 친군 5영체제는 다시 1888년에 크게 개편되었다. 고종은 친군 5영체제가 각 영이 분산되어 있어 재정 부담이 큰 데다 각 영마다 500명의 군사로는 조련하는 데 부적합하다는 이유로 군제 개편을 지시하였다. 그에 따라 친군 우영과 후영 및 해방영을 통합해 친군통위영(親軍統衛營), 친군 전영과 좌영을 통합해 친군장위영(親軍壯衛營), 별영을 친군총어영(親軍摠禦營) 등 3군영으로 하는 등으로 통폐합하였다.[7] 1891년에는 수도 방어를 위해 북한산성에 친군경리청(親軍經理廳)이, 1893년에는 해안 방어를 위해 총제영(總制營)이 추가로 창설되었다.[8]

이러한 군사제도의 개편과 맞물려 청주병영에도 친군진남영(親軍鎭南營)이 설치되었다. 그 시기는 명확하지 않다. 청주병영에 진남영이 설치된 것은 홍계훈(洪啓薰, 초명 洪在義, ?-1895)과 밀접한 연관이 있었다. 현재 청주에는 홍계훈 선정비 2기가 남아 있다.[9] 이들 자료에 의하면, 임오군란 때 왕비를 궁궐에서 탈출시킨 공으로 중용된 홍계훈은 1887년 가을에 충청도 병마절도사를 역임하면서 청주병영에 친군영이 설치되자, 건물을 짓고 관군을 모집하여 정예 양병을 양성하였다. 1888년 봄에는 고종이 '진남영'이란 영호(營號)를 직접 하사하였다고 한다.

실제 1880년대에 들어와 삼남의 길목에 위치해 있었던 청주병영은 군사적으로 매우 중요한 위치로 부상하였다. 1882년에는 총융청에서 직접 청주병영 병정 292명을 불러 훈련시킨 일이 있었는데,[10] 홍계훈이 충청병사를 맡으면서 청주병영의 위상은 한층 제고되었다. 홍계훈은 1886년 12월에 군포를 제대로 관리하지 못한 죄로 파직되었으나, 이듬해 2월에 특별히 용서를 받고 직무를 다시 수행하게 되었다.[11] 1887년 가을 청주병영에 친군영이 설치되자, 홍계훈은 영사(營舍)를 짓고 병사를 모아 무예를 교련시켜 성과를 거두었다.[12] 그 결과 그해 12월 청주병영 병정들의 기예가 숙련되었다는 소식을 들은 고종은 직접 성의를 표하였다.[13]

더욱이 1888년 2월에는 홍계훈의 요청에 따라 청주병영에 병방(兵房) 1명, 영관(領官) 1명, 문안(文案) 1명, 군사마(軍司馬) 1명, 초관(哨官) 5명을 두어 군사조직을 갖추도록 하였다.[14] 그 무렵 청주향교 서재(西齋) 원생들은 홍계훈 존성비를 청주향교 앞에 건립하였다.[15] 1888년 3월에는 고종이 충청병영에서 새로 뽑은 병정들을 궁궐로 불러들여 훈련하도록 하였다.[16] 실제 홍계훈은 1888년 여름 청주병영군 500명을 인솔하여 서울로 올라가 고종임금이 친히 참석한 융무당(隆武堂) 앞에서 군사 시범을 선보였다.[17]

1888년 8월에는 충청병사를 '삼도육군통어사 겸 충청병사(三道陸軍統禦使兼 忠淸兵使)'로 고치고, 병영의 제도를 모두 통어영(統禦營)의 규례대로 시행하도록 하였다.[18] 즉, 청주병영에 충청도·전라도·경상도의 육군 총지휘부인

통어영을 설치하고 초대 삼도육군통어사 겸 충청병사로 민응식(閔應植)을 임명한 것이다. 직급은 판사급이고 임기는 2년이었다.

병사들의 급료도 통어영에서 지급하였다. 1888년 9월에는 민응식에게 전권을 위임하여 청주목사를 겸하도록 하는 '삼도육군통어중군 겸 충청도병마절도사 청주목사 친군진남영외사(三道陸軍統禦使兼忠淸道兵馬節度使 淸洲牧使 親軍鎭南營外使)'라는 직함을 주었다.[19] 1891년에는 면세로 군도를 구입하기도 하였다.[20] 이는 청주병영의 군사적 위상을 한층 강화한 것이다.

그러나 그 이후 청주병영은 점점 위축되었다. 통어영에서 지급한 병사 급료는 한 명당 40냥이었는데, 액수가 부족하여 병사들이 모였다 흩어지는 등 군대가 제대로 운영되지 않았다.[21] 또한 통어영에서 필요한 물자를 조달하는 과정에서 수많은 폐단이 생겨났으며,[22] 청주병영 일부 병력도 총제영(總制營)으로 옮기는 등[23] 청주병영의 군사적 위상은 낮아졌다.

그러나 1890년대에 들어오면서 청주병영의 군사력을 다시 강화할 필요성이 점증하였다. 내륙 각지에서 군현 단위의 농민봉기가 속출하는 데다 동학도의 활동이 강화되었다. 특히 1892년 10월부터 충청도를 중심으로 전개된 동학의 교조신원운동에 대응하기 위해 청주병영의 군사력이 요구되었다.

그에 따라 정부는 1893년 1월 26일 그동안 많은 폐단을 낳았던 통어영을 남양부로 이설하여 해연총제영(海沿總制營)이라 하고 충청병영의 규정을 옛 규례대로 회복하도록 하였다.[24] 충청도병마절도사 · 병마우후 · 청주진중영장 · 토포사 등도 모두 옛 규정대로 회복하여 차출하고 통어중군과 상당별장을 임명하였다.[25] 또한 1893년 3월 통어영(統禦營)에서 사용하던 군액(軍額)과 무기도 이전대로 청주병영에서 관할하였다.[26] 이와 같이 정부는 4년 5개월 동안 청주진남영에 설치되었던 통어영을 이설하고 옛 규정대로 청주병영을 운영하는 방식으로 군사력을 강화하였다.

그러나 청주병영의 군사력이 제대로 갖추어지지 않은 상황에서, 1893년 3월 20일 보은 장내리에서 대대적인 동학 집회가 열렸다. 사태가 급박해지자, 정부는 청주병사를 역임한 바 있는 홍계훈으로 하여금 중앙 정부군인 장위영군 6백명을 인솔하여 이에 대응하도록 하였다. 홍계훈의 장위영군은 기관포 3문도 보유하였다. 홍계훈이 내려오기 전에 청주병영군 1백여 명은 스나이더총으로 무장하고 먼저 보은에 내려가 사전 준비를 하였다. 그리고 3월 29일에는 왕명을 받든 청주영장 백남석(白南奭)과 병영군관 조기명(趙基命)이 보은에 갔다. 홍계훈이 이끄는 장위영군도 1893년 3월 30일 청주에 도착하였다. 이런 상황에서 양호선무사 어윤중 등의 선무공작과 군사적 압력에 밀린 보은 동학교단은 결국 4월 10일경부터 자진 해산을 결정하였다.

이렇게 보은 동학집회를 무사히 해산시킨 정부는 청주병영의 군사력을 한층 강화시킬 필요성을 느끼게 되었다. 그에 따라 1893년 6월 청주병영 병력을 이전대로 600명으로 늘리고 총제영에서 관할하는 면세 결전 30만냥도 사용하도록 하였으나,[27] 그럴 경우 병사들에게 지불하는 급료가 부족하였다. 그 때문에 청주병영은 병력을 600명으로 늘리지 못하고 400명으로 줄여 운영하였다.[28]

이렇게 1893년 동학의 교조신원운동으로 위기의식을 느낀 정부는 청주병영을 재정비하고 군사력을 한층 강화하였다. 전라도의 경우에도 전라감사 김문현이 나이 젊고 몸이 건강한 400명을 뽑아 군대를 만들자, 정부는 친군무남영(親軍武南營)이란 군영의 칭호를 부여하고 관리를 두어 전라지역의 방어에 주력하도록 하였다.[29]

3. 청주병영의 동학농민군 진압과 청주성 방어

1) 청주병영군의 동학농민군 정탐과 전주성 파병

1892-1893년 동학 교조신원운동이 충청도와 전라도에서 활발히 전개되자, 위기의식을 느낀 정부는 충청도는 청주 친군진남영을 중심으로, 전라도는 전주 친군무남영을 중심으로 만일의 사태에 대비하였다. 그럼에도 1894년 3월 20일 전라도 무장에서 시작된 동학농민혁명은 충청도에도 영향을 미쳐 충청도 곳곳에서 동학도들이 봉기하고 위기를 가중시켰다.

이러한 동학도들의 움직임에 충청도에서 대응한 것은 충청감영과 병영, 즉, 청주병영 진남영이었다. 1894년 4월 3일 서울을 출발해 4월 7일 전주에 도착한 양호초토사 홍계훈은 전주에 도착한 다음날 곧바로 청주병영에 감결을 보내, 동학도들의 정형을 수색하여 보고하도록 하였다.[30] 충청도 동학도들의 소요 진압도 그의 책임이었기 때문이다. 그에 따라 청주병영 대관은 초토영의 군관과 함께 동학도의 귀화와 토벌 임무를 담당하였다.

그 결과 4월 10일 회덕지역에서 귀화한 동학도는 1천여 명에 이르렀다. 다음 날에는 아직 회덕에 모여 있는 동학도들을 해산하기 위해 포군 150명을 동원하여,[31] 2명을 생포하고 다수의 무기를 회수하였다.[32] 또 충청감사는 전라도의 소요가 더 한층 거세지자 청주병영으로 하여금 병사 2백명을 은진과 옥천 2개 고을 요충지에 보내 지키게 하였다.[33]

또한 4월 30일 전주성을 점령한 동학도들이 은진이나 옥천으로 향할지도 모른다고 하면서 청주병영에 지시하여 각별히 방어하도록 하였다.[34] 더욱이 5월 2일 홍계훈은 전주성 수복이 여의치 않자 청주병영군을 전주로 보내도록 충청감사에게 요청하였는데, 이미 청주병영군 1백명이 탄약 20궤를 가지고 5월 1일 출발한 상태였다.[35] 전주에 온 청주병영군들이 민가에 들어가 토색질을 하므로 이를 엄히 금하도록 한 것으로 보아,[36] 실제 청주병영군이 전주성에 파견된 것이 분명하다.

5월 17일 홍계훈이 전주성 수복에 공이 있는 군사들을 위로하면서 장위영에 소 4마리, 총제영에 소 2마리를 지급하였다. 진남영에도 소 1마리를 주었을 뿐 아니라, 병사들에게는 1인당 쌀 1되, 돈 5전씩을 지급하였다.[37] 또 전주성에 파견된 청주병영군은 5월 17일 홍계훈이 서울로 돌아가면서, 곽임도(郭林道) 대관이 이끄는 1개 부대를 전주 무남영에 주둔시키고 나머지 1개 부대 80명은 홍계훈과 함께 전주를 떠나 공주로 이동하였다.[38] 5월 21일 청주병영의 전보에 의하면, 청주병영에서 직접 전주 무남영에 머물러 있는 병사들에게 군복을 보내는 한편,[39] 공주로 이동한 청주병영 병사 1개 부대 80명은 5월 22일 공주를 떠나 청주로 돌아왔고 홍계훈은 5월 23일 공주를 떠나 서울로 귀환하였다.[40]

이렇듯 청주병영군은 1894년 4월 충청도내 동학도의 소요를 단속하고 전라도와의 경계 지점인 옥천 등지를 각별히 지키는 한편, 초토사 홍계훈을 도와 전주성에 병사를 파견하여 지원하였다. 병력 규모는 2개 부대 160명 정도였다.

이와 같이 청주병영군 2개 부대도 참여한 가운데 전주성을 수복한 이후 전라도에서 집강소가 설치되고 폐정 개혁이 이루어질 즈음, 청주병영의 활동은 이렇다 할 흔적을 찾을 수 없다. 이는 곧 청주병영 자체적으로, 또는 상부의 지시에 의해 동학도의 움직임을 경계하고 치안질서를 바로잡으려는 군사적 활동이 없었다는 의미이다. 그 때문에 1894년 5월부터 9월까지 충청도에서는 실질적인 치안 공백 상태에서 동학도들의 활동이 활발하게 전개될 수 있었다. 그 시기 충청도는 6월 27일 성환전투 이후 청군군과 일본군이 차례로 휩쓸고 가는 전란을 겪으면서, 그 뒷수습에 여념이 없었다.[41] 사실상 충청감영은 물론 청주병영도 동학군 진압에 관심을 기울일 수 있는 상황이 아니었다. 그러는 사이 청일전쟁을 경험한 충청도에서는 위기의식이 가중되면서 동학군 활동이 8, 9월에 들어와 더욱 확대되는 상황이었다.[42]

2) 청주병영군의 1차 청주성 방어와 장병 전몰

1894년 9월에 들어와 동학농민군의 재봉기가 이루어졌다. 특히 최시형의 총기포령으로 동학교단 차원에서 전국적으로 9월 18일 기포한 이후, 9월 말에 들어와 동학도들의 무장 봉기가 전국적으로 이루어졌다. 그에 따라 청주 지역에서도 동학도들이 무장을 강화하고 청주병영을 점령하고자 하였다.

그러자 청주병사 이장회(李長會)는 동학도 11명을 체포하여 그 가운데 우두머리 3명(李宗黙 · 洪順日 · 鄭弼壽)을 효수하였다.[43] 이에 격분한 동학농민군 수만 명은 9월 24일(양 10.22) 청주병영의 군사 거점인 상당산성의 무기를 빼앗아 곧바로 청주병영을 포위 공격하여, 성 안의 청주병영군 200여 명과 대치하게 되었다. 9월 28일 청주병영군의 공격을 받고 수십 명의 동학농민군이 쓰러지자, 동학농민군은 일단 포위를 풀고 퇴각하였다.[44]

동학농민군의 1차 청주성 공격은 비록 실패하였지만, 정부로 하여금 큰 위기의식을 갖게 하였다. 더 이상 충청감영과 병영의 힘만으로는 동학농민군을 방어할 수 없는 지경에 이르렀음을 실감한 것이다.[45] 더욱이 청주는 서울로 통하는 삼남의 길목에 위치해 있었던 만큼 동학농민군이든 정부든 청주성이 중요할 수밖에 없었다.[46]

그에 따라 정부는 9월 말 모든 군사력을 청주로 집중시켰다. 동학농민군 무력 진압을 위해 9월 22일 설치된 양호도순무영은 9월 30일 안성군수 성하영으로 하여금 청주가 위급하니 이두황과 함께 가서 지원하도록 하였고,[47] 10월 1일 이두황에게도 장위영군을 인솔하여 청주성으로 즉시 출동하도록 지시하였다. 경기도 안성에 내려와 있던 경리청 영관 구상조(具相祖)에게도 명하여, 경리청 병정 1소대 50명과 일본군 26명이 10월 2일 청주병영에 도착하였다.[48]

이렇게 청주 방어가 초미의 관심사로 대두된 상황에서 또다시 충청감영과 청주병영은 물론 정부에 큰 충격을 안겨준 사건이 발생하였다. 청주병영은 공주감영의 요청에 따라 1백명의 병력을 공주로 파견하였다. 이들은 충청감사 박제순의 명을 받고 각 고을을 순찰하면서 동학농민군을 정탐하고 수상한 관원을 조사하며, 동학농민군에게 빼앗긴 무기를 거두어들이는 임무를 수행하였다.[49] 공주감영으로 파견된 청주병영군 1백명 가운데 80명은 10월 3일 전라도 연산과 진잠 등지를 순찰하고 돌아오던 길에,[50] 대전(大田) 들판(현 갑천과 인접한 대덕연구단지 일대)에서 큰 집회를 열고 있는 동학농민군들을 만났다. 이들 동학농민군들은 유성(儒城) 파군리(破軍里) 온전(溫田) 출신이 주축이었는데, 그 규모가 1만여 명에 이르렀다고 한다.

이에 청주병영군은 동학농민군 집회장소로 가 해산을 종용하였으나, 동학농민군은 오히려 청주병영군을 포위하고 총을 쏘며 무기를 빼앗으려 하였다. 위기에 몰리자, 청주병영군을 이끌던 영관(領官) 염도희(廉道希)와 대관(隊官) 이종구(李鍾九)는 자결하고, 교장(敎長) 박춘빈(朴春彬)도 두 사람을 구하기 위해 달려들다가 뜻을 이루지 못하고 자결하였다.[51] 나머지는 모두 집단 살해되었다.[52]

자결한 영관 염도희는 1894년 4월 11일 회덕에 모여 있던 동학농민군들을 습격하여 빼앗긴 무기를 회수한 일이 있었으며, 대관 이종구는 동학농민군이 전주성을 점령하였을 때 전주로 내려가 홍계훈 부대와 함께 전주성 공격에 참여한 전공이 있는 인물이었다.[53] 이것으로 보아 대전에서 희생된 청주병영군 소속 부대는 그동안 동학농민군 진압에 적극 참여하였던 핵심 부대로서, 그로 인해 청주병영의 전력에 큰 타격이 생겼을 것이다. 실제 충청병사 이장회는 이 사건을 정부에 보고하면서, 장병들의 사기는 꺾이고 청주성은 고립무원이니 정부군과 일본군을 속히 내려보내 토벌해 줄 것을 간곡히 요청하였다.[54] 의정부 역시 이 사건을 보고받고 관군까지 해친 동학농민군 진압을 잠시도 늦출 수 없으니 정부군과 청주병영군이 힘을 합쳐 빠른 시일 내에 동학농민군을 토벌해야 한다고 건의하여, 고종의 허락을 받았다.[55]

3) 청주병영군의 동학농민군 진압과 2차 청주성 방어

대전에서 청주병영군 73명이 전몰하자, 청주지역 동학농민군은 정부군과 일본군 주력군이 청주에 도착하기 전에 서둘러 청주성을 점령할 필요성이 있었다. 9월 24일 청주성 점령에 실패한 동학농민군은 청주성에 떨어진 세교(細橋)·송산(松山)·미원(米院)·청천(靑川) 네 곳에 주둔해 있었다. 이들은 10월 4일 힘을 합쳐 청주성을 공격할 계획이었다. 이런 사실을 사전에 탐지한 청주병영은 10월 3일 밤 먼저 세교에 있던 동학농민군을 기습공격해 상당산성에서 가져간 무기를 회수하였다. 다음 날에는 청주병영군이 경리청군·일본군과 함께 청주에서 30리 떨어진 송산으로 출동하여, 깃발을 세우고 나팔을 불며 산과 들을 가득 메운 동학농민군 수만 명을 협공하여 동학농민군 10여 명이 총에 맞아 죽고 마을에 들어가 갑옷과 같은 무기를 빼앗아 돌아왔다.[56]

10월 3, 4일 청주지역 동학농민군이 큰 타격을 입어 청주성이 다소 안정을 찾은 상황에서, 공주감영으로 파견되었던 100명 가운데 73명이 대전에서 죽고 살아 남은 20명이 10월 8일 일본군 21명과 함께 청주병영으로 귀환하였다. 뒤이어 10월 9일 저녁 무렵 경리청 3대 병력도 청주에 도착하였다.[57] 이두황이 이끄는 장위영군도 10월 12일 청주에 도착하였다.

이와 같이 정부군과 일본군의 군사력이 청주로 집중된 상황에서, 동학교단이 직접 지휘하는 동학농민군 주력군은 음성·진천을 거쳐 10월 6일 괴산에서 일본군을 무찌르고 관아를 불태운 뒤 보은 장내리로 이동하였다. 그러자 10월 12일 청주로 도착한 이두황은 보은 장내리를 조속히 초토화하기로 결정하고, 다음날 곧바로 출전하였다. 선두에는 청주병영군, 중간에는 이두황이 이끄는 장위영군, 후미에는 경리청군이 대오를 갖추어 10월 13일 청주를 출발하였다. 다음날 청주병영군은 보은 읍내로 들어가 진을 치고 장위영군은 보은 장내리로 들어갔으나, 동학농민군은 이미 공주감영을 공격하기 위해 옥천으로 이동한 상태였다.[58]

그에 따라 공주감영이 위급한 상황으로 전개되었다.[59] 더욱이 전봉준이 이끄는 동학농민군 부대가 논산에 머물며 공주 공격을 엿보고 있었다. 이에 충청감사와 충청병사는 이두황으로 하여금 조속히 공주로 이동하여 지원하도록 하여, 이두황부대는 10월 16일 보은을 출발해 회인·부강을 거쳐 10월 18일 연기에 이르렀다. 홍운섭(洪運燮)이 이끄는 경리청군은 경천 등지로 가서 전라도에서 올라오는 동학농민군을 막도록 하였다.[60]

그런데 10월 18일 연기에 도착한 이두황은 공주감영으로 달려오라는 충청감사의 관문을 받았을 뿐 아니라, 유성 근처로 가서 주둔하라는 양호순무영의 지시에도 불구하고,[61] 10월 20일 목천으로 군대를 이동하였다. 그 과정에서 청주병영과 충청감영 사이에는 전략상 충돌이 있었다.

10월 중순 이후 공주가 위기에 처하자, 양호순무영과 선봉진 및 충청감영의 기본적인 전략은 공주로 군사력을 집중시켜 방어하는 것이었다.[62] 반면에 청주에 위치한 충청병영은 주변지역 동학농민군을 먼저 제압하는 전략을 취하여, 공주로 이동 중이던 이두황에게 10월 20일 전령을 보내 목천으로 가서 세성산 동학농민군을 공격하도록 하였다.[63] 그에 따라 이두황은 충청감사의 지원 요청을 무시하고 10월 20일 아침 8시경에 공주로 이동하기 위해 머물던 연기에서 목천 세성산으로 행군하였다.

이처럼 이두황이 자의적으로 움직일 수 있었던 것은 군무아문-순무영-선봉진으로이어지는 군사 지휘체계가 확립되지 않았기 때문이다. 단적인 예로 선봉진은 서울으로 출발한 장위영 소식을 처음 접한 것은 연기에 주둔해 있다는 10월 18일 충청감영의 공문을 통해서이다. 이 때문에 이두황은 군 상급기관의 지휘 없이 청주병영의 요청에 따라 목천 세성산으로 진군할 수 있었다.

그 무렵 동학농민군은 각기 요충지에 집결해 있었다. 그래서 이두황은 10월 14일 보은 장내리를 초토화한 뒤 뒤이어 서울서 가장 가까이에 위치한 목천 세성산을 먼저 장악하고자 하였다. 이두황은 목천 세성산 공격으로 전략을 바꾼 이유를 다음과 같이 주장하고 있다.

목천의 적은 양 군영 사이에 끼어 있으므로, 장차 매우 방자한 짓을 저지를 우려가 있습니다. 또 서울 통로와 아주 가까워 선봉군의 앞길에 장애물이 될 것입니다. 먼저 서울 가까이에 있는 적을 쳐부수어 우리 군사의 위세로 사기를 북돋은 후에, 싸움에 이긴 군사로써 앞으로 계속 달려 남쪽으로 내려갈 것입니다. 그러면 우리 군대의 기세는 마치 높은 지붕에서 물병을 쏟는 듯한 이로움을 얻을 것이고, 적병의 사기는 파죽지세(破竹之勢)의 칼날을 맞이하는 시기(時機)가 될 것입니다.[64]

이 내용은 이두황이 충청감영에 보낸 보고이다. 이두황은 목천 세성산에 주둔해 있는 동학농민군이 충청감영과 병영 사이에 있는 데다 서울과 가장 가까운 적이라 선봉진의 진로에 방해가 될 것이라는 전략적 판단하에 충청병영의 명을 따른 것이다. 그러자 충청감사는 이두황이 자신의 명을 따르지 않고 병사의 지시에 따라 세성산으로 간 것을 비난하였을 뿐 아니라, 병사를 파직하도록 아뢰었다.

> 거괴 전봉준이 편지를 보낸 것처럼 접전할 만한 급박함이 없는데도 영관(이두황)이 위험을 피해 쉬운 데로 간 것이 매우 해괴할 뿐 아니라, 병사(兵使) 이장회(李長會)에 대해 말해보더라도 주장이 한결같이 않아 보은에 이어 또다시 목천에도 군대를 보내도록 권면해서 군의 대오를 길게 늘어지게 하고, 적의 기세를 더욱 크게 하였습니다. 군율로 따지면 엄중히 다스려서 우선 파면시키는 것이 합당합니다. 그 후임을 각별히 정해 말을 주어 내려 보내고, 그 죄상은 유사(攸司)가 임금께 아뢰어 분부를 받아 처리하도록 급히 보고를 합니다.[65]

이와 같이 충청감사 박제순은 순무영에 이두황을 파직할 것을 요청하였으나, 순무영은 즉답을 피하였다. 이두황은 충청병사의 명에 따라 10월 21일 세성산을 공격하여 큰 성과를 거두었다. 이두황은 충청병영·선봉진·금영·군무아문·순무영에 전과를 즉시 보고하였는데,[66] 순무영은 명을 어기고 목천으로 군사를 이동하였음에도 불구하고 출전 이후 첫 승전 소식이라 하면서 크게 반기었다.[67] 결과적으로 이두황의 판단과 전략은 진압군의 입장에서 볼 때 올바른 것이었고, 출전 이후 첫 승전이었던 만큼 진압군의 사기진작에 큰 도움이 되었을 것이다.

이두황 부대가 세성산 동학농민군을 공격한 것은 청주병영의 명에 따른 것이지만, 사실상 이두황의 독자적인 판단이었다. 동학농민군 진압군의 총 지휘권이 일본군에게 있고 조선정부 관계기관 사이의 군사 지휘체계마저 불명확한 상황에서, 이두황은 독자적으로 움직여 전과를 올렸다. 이두황은 청주병영군이 도착하기 전에 독자적으로 세성산을 공격하였을 뿐 아니라, 이규태가 이끄는 선봉진이 가까운 천안에 이미 19일 도착해 있는 것을 알고 있었음에도 불구하고 사전 협의없이 장위영군 단독으로 세성산을 공격하였다. 따라서 이두황은 독자적으로 목천 세성산전투의 승리를 이끌어 전과를 독차지할 수 있게 되었다.

목천 세성산전투에서 승리한 이두황부대는 충청감영의 지원 요청에도 불구하고 계속 목천에 머물면서 남아 있는 동학농민군을 수색해 처형하였다. 특히 동학농민군 수색과 처형에는 민보군이 앞장을 섰다. 이들을 이끈 인물은 경기도 안성의 전주사 소모관 정기봉(召募官 鄭基鳳), 천안 전감찰 윤영열(尹英烈)이었다. 이들은 목천 곳곳에서 동학농민군을 체포해 직접 처단하거나 주요 인물일 경우 이두황 부대에 인계하였는데, 이두황은 체포하거나 넘겨받은 동학농민군 지도자급 21명을 직접 처형하였다. 이때 처형된 동학농민군은 대장 김복용, 중군 김영호, 화포대장 원전옥을 비롯해, 천안군에서 보낸 14명, 소모관 정기봉이 인계한 장돌용과 안천복 등 21명이었다.[68]

동학농민군 처형은 선봉진의 지시에 따른 것이다. 세성산전투 과정에서 직접 체포한 김복용의 경우에도 순무영에서 직접 서울로 압송하라고 하였으나, 이미 선봉진의 지시에 따라 처형한 뒤였다.[69]

그런데 목천 세성산전투 이후 이두황의 행적을 보면, 이두황은 전반적으로 선봉장 이규태의 지시를 따랐다. 이두황이 바로 공주감영으로 출발하지 않고 목천 세상산에 체류한 것도 다음과 같은 10월 23일자 이규태의 지시에 따른 것이다.

> 동도를 소탕할 때 잔당이 사방으로 흩어진 자들이 있을 것이다. 추적하여 체포하는 절차는 모두 잔당의 이름을 아는 고을 사람들과 충분히 상의하고 확정하여, 잔당들을 낱낱이 모두 적발하고 염탐하여 잡아와 법률에 따라 시행하라. 무엇보다 급선무는 백성을 안정시키는 일이다. 특별히 더 위로하고 도와주며, 각 병정들이 제멋대로 행동하는 폐단을 각별히 단속하여 더욱 소란한 데 이르지 않도록 하라.[70]

이와 같이 이규태는 공주가 위급한 상황에서도 이두황으로 하여금 동학농민군 잔여 세력을 초토화하도록 하였다. 이규태는 목천 세성산전투 승리 보고를 받고 "매우 통쾌한 일이다. 장수와 병졸들이 산 넘고 물 건넌 노고는 참으로 가상히 여겨 감탄스럽다"라고 할 정도로 기쁘게 받아들였다.[71] 그래서 이규태는 이두황으로 하여금 바로 공주감영으로 오라고 하는 대신 세성산에 머물며 사후 수습에 진력하도록 한 것으로 보인다.

또한 이규태가 이두황으로 하여금 공주로 바로 진격하도록 하지 않은 것은 공주의 위급함을 10월 23일에 가서나 알았기 때문이다.[72] 그러나 이규태의 조처는 2일 지체된 10월 25에야 이루어졌다. 이규태는 10월 25일 이두황으로 하여금 신속히 공주로 진격하도록 하는 동시에, 다음 날 공주감영 밑에 주둔한 통위영과 경리청에 명하여 각각 판치와 이인을 지키도록 하였다.[73]

따라서 선봉장 이규태가 어느 정도 상황을 파악하고 군사지휘권을 발휘하는 것은 목천 세성산전투 이후 10월 23일경부터였다. 정부(군무아문·순무영)도 군사 지휘체계에 혼선이 있는 문제점을 뒤늦게 알고 10월 27일에 가서

야 한결같이 선봉진의 지휘를 따르도록 조치하였다. 그에 따라 적어도 10월 23일 이후부터는 이두황 부대 역시 선봉진의 지시에 따라 움직였다.

단적인 예로 청주병영은 10월 24일 이두황으로 하여금 병사 3백명을 천안과 목천 사이에 남겨 놓고 청주 병영으로 오라고 하였다.[74] 이두황이 공주를 향해 출발한 26일에도, 청주병영은 동학농민군이 청주로 진격할지 모르므로 청주로 오라고 하였다. 그렇지만 이두황은 청주 병영의 지시에 따라 세성산을 공격하였던 것과는 달리, 이번에는 청주병영의 요청을 무시하고 속히 공주로 진격하라는 10월 25일 선봉진의 지시에 따라 10월 26일 목천 세성산을 출발하여 다음 날 공주감영에 도착하였다.

이두황이 이끄는 장위영군을 비롯한 정부군과 일본군 서로군이 속속 공주로 집결하면서, 청주병영은 홀로 동학농민군을 상대할 수밖에 없게 되었다. 그러나 10월 15일 용산을 출발한 일본군 중로군이 10월 24일(양력 11월 21일) 청주에 도착한 뒤부터 11월 5일 옥천을 거쳐 전라도 방면으로 행군할 때까지,[75] 청주병영군은 주로 일본군을 도와 동학농민군 진압에 나섰다.

그 대표적인 전투가 10월 26일 문의 지명장(至明場)에서 벌어진 전투이다.[76] 문의 지명장전투에는 수천 명의 동학농민군을 상대로 청주병영 병정 100명과 일본군 서로군과 교도중대가 참가하여 수십명의 동학농민군이 죽고 13명을 체포하여 그 가운데 7명을 문의 남장(南場)에서 효수하였다.[77]

이와 같은 문의 지명장전투를 계기로 사실상 문의·회덕·옥천 일대에서 활동하던 청주지역 동학농민군 주력군은 진압되었다. 그래서 이진호(李軫鎬)가 이끄는 교도중대(병력 316명)는 한 소대가 보은·청안 등지를 정찰하면서 접주 등 4명을 사살한 뒤 10월 29일 공주방면으로 이동하고,[78] 일본군 중로중대 역시 10월 26일부터 11월 3일까지 문의, 11월 5일부터 9일까지 옥천에 머물며 주변지역 잔여 동학농민군을 제압한 뒤 금산을 거쳐 전라도 방면으

로 이동하였다. 이 때문에 일본군 중로중대는 공주 우금티전투에 참여할 수 없었다.[79]

정부군과 일본군이 물러가자, 청주병영군은 청주지역 잔여 동학농민군을 정찰하면서 청주성 방어에 임하였다. 10월 29일에는 청주성 남문 밖에 모여 있는 일부 동학농민군 가운데 16명을 붙잡았는데,[80] 그 이후 청주지역에서는 청주병영군이든 동학농민군이든 특별한 움직임을 찾아볼 수 없었다. 그것은 동학농민군이 11월 8일 공주 우금티전투에 대거 참여하여, 청주지역에서 청주병영군에 대항할 동학농민군 부대가 없었기 때문이다.

11월 8, 9일 전봉준과 손병희가 이끄는 동학농민군이 공주 우금티전투에서 패한 뒤, 이번에는 10월 14일 전라도 남원을 출발한 김개남군이 전주에서 남원을 거쳐 힘의 공백 상태인 청주지역으로 북상하였다. 청주병영은 고립무원의 상태였다. 이때 마침 군로실측대(軍路實測隊)를 호위하는 일본군 1개 소대가 11월 12일 청주성에 도착하여, 청주병영군과 함께 청주성 방어에 임하였다. 11월 13일 김개남 군 수만 명은 일본군의 기습공격을 받고 수십 명의 사상자를 낸 채 퇴각하였다.[81] 이 과정에서 청주병영군 50-60명은 정면에서 동학농민군을 방어하였으나, 퇴각하기 바빴을 정도로 무기력하였다.[82] 일부 청주병영군은 회덕 등지를 순찰한 뒤 청주성전투가 끝난 14일 귀환하여,[83] 사실상 김개남 군의 청주성 공격은 일본군 1개 소대가 막아낸 것이나 다름없었다.

일본군의 도움으로 청주성 방어에 성공한 청주병영군이 마지막으로 동학농민군 진압에 나선 것은 12월이 되어서이다. 손병휘 중심의 동학농민군은 공주 우금티전투에서 패한 뒤 전라도로 후퇴하였다가 12월에 다시 청주 방면으로 북상하였다. 이들은 12월 9일 황간, 10일 영동을 점령하였다.

그러자 청주병사는 180명의 병력을 보내 막아내도록 하였다. 드디어 12

월 12일 영동 용산에서 청주병영군·경리청군과 접전하여, 청주병영군 1명이 총에 맞아 죽는 등 동학농민군이 크게 승리하였다.[84] 용산전투에서 패한 청주병영군은 청주성이 위기에 처할 것을 염려하여 12월 13일 청주병영으로 급히 회군하였다.[85]

영동 용산전투에서 승리한 동학농민군은 보은으로 이동, 12월 17일부터 다음날까지 북실에서 마지막 전투를 벌여 크게 패하였다.[86] 이 전투에는 청주병영군을 비롯해 일본군·경리청군과 상주 민보군 등이 참여하였는데, 이용정(李容正) 대관이 이끄는 청주병영군은 17일 전투에서 전면에 서서 길을 열었고 다음날에는 속리산 방면으로 동학농민군을 뒤쫓기도 하였다.[87]

이와 같이 청주병영은 9월 이후 청주성을 방어하고 주변 동학농민군을 정탐하고 정부 및 일본군과 협력하여 전투에 참여하였다. 청주병영의 활동 반경은 주로 조선후기 충청병영의 중영이 담당하였던 청주, 진천, 청안, 문의, 회인, 보은, 청산, 영동, 황간, 목천, 천안, 직산 등 11개 고을 가운데 청주, 청안, 문의, 회인, 보은, 청산, 영동, 황간, 목천 등지였다. 총 병력 규모는 정확히 파악할 수 없다. 다만, 1893년에 병력규모를 600명에서 400명으로 줄여 운영하였던 점으로 보아, 1894년에도 400명 정도였을 것이다. 이 가운데 동학농민군을 진압하기 위해 파견된 인원은 적게는 100명, 많게는 2개 부대 180명 정도였다.

동학농민군이 진압된 뒤 포상을 받은 청주병영 관계자는 다음 표와 같이 전체 411명 가운데 10명이었다. 5개월 동안 청주병사를 맡아 동학농민군의 공격으로부터 청주성을 지켜낸 이장회는 종2품으로 승진하였고, 보은 북실 전투 등에서 공을 세운 이용정은 3품 지평군수로 부임하였다.

<표 1> 청주병영의 동학농민군 진압 공로자

직위	성명	품계	
청주병사 (淸州兵使)	이장회(李長會)	종2품	5개월 동안 도적의 무리를 방어하고 군사를 훈련하여 성을 지킴
청주전영관 (淸州前領官)	이용정(李容正)	3품 지평군수	여러 차례 전투에 참가하여 그 공로가 현저함
청주별군관 (淸州別軍官)	신장선(申長善)		상인 출신 병정을 모집하여 13차례나 전투에 참가함
청영대관 (淸營隊官)	김영진(金榮振)		청산전투와 보은전투에서 큰 공을 세움
청영대관 (淸營隊官)	김기배(金起培)		청산전투와 보은전투에서 큰 공을 세움
청주별군관 (淸州別軍官)	박기래(朴麒來)		군사에 꽤 밝아 적 막아내는데 공을 세움
청영대장 (淸營隊長)	이동근(李東根)	6품 찬위	청산전투와 영동전투에서 큰 공을 세움
청영수교 (淸營首校)	김형대(金瀅大)		문의전투와 청주전투에서 큰 공을 세움
청영수교 (淸營首校)	곽인엽(郭仁燁)		문의전투와 청주전투에서 참모로서 공을 세움
청주군관 (淸州軍官)	이상현(李相鉉)		싸워 지킬 때 많은 공로가 있음

*자료: 『甲午軍功錄』

4. 청주병영 전몰 장병에 대한 인식과 모충사

1) 청주병영 전몰장병에 대한 추모와 모충단 건립

1894년 10월 3일 청주병영군 전몰 사건은 동학농민혁명 시기에 진압군이 입은 가장 큰 규모의 피해였다. 그런 만큼 사건의 충격은 청주병영이든 정부든 클 수밖에 없었다. 심지어 전몰 장졸인 나용석(羅龍錫)의 부인 임소사(林召史, 21세)는 남편의 죽음 소식을 듣고 우물에 몸을 던져 열녀의 길을 걸었다.[88] 동학농민군을 총지휘하던 전봉준도 이 사건을 언급하면서 "참혹하고 후회막급하다"라고 하면서 안타까움을 표하였다.[89]

이 사건을 충청감사로부터 보고받은 의정부는 "사상자를 장사지내고, 유족들을 위무하고 구휼해 주는 은전은 넉넉하게 베풀도록 하며, 생전의 신역(身役)·환곡(還穀)·군포(軍布)는 모두 탕감해 주도록 하십시오"라고 사건 발생 1주일 뒤인 10월 9일 건의하여, 고종의 윤허를 받았다.[90] 충청병사 이장희도 10월 10일 이 사건을 정부에 보고하여, "든건대 매우 슬픈 일이다. 그들을 보살피기 위한 은전이 있을 것이며, 장사(將士)들의 가족들을 우선 두텁게 잘 보살피도록 하라"라는 지시를 받았다.[91]

이와 같은 조치에 따라 청주병영은 소속 장병을 살해한 동학농민군의 근거지인 유성 파군리를 공격해 도륙하였다.[92] 또한 11월 하순 공주감영에서 청주병영으로 이송한 동학농민군 포로 8명이 모두 청주병영군 전몰사건에 가담한 자들인지라, 청주병사는 11월 29일 청주성 앞에서 전몰 장병들의 한을 풀어주기 위해 가족들을 불러 위무한 뒤 이들의 목을 잘라 처형하였다. 그런 다음 이들에게서 이종구 대관이 찼던 칼과 병정들이 소지하였던 총을 회수하여 다시 병영 장졸에게 돌려주었다.[93] 아울러 청주목사 임택호(任澤鎬)는 의정부의 명을 받아 그해 11월 청주 남석교 밖에 제단을 마련한 뒤 합동 위령제를 지냈다.[94]

그러나 정부에서는 특별히 청주병영 전몰장병에 대한 국가 차원의 추모사업을 추진하지 않았다. 정부는 1900년에 들어와서야 국가를 위해 목숨을 바친 장령, 호위군사, 병졸 등에 대한 현충사업의 일환으로 장충단(奬忠壇)을 건립하고 봄과 가을에 제사를 올렸는데,[95] 청주병영 영관 염도희는 주향(主享)으로, 대관 이종구는 종향(從享)으로 배향되었다. 일반 병졸들은 배식치뢰(配食致酹)할 뿐이었다.

장충단은 청주 전몰장병 유족 입장에서 볼 때 만족스러운 조치가 아니었다. 유족들은 서울 장충단으로 오르내리기 불편할 뿐 아니라 전몰일인 10월 3일 향사를 직접 올리고자 하였으므로 장충단을 외면하였다.[96] 문제는 제사 비용을 마련하는 것이었다. 그래서 병영 장병들이 각자 돈과 재물을 내어 설립한 계에서 약간의 자금을 마련하여 청주 남일면에 논 5섬지기를 이미 매입해 놓은 것이 있었는데, 그 논을 제사용으로 기부하여 거기에서 거둔 수확을 매년 제사비용으로 사용하여 남석교 밖에서 제사를 지냈다.[97]

그러나 청주병영 전몰장병들만을 위한 정부의 조치는 없었다. 그러자 1903년 봄부터 청주 유림들은 전사한 장병들에 대한 은전이 없는 것을 개탄하여 충신을 표창하고 열녀를 정려해 줄 것을 여러 차례 진정하여, 그해 11월 염도희, 이종구, 박춘빈에게 증직하고 나용석의 처에게 정려하는 조치를 받아냈다.[98] 그에 따라 염도희는 종이품 가선대부 군부협판, 이종구는 정삼품 통정대부 농상공부 참서관, 박춘빈은 구품 종사랑 군부주사로 추증되고, 모충단(慕忠壇)이란 단호와 1,700냥의 제사비용을 하사받았다.[99]

이로써 청주병영 전몰장병만을 위한 추모 공간을 국가로부터 인정받게 되었다. 드디어 1904년 봄에 청주 당산 남쪽 중턱에 모충단이란 추모시설을 건립하였다. 나용석의 처 임소사의 열녀각도 1904년 1월 27일 건립하였다.[100] 1905년 10월에는 청주 진위대 장병들이 150원을 갹출하여 '갑오전망 장졸기념비(甲午戰亡將卒紀念碑)'를 세웠다.[101]

이와 같이 모충단은 대한제국에서 공인한 국가 현충시설이자 동학농민혁명 당시 전사한 청주병영 장졸 추모공간이라 할 수 있다. 그것은 대한제국의 장충에 대한 가치와 이념을 상징적으로 보여준 것으로 의미가 크다.[102]

2) 모충사 건립과 의의

1907년 6월 정미7조약에 따라 대한제국의 군대가 해산되면서, 청주 진위대 역시 해체되고 소유 군수품과 재산이 모두 군부에 귀속되었다. 이 과정에서 모충단 제향전담 문서도 몰수되자, 전 참령 윤영성 주도로 전 진위대 장졸과 유족들이 합심하여 군부에 진정, 관련 문서를 되찾아 왔다. 그런 다음 모충계(慕忠契)를 조직하고 그 비용으로 매년 10월 3일 모충단에서 추모 제향을 올렸다. 모충계 계원은 윤영성(회장)을 비롯한 59명이었고, 명예회원은 17명이었다.[103]

그뒤 1914년 8월에 향사 비용으로 쓰고 남은 돈 450원을 모아서 모충단 위에 사우(祠宇), 즉, 모충사를 짓고 전몰장병 73위를 배향한 뒤 매년 음력 10월 3일 제사를 지냈다. 모충사는 장충단(奬忠壇)으로도 불리었는데, 사방 흙벽으로 지은 사우는 단청을 한 건물 형태였으나 볼품이 없었다.[104]

1923년에는 일제가 모충사 터(현 명장사 부지)를 빼앗아 청주 신사(神社)를 짓자,[105] 그해 가을에 모충사를 청주군 사주면 화흥리(華興里) 고당(高堂, 현 서원대학교 부지)으로 옮겨 세웠다. 1975년 2월에 또다시 모충사 부지가 학교 시설지구로 편입됨에 따라 운호학원에 매각한 뒤, 그해 4월에 현 위치인 청주시 흥덕구 모충동 산 13-6번지 화청령(華淸嶺) 고개 옆으로 이건하여 현재에 이르고 있다.[106]

현재 모충사는 부지면적 2,182제곱미터에 사당정전, 회의실, 관리사 등으로 구성되어 있다. 모충사 앞에는 1888년 9월에 세운 홍계훈 선정비와 1905년 10월에 세운 갑오전망장졸기념비가 있으며, 사당 정전에는 중앙에 영관 염도희, 대관 이종구, 교장 박춘빈의 위패와 왼쪽에 군졸 70위, 도합 73기의 위패가 나란히 모셔져 있으나, 최근 들어와 관리 소홀로 급격히 퇴락하고 있다. 특히 모충사 관리 주체인 모충회(회장 임성은, 회원수 15명)는 최근 회원들의 노환과 사망으로 급격히 회원수가 줄어들고 재정 부족으로 어려움을 겪고 있다. 2004년 동학농민혁명 특별법 이후 청주시의 재정 지원도 중단되었다.

5. 맺음말

이상으로 개항 이후 청주병영의 변모, 청주병영의 동학농민군 진압과 청주성 방어, 청주병영 전몰 장병에 대한 인식과 모충사에 관해 살펴보았다. 지금까지 청주병영을 중심으로 청주지역 동학농민군 진압에 관한 연구는 없었는데, 본 논문에서 심층적인 분석을 통해 몇 가지 새로운 내용을 파악할 수 있었다.

첫째, 동학농민혁명사에서 청주 지역은 지정학적 위치상 매우 중요한 지역이었다. 삼남에서 서울로 올라가는 길목에 위치한 청주는 충청도 군사령부인 청주병영이 있었다. 반면에 동학교단 본부가 있는 보은과 인접해 있었던 데다가 동학도들도 많았기 때문에, 동학농민군과 청주병영군의 충돌은 불가피하였다.

둘째, 1651년(효종 2)에 설치된 청주병영은 정부의 군사제도 개편과 맞물려 1887년경에 친군영이 설치되었다. 그리고 1888년 봄에는 고종이 '진남영'이란 영호를 직접 하사하였다. 8월에는 충청병사를 '삼도육군통어사겸충청병사'로 고치고 병영의 제도를 모두 통어영(統禦營)의 규례대로 시행하는 등 군사적 위상이 높아졌으나, 1890년대에 들어와 수많은 폐단으로 약화되었다. 그러나 1892-1893년 동학교조신원운동이 충청도를 중심으로 전개되자, 정부는 1893년 1월에 청주병영에 설치되었던 통어영을 남양부로 옮기고 청주병영의 규정을 옛 규례대로 회복하는 등 군사력을 강화하였다.

셋째, 청주병영의 군사력 강화는 곧바로 효력을 발휘하였다. 1893년 3월 보은에서 대대적인 동학집회가 열리자, 청주병영은 보은으로 군대를 파견하여 만일의 사태에 대비하였다. 1894년 3월 동학농민혁명이 발발하자, 청주병영은 충청 지역 동학도를 단속하고 검거하였다. 특히 홍계훈은 전주성 수복을 위해 청주병영군을 동원하였다. 청주병영군 2개 부대 160명은 5월 1일 청주를 출발하여 전주성 탈환작전에 투입된 뒤 5월 22일 공주를 거쳐 귀영하였다.

넷째, 1894년 6-8월 이른바 동학농민혁명 집강소 시기 청주병영의 구체적인 활동에 관한 자료는 찾아보기 힘들다. 청주병영군의 반동학농민군 활동은 동학교단이 기포한 9월 18일 이후부터 재개되었다.

청주병영은 일차적으로 청주성을 방어하는데 주력하였다. 청주지역 동학농민군은 9월 24일 청주읍을 공격하는 등 청주병영이 위기에 놓이자, 정부는 9월 말 모든 군사력을 청주로 집중시켜 청주성을 공격하려는 동학농민군을 격퇴할 수 있었다. 이런 상황에서 10월 3일 대전으로 순찰 나갔던 청주병영군 73명이 동학농민군에 의해 몰살당하였다. 이들 병영군은 3월부터 동학농민군을 단속하고 전주성에도 파견되었던 핵심 부대였다. 이 사건은 정부에 큰 충격을 주었다. 이를 계기로 정부는 동학농민군 진압에 더욱 박차를 가하였다.

청주병영군도 청주 주변 지역 동학농민군 진압에 적극 가담하였다. 청주병영군은 10월 13일 이두황 부대와 함께 보은 동학농민군 진압을 위해 출전하였고, 일본군이 청주에 도착한 10월 24일부터는 주로 일본군을 도와 동학농민군 진압에 나섰다. 일본군이 11월 5일 옥천을 거쳐 전라도로 남하한 뒤로는 자체적으로 청주읍성을 방어하였는데, 11월 13일에는 일본군 1개 소대와 함께 김개남이 이끄는 농민군의 공격을 막아냈다. 그리고 12월 12일부터는 북상하는 동학교단 소속 농민군을 대적하였는데, 12월 17일 충청지역 최후 전투인 북실전투에 참가하여 선두에서 길을 열었다. 이와 같이 청주병영군은 1894년 3월 이후 충청지역 동학농민군 진압에 핵심적인 역할을 하였는데, 병력은 4백명 안팎, 주 활동 지역은 청주 주변지역이었다. 동학농민군을 진압한 공로로 포상을 받은 청주병영 관계자는 411명 가운데 10명이었다.

다섯째, 1894년 10월 3일 청주병영군 전몰사건은 동학농민혁명기 진압군이 입은 가장 큰 피해였다. 동학농민혁명 이후 이들 전몰장병에 대한 추모사업이 지속적으로 이루어져, 1904년에 청주 당산에 모충단이란 추모시설을 건립하였다. 이는 국가에서 인정한 추모공간이자 현충시설이었다.

그러나 모충단은 일제 강점기에 들어와 국가 현충시설로 인정을 받지 못한 채 유족 중심의 추모공간으로 격하되었다. 그것은 공적인 추모공간으로서의 상징성을 상실하고 유족들만의 사적인 추모공간으로 전락한 것이다. 유족들은 1914년에 모충단 위에 모충사를 건립하는 등 자체적으로 노력하였으나, 그 위상과 존재 가치가 점점 줄어들어 오늘날 존립 자체를 위협받고 있다. 동학농민혁명에 대한 좀더 객관적이고 균형된 기억과 추모 차원에서도 모충사는 공공영역에서 보존·관리할 필요가 있다.

북접농민군의
교단 거점 수비와
청주 일대의 전투

신 영 우_ 충북대학교 명예교수

1. 머리말

1894년 9월 18일(양 10.16) 동학교단이 총기포령을 내린 후 보은으로 집결한 북접농민군은 보은을 중심으로 영동과 황간 그리고 옥천 등지에서 분산하여 주둔하였다. 보은에 모였던 북접농민군의 주요 세력은 충주 황산에서 행군해 온 황산 집결군이었다. 이용구와 정경수 그리고 이종훈 등이 이끌던 황산 집결군은 10월 9일 보은에 도착했다. 그 이후부터 날짜를 헤아리면 공주로 행군하기 시작한 10월 23일까지 약 15일 간 영동 등지에서 머물렀다.

9월 18일 동학교주 최시형이 기포령을 내린 직후에 즉각 모여들었던 보은과 인접 군현의 북접농민군은 출진하는 날까지 36일 동안 집결해 있었다. 이때 보은과 영동 등지에서 집결했던 전체 인원은 정확히 알 수 없으나 적어도 2만 명에 근접했던 것으로 추정할 수 있다. 이처럼 많은 사람들이 함께 모여 여러 날을 지내면서 대규모 병력을 이루어 출전하기 위해서는 여러 가지 준비를 해야 했다. 정부에서 상비군으로 유지했던 경군 수백 명을 출전시킬 때도 군량과 경비 등 준비하는 것이 쉬운 일이 아니었다. 동학농민군의 출전 준비는 더욱 어려운 과정을 거쳐서 이루어졌다.

먼저 집결지에 대규모 병력을 수용할 수 있는 숙박 장소를 마련해야 했다. 동학대도소가 위치한 보은 장내리에는 북접농민군이 초막 400여 채에서 숙박하였다. 초막에 수용되지 못한 많은 사람들이 집결지 부근의 여러 마을에 있는 민가에 들어가 머물렀다. 동학도들은 스스로 집을 내어주어 숙식시켰지만 대부분 민가 주인들이 의사와 상관없이 장소를 제공해야 했다. 민가에 들어가지 못한 사람들은 노숙을 해야 했다. 추석이 지난 9월 하순은 날씨가 추워져서 모닥불을 피워놓고 노숙을 했다. 북접농민군이 활동하던 경상도 김천에서도 모닥불을 피우고 밤을 보내는 사실이 확인되고 있다.

이들에게 제공할 식량과 무기를 마련하는 경비는 적은 것이 아니었다. 당시 식량을 확보하기 위한 노력이 각 지역에서 진행되었다. 보은과 청산을 비롯한 집결지는 물론 인근 경상도 군현에서도 부농과 지주에게 강요해서 돈과 곡식을 거둬들였다. 곡식은 벼로 갖고 있었기 때문에 밥을 지으려면 정미를 해야 했다. 많은 인원이 먹을 식량을 일시에 정미를 하는 일도 어려운 일이었다. 날씨가 추워지면서 홑옷을 입고 있던 사람들에게 겹옷을 지어주어야 했다. 영동에서는 부유한 전판서 이용직의 수석리 집에 강제로 요구해서 겨울옷 1천 벌을 지어오도록 했다.

무기는 민간에 있는 화승총과 창칼, 그리고 활 등을 모았으나 충분하지 않았다. 여러 군현에서 무기를 구할 수 있는 유력한 곳은 각 관아의 무기고였다. 북접농민군은 관아에 보관된 무기를 탈취해서 무장하였다. 많은 수의 북접농민군이 관아로 몰려가서 향리나 관노비를 압도하자 제어할 수 없었다. 정부는 관아에 있는 무기를 빼앗기면 지방관을 파직해서 경계했지만 이를 막을 수가 없었다. 지방관이 막으려고 시도하면 동학에 들어가 협력하던 관속들의 도움을 받아 북접농민군이 관아에 들어가서 압력을 가하는 일도 벌어졌다. 보은을 비롯해서 청산과 영동 등지의 관아는 북접농민군이 들어가서 무기를 탈취해 갔다.

동학교단은 보은, 옥천, 영동, 황간 일대에 주둔한 북접농민군의 출진을 결정하면서 전군을 2대로 나누었다. 1대는 원정군으로서 전봉준이 지휘하는 남접농민군과 사전에 협의를 한 후 공주를 향해서 출진하였고, 1대는 수비군으로서 보은 등 동학교단의 핵심 근거지를 지키기 위해 남았다. 원정군의 통령은 장내리의 대도소에서 8도의 동학도들에게 첩지 출급 등 사무를 주관하던 충의대접주 손병희가 맡았다. 북접농민군의 원정군은 10월 23일부터 영동과 옥천을 출발하기 시작하였다.

수비군의 주요 임무는 청주병영에 들어온 일본군과 경군의 남하를 막는 것이었다. 9월 하순 청주성 점거를 시도했다가 진남병의 반격에 밀려서 청주 일대의 북접농민군이 패배한 타격을 회복하지 못했는데 청주성에는 구원병으로 일본군과 경군이 도착해 있었다. 먼저 이들을 막는 것이 시급하였다.

이 글은 북접농민군 1대가 동학교단의 거점인 보은과 청산 그리고 옥천 등지의 방어 임무를 맡아서 활동한 과정과 청주성 인근에서 벌어진 전투에 관해서 살펴보려는 것이다. 청주 일대에서 벌어진 북접농민군과 일본군 제5사단 소속의 후비보병 제19대대 중로군의 전투는 치열하였다. 특히 회덕 지명전투와 옥천 증약전투는 재봉기 이후 북상한 남북접농민군의 공주 우금티 공방전에 커다란 영향을 미친 전투였으나 그 중요성이 잘 파악되지 못했다. 또한 남원에서 북상한 김개남 휘하의 남접농민군의 청주성전투도 간과되었다.

필자는 몇 편의 논문을 통해 청주 일대의 당시 사정에 대해 정리한 바가 있다. 이 글은 기 발표 논문을 종합하는 형태로 서술될 것이다. 동시에 북접 농민군이 지역 수비를 위해 편성하였던 수비군의 존재를 드러내려고 한다. 문의와 회덕의 동학조직이 중심이었던 지역 수비군 활동이 새롭게 조명될 수 있는 것은 새 자료『갑오군정실기』가 기여한 바가 적지 않다.

2. 기포령 직후 북접농민군의 청주성전투

청주에서 활동하던 동학도들은 북접 계통에 속하였다. 1894년 봄 전라도에서 1차 봉기가 일어났을 때 청주의 동학도들은 호응하지 않았다. 인근 군현인 회덕에서 봉기했을 뿐 다른 군현에서는 가세하지 않았다.

그러나 9월에 들어와서는 사정이 달라졌다. 일본군이 경복궁을 기습 점령해서 국왕이 인질로 된 커다란 사건이 벌어졌고, 충청도 땅에서 청국과 일본이 전쟁을 벌였던 것이다. 성환전투에서 패배한 청국군이 공주로 내려갔다가 청주를 거쳐 충주를 돌아서 북상했는데 청주 일대의 동학도들은 청국군 패잔병들을 목격하게 되었다.[1]

그런 와중에 농학조직이 일본세력을 축출하기 위한 봉기를 순비하였으나 동학교단의 지침에 따라 대규모 동학도들이 집결해서 다수의 위력을 양반층이나 관아에 과시하는 등의 활동은 하지 않았다. 남접농민군의 재봉기에 뒤이어 동학교단이 9월 18일 기포령을 내리자 청주의 동학조직은 즉각 봉기에 나섰다.

동학교단의 지침에 따라서 무장봉기한 동학도들은 스스로를 북접도인(北接道人)이라고 자처하고 있었다. 경상도 선산 일대도 교단의 지침을 따르던 지역이었다. 선산부사 윤우식(尹雨植)이 동학도의 통문을 확인하고 보고한 내용에 그러한 사정이 잘 드러나고 있다.[2]

> 지금 선산부사의 편지를 보면 저 비적의 사통(私通)에서 그들을 북접이라고 했다. 그리고 남접의 전봉준 서장옥은 사문난적이다. 팔도의 북접도인은 각기 호신 무기를 가지고 일제히 와서 일본인을 함께 징벌하자고 운운했다.

경상도 선산의 동학조직은 김산과 지례 그리고 개령 일대의 동학도들과 함께 동학교단의 지침을 따르면서 활동하였다. 기포령 이후 선산읍성 점거에도 합세하였다. 이들은 스스로 북접(北接)이라고 말하면서 남접인 전봉준과 서장옥은 사문난적(師門亂賊)이라고 했다. 이와 같은 통문은 청주 일대에도 보내졌을 것이다.

스스로 말한 북접이라는 의미는 명확했다. 첫째는 동학교단의 지침에 따르고 있다는 말이었다. 북접은 동학교주 최시형이 통문을 통해 내린 이른바 금석지전(金石之典)을 지키려는 동학조직이었다. 금석지전의 핵심 내용은 포덕소의 지휘에 따라 활동하면서 국법을 어기지 말라는 것이었다.

다음은 전라도를 중심으로 봄 봉기부터 무장 활동을 벌인 전봉준과 서장옥 등 남접 계통과 다르다는 의미였다. 남접 조직이 동학교단과 협의나 허락 없이 봉기를 한 것을 북접의 교단은 용인하지 않았다. 서장옥은 1893년 포도청에 붙잡혀 있었기 때문에 이 시기에 활동하지 못했지만 그의 노선을 따르는 세력이 동학 내부에 적지 않아서 전봉준과 동렬에 놓고 비판하고 있다.

전봉준과 서장옥의 지도를 따르던 남접 계열은 주로 전라도에서 활동하였다.[3] 전봉준은 호남과 호중이란 표현으로 전라도의 남접과 충청도의 북접을 구분했으나 전라도에도 교단의 지침을 따라서 1차 봉기에 참여하지 않은 경우가 있었고, 충청도에도 1차 봉기에 가세해서 봉기를 일으킨 지역이 있었다. 서장옥이 영향을 미친 지역의 충청도에서도 1차 봉기에 참여한 경우가 적지 않았다. 특히 청주는 서장옥의 출신지로 알려지기도 했으며 처가가 있었기 때문에 활동 근거지이기도 했다.[4]

9월 18일 동학교단에서 기포령을 내렸을 때 청주 일대에서 봉기를 주도한 포는 손천민 대접주의 청의포였다. 손천민은 청주목의 향리 출신으로 청주 일대에 커다란 세력을 이룬 동학의 큰 조직을 관장하던 지도자였다. 이

시기에 서울의 포도청 감옥에 갇혀 있었던 까닭에[5] 서장옥은 1차 봉기는 물론 재봉기 이후에도 영향력을 발휘할 수 없었다.

청주성 점거 계획은 기포령 직후 충청도에서 전개된 가장 큰 사건이었다. 청의포를 선두로 해서 인근 지역에 세력을 키워 온 동학조직은 청주성 점거를 계획하였다. 청주는 동으로는 청안과 괴산, 북으로는 진천과 천안, 서로는 연기와 공주, 남으로는 보은과 회인으로 연결되는 충청도의 중심부에 위치한 곳이었다. 더구나 청주성에는 충청병영이 위치해서 관치 질서를 유지하려는 강력한 무력이 존재했기 때문에 청주성을 점거하면 진압군의 거점을 압도하는 결과를 가져올 수 있었다.

청주성 일대의 북접농민군은 송산(松山), 세교(細橋), 미원(米院), 청천(靑川)에 집결해서 읍성 점거를 준비했다.[6] 남일면 송산은 청주성과 가장 가까운 곳으로서 광화문 복합상소 당시 국왕에게 올린 상소문을 작성한 마을이라서 동학도들에게 잘 알려진 곳이었다. 동학교단의 기록에 송산은 대접주 손천민의 근거지로 나오지만 본래 밀양 손씨의 마을이 아니라[7] 진주 강씨의 세거지였다.[8]

북일면 세교는 청주 북쪽에 있는 교통의 요지로서 진천이나 충주에서 오면 청주성으로 들어가는 입구에 위치하였다. 세교에서는 5일과 10일에 장이 열렸다. 또한 청주성을 거치지 않고 상당산성으로 직행하는 작은 길도 있었고, 초정으로 돌아가면 구녀산을 지나 미원으로 가서 보은 방향으로 향할 수도 있었다. 미원은 청주와 괴산, 그리고 보은에서 오는 길이 만나는 곳에 위치하는 교통의 요지이다. 그리고 청천은 미원 동쪽에서 화양 계곡으로 들어가는 입구에 있다.

이들 집결지에는 사람들이 모여들어 화승총을 쏘는 등 군사 연습을 했다. 그뿐 아니었다. 강내면 궁현리의 은적산 정상 부근 봉화대 옆에 성터 일대에서도 동학농민군이 군사 훈련을 하였다. 청주에서 동학 세력이 가장 컸던 북면 대주리 일대에서도 무장을 갖추고 봉기날을 기다렸다.[9] 청주병사 이장회는 기다리지 않고 동학 지도자들을 체포하는 등 선제 공세로 나아갔다. 11명을 체포해서 조사한 후 두령 3명을 처형하였다.[10]

『갑오동학란』과 『천도교서』에는 기포령 이후 청주 일대에서 봉기했던 지도자들을 다음과 같이 기록하고 있다.

> 손천민은 각처 두령을 지휘하여 서우순(徐虞淳), 김상일(金相一), 한창덕(韓昌德), 장승환(張承煥), 강주영(姜周永), 모재곤(牟在坤)은 청주군 쌍교시(雙橋市)에서 일어나니 무리가 만여 인에 달하였고….[11]

> 10월에 신사가 각 포 도인을 불러 만나 보시고 손병희로 하여금 각 포를 통솔케 하시다. 이때를 전후하여 포를 일으킨 사람을 셈할진대-- 청주 손천민, 서우순, 김상일, 한창덕, 강주영, 윤행현(尹行顯), 신광우(申光雨), 권병덕, 장리환(張离煥), 이공우(李公雨)….”[12]

손천민이 지휘한 북접농민군의 두령으로 여러 명의 이름이 나오지만 금암리의 서우순을 제외하고는 확인되지 않는다. 손천민의 청의포가 일어난 지역을 쌍교시라고 하였다. 쌍교는 석화천에 '가는 다리' '오는 다리' 두 개의 다리가 놓였다고 부르는 세교의 다른 이름이다. 세교(細橋)는 '가는 다리'를 한자 이름으로 쓴 것인데 쌍교와 세교는 같은 지명이다.

기포령이 내려오자 세교 집결지에 있던 북접농민군이 먼저 상당산성에 진입해 들어갔다. 산성에 보관된 무기를 탈취하려는 것이었다. 우후 백락중(白樂重)이 상당산성을 지키고 있었지만 수많은 북접농민군이 들어오자 중과

부적이라서 당해낼 수 없었다.

9월 24일 북접농민군은 청주읍성을 기습하였다. 청주병영의 진남병은 신식무기로 무장한 정예병이었으나 수천 명의 동학농민군이 공격해 오자 방어에 급급하였다. 그러나 청주성은 쉽게 점거할 수 없었다. 북접농민군은 무심천에 진을 치고 청주성의 진남병과 대치하였다. 이때 청주목사와 청주병사는 충청감영과 의정부 그리고 양호도순무영에 급보를 보내 원병을 청하였다. 여러 날 동안 대치하면서 급보를 연이어 보내자 청주는 재봉기 직후인 9월 하순 정부의 최대 관심지가 되었다.

양호도순무영은 죽산과 안성에 파견한 경군 병대를 청주성으로 직행하도록 하였다. 그리고 일본에서 증파한 후비보병 제19대대의 중로군도 청주성으로 직행하도록 하였다. 청주성 공방전은 이들 구원병이 도착하기 전에 충청병영의 승리로 끝이 났다. 진남병이 보유한 무기인 스나이더 소총의 위력 때문이었다. 9월 28일 대치하던 진남병들이 병사 이장회의 지휘 아래 반격을 가하자 후퇴하게 되었다. 그 과정은 충청감사 박제순에게 보고되었고, 충청감사는 의정부에 즉각 보고하였다.[13]

지금 충청 감사 박제순의 등보를 보니, 병사 이장회(李長會)의 보고를 낱낱이 열거하면서 '이달 24일에 비류 수만 명이 성 아래를 침범하였는데, 병사가 직접 막아 싸워서 적도 수십 명을 죽이자 적이 비로소 물러나서 흩어졌다고 하였습니다. 그런데 호남의 비도들은 서로 연락을 하고 있기 때문에, 감영과 병영의 힘으로는 막을 수가 없습니다'라고 하였습니다. 방금 상당(上黨)에서 병기를 잃었다는 급보를 들었는데 이번 보고가 뒤이어 올라왔습니다. 호서의 감사와 병사가 평소에 대비하지 못하였으니 극히 소홀히 한 것입니다. 순무영에서 빨리 병사들을 징발하여 구원하러 가는 방도를 마련하여, 이 비도들을 빠른 시일 내에 소탕하도록 하는 것이 어떻겠습니까?

청주성을 공격하던 북접농민군은 '수십 명'이 쓰러진 뒤 퇴각을 했지만 "조금 멀리 떨어진 곳으로 물러나 흩어졌다." 청주성의 위기가 사라진 것은 아니었다. 충청감사가 언급한 것처럼 호남의 남접농민군과 연락을 하면서 전국에서 무장 활동이 끊이지 않고 계속되었다. 청주성에서 물러난 북접농민군은 근거지인 세교 송산 미원 청천으로 돌아갔으나 "사방에서 모여서 소리를 지르면서 서로 상응하는 자들이 지금 몇 만 명이 되는지 알지 못"하는 정도였다.

청주병사는 재공격에 대비하여 진남병들을 성벽 위로 올려보내서 밤낮으로 경계를 서게 하였다. 구원병 파견도 계속 요청하였다. 양호도순무영에서도 죽산과 안성에 보낸 경군을 급히 청주로 파견하도록 서둘렀다.[14]

지금 비류(匪類)들이 청주성을 침범하여 겨우 그들을 격퇴하였으나, 장차 다시 제멋대로 할 염려가 있다고 하는 말을 들었다. 청주성은 3개의 길이 만나는 요충지로 결코 잘못되어서는 안 된다. 본진이 주둔하고 있는 지방과 서로 120리 정도의 떨어져 있으므로 청주로 가서 지원을 한다면 앞뒤로 몰아칠 수 있으며, 혹은 부대들을 합하여 면모를 달리하고 청주진과 함께 서로 안과 밖으로 협조하고 또한 죽산(竹山)에 주둔하고 있는 진(陣)과 서로 맞아들여서 상황에 따라 일을 주관해야 할 것이다.

죽산부사 이두황과 안성군수 성하영이 이끌고 오는 장위병과 경리병은 신속히 행군해 오지 않았다. 구원병이 오지 않았기 때문에 청주병사 이장회는 진남병을 청주성 밖으로 보내서 북접농민군의 근거지를 진압하는 시도를 하지 못하고 있었다. 청주병사는 동학도가 날로 더 커지고 있다면서 양호도순무영에 "정예병 1천 명 및 서양총 1백 자루와 탄환 수만 개, 대포 몇 좌(坐)를 급히 내려 보내주도록" 긴급 요청하였다.

경군 중 안성군수 성하영이 이끄는 경리병이 10월 2일 먼저 청주성에 들어왔다. 서울에서 보낸 일본군 1대도 청주성에 도착했다.[15] 죽산부사 이두황이 이끄는 장위영은 진천과 음성을 거쳐서 오느라고 10월 12일 오후 늦게 청주성에 들어왔다. 양호도순무영은 급히 행군하지 않고 우물쭈물한다고 이두황을 질책하였다.

그러는 동안에 청주병영에 비보가 전해졌다. 충청병사 이장회가 진남병 100명을 감영에 보내서 감사 박제순의 지휘를 받도록 했는데 그중 73명이 10월 3일 공주 대전평에서 몰살한 것이었다. 영관 염도희가 지휘하는 진남영 병대는 충청감사의 지시에 따라 한 달이 넘게 경내를 순찰하던 중 공주 대전평에서 수많은 북접농민군과 조우하여 사건이 벌어졌다. 이 사건을 청주병사는 다음과 같이 보고하였다.

충청병영의 병정 1백 명이 순영에 오랫동안 있으면서 순찰사 박제순의 지휘에 따라 10월 3일 우영관 염도희, 대관 이종구 등이 병정 80명을 이끌고 효유하기 위해 행군하여 공주의 대전평(大田坪)에 도착했습니다. 적당이 대도회(大都會)를 여는 곳에 가서 나라의 명령을 널리 알리려 할 때 수만 명의 그들 무리들이 사방으로 에워싸서 총을 쏘고 무기를 빼앗으려 하면서 영관과 대관이 가진 환도를 바칠 것을 요구해서 도리를 내세워 꾸짖었으나, 상황을 면하기 어려운 지경에 이르렀습니다. 그래서 곧바로 자신의 목을 칼로 찔렀으며, 그 나머지 교장 이하 여러 병정 80명은 모두 도륙되었습니다.

여기서 살아남은 7명이 청주성으로 돌아와 이 사건의 경위를 밝혔다.

영관(領官) 염도희(廉道希)와 대관(隊官) 이종구(李鍾九)는 먼저 그들이 모인 곳에 들어가 귀화하는 글로 타일렀으나 완악한 저들이 강포하게도 무기를 빼앗자 죽음을 모면하기 어려울 것을 알고 큰소리로 적을 꾸짖어 끝내 칼을 뽑아 자결을 했습니다. 교장(敎長) 박춘빈(朴春彬)은 자기 두목이 위태로운 처지에 놓인 것을 보고 몸을 빼어 들어갔으나 구하지 못하자 돌에 머리를 부딪쳐서 자결했습니다.

충청감사 박제순은 이 사건을 다음과 같이 정부에 보고하였다.[16]

병영의 영관 염도희가 병정 80명을 이끌고 연산·진잠으로 나누어 순찰하다가 다시 돌아오는 길에 공주의 대전지역에 이르러 갑자기 비도(匪徒) 1만여 명을 만나서 잡혀서 불에 태워 죽임을 당하였습니다.

10월 초순 봉기 상황은 심각하였다. 상당산성뿐 아니라 "제천·단양·청안·영동·천안·회인·진천·목천·직산"과 서천포에서 관아에 보관한 무기를 빼앗겼다.[17] 이런 와중에 73명 진남병 몰살 소식이 전해진 것이다.

한편 청주병사 이장회는 청주성에 경군 경리병과 일본군이 도착하자 즉각 보복에 나섰다. 10월 3일 밤 진남영 군관을 선정하고 병사를 뽑은 다음에 경리병과 함께 북접농민군 집결지로 진입하였다. 일본군도 동행하였다. 먼저 세교로 가서 '무찔러 깨뜨리고' 상당산성에서 탈취해 온 무기를 되찾아서 병영으로 보냈다.

다음으로 송산으로 직행하였다. 대전평 진남병 몰살 사건 이후 진압 과정은 격렬해졌다. 그 첫 번째 진압 전투가 송산전투로서 '달아나는 자들'까지 쫓아가서 쳐서 죽인 사람이 수십 명이었다. 충청병사 이장회는 송산 기습 전투를 다음과 같이 보고하였다. [18]

이어서 송산으로 향하였는데, 적도들이 수만 명이 산과 들을 가득 채우고 깃발을 세우고 나팔을 불고 있었습니다. 수적으로 우리는 적고 저들은 많아서 실로 서로 대적을 하지 못하였습니다. 관군과 일본군대는 세력을 나누어 협공(夾攻)하여 총으로 쏘아 죽이니, 전봉(前鋒)은 적진이 조금 물러나자, 기세를 타서 달아나는 자들을 쫓아갔으며, 적도를 쳐서 죽인 것이 수십 명에 이르렀습니다. 지금 그들은 임시로 물러나서 흩어져 있으며, 곳곳에 주둔하여 무리를 이루고 있습니다. 소문을 듣고 서로 대응하고 있어서 아침저녁으로 위험한데, 구원병은 기약이 없고 군량과 자금은 모두 모자랍니다. 하오니 정병(精兵) 2천 명을 하루빨리 내려 보내도록 명령하여 주시고, 흉도(凶徒)들을 영원히 제거하고 백성들을 보존하게 해줄 것을 임금께 급히 아룁니다.

당시 송산에서 벌어진 전투는 북접농민군 후손에 의해 생생하게 전해지고 있다. [19]

아버지가 노가지봉에서 망보니께 남들로 새까맣게 개미떼같이 영평뜰과 궁뜰 앞으루 도망했다네유. 동학군 옷은 갓쓰구 행전치구 중이적삼을 입었는데 관군은 검은 옷을 입었답니다. 동학군은 얼마나 절단났는지 도망하는 뒤루 관군이 갈가마귀같이 새카맣게 밀려오더랍니다.
그 길루 동학군은 솔뫼 우리집으루 와서유 식전에 새터와 용재에서 물을 몇 독 길어왔는데 동학군들이 한참 만에 다 먹어치우드락 해유. 물을 다 마시구유, 신발과 무기는 있는 걸 전부 다 끄집어내 풀어서 식량이구 뭐구 참떡을 했더랍니다. 백설기를 말려가지구서유. 말려 뿌셔서 한 자루씩 넣어놨는데 그걸 있는 대로 다 퍼서 갈라주구 동암으루 문의 골짜기루 갔는데 그 질루 끝두 다 안 넘어가서 막 관군이 넘어닥쳐서 총을 막 쏘고 그게 새벽이랍니다.

미원과 청천에는 진압군이 가지 못했다. 청주성에서 멀리 떨어지기도 했지만 보은과 가까운 주요 동학 근거지이기도 했기 때문이다. 괴산과 청안에서 보은으로 가는 길목에 있기 때문에 청주병영도 쉽게 진남병을 파견할 수 없었다. 이 시기에 보은 일대는 충청도와 경상도, 경기도와 강원도에서 봉기한 북접농민군이 대규모로 집결하고 있었다.

청주성에 들어온 이두황의 장위병과 성하영의 경리병은 청주병사 이장회와 진압 대책을 협의한 후 보은 장내리를 공격하기로 결정했다. 보은 장내리는 1893년의 동학집회 이후 보은 관아가 통제하지 못한 지역이었고, 청주병영이나 충청감영이 관군을 보내서 제압하려고 시도조차 하지 못한 곳이었다. 10월 13일 아침 진남병을 위시해서 경리병과 장위병이 출동하였다. 상당산성 고개를 넘어 미원을 거쳐 보은 장내리로 들어갔으나 북접농민군과 충돌하지는 않았다. 이틀 전인 10월 11일에 장내리를 떠나서 영동과 황간 서수원, 그리고 옥천으로 이동해서 비어 있었기 때문이었다. 이두황의 장위병만 장내리로 들어가서 마을 전체를 불태워 버렸다.

청주 일대에서 동학농민군과 진남병이 읍성을 둘러싼 공방전을 벌이고 있다는 소식은 경상도까지 전해졌다. 경상도 북부에서도 상주 읍성과 선산 읍성이 동학농민군에게 일시 점거되었다가 낙동 병참부에서 급파한 일본군이 두 지역의 읍성을 회복시켰다. 그리고 낙동병참부 사령관 아스카이 마사키치(飛鳥井雅吉) 소좌는 남부병참감 이토 스케요시(伊藤祐義) 중좌가 보낸 후지다(藤田景德) 대위의 1개소대 병력을 용궁과 예천을 비롯해서 안동 일대까지 정찰을 시켜서 이 지역의 동학농민군의 봉기를 제어하고 있었다.[20]

낙동병참부 사령관 아스카이 마사키치 소좌는 청주에서 벌어지는 상황을 파악하도록 9월 25일(양 10.23) 야마무라 쿠마마쓰(山村熊松) 군조가 이끄는 정탐병 1개조를 파견했다. 낙동병참부의 정탐병은 일본군 병졸 2명과 일본인 통역 그리고 조선인 인부까지 모두 5명이었다. 이들은 병참부가 설치된 문경까지 와서 청주로 가는 행로를 시작한 것으로 보인다.

상주에서 청주로 가는 지름길은 보은을 거쳐 북상하는 길이었지만 낙동병참부 정탐병은 이 노선을 선택하지 않았다. 보은 일대는 기포령 이후에 인근의 동학농민군이 대거 집결해서 주둔하고 있었기 때문에 돌아가려고 한 것으로 보인다. 그러나 기포령 이후 청안 일대의 사정도 보은 지역과 다르지 않았다. 청안은 경기도와 충청도 북부에서 내려온 동학농민군이 청주성을 거치지 않고 우회해서 청천을 들러 보은으로 직접 갈 수 있는 길목이라서 동학도들의 통행이 빈번하였다. 또한 청안의 동학조직도 교단의 기포령에 따라 무장 동학농민군들이 다음 활동을 대비하고 있었다.

바로 그러한 때 일본군 정탐병이 청안에 들어온 것이었다. 이들의 행적은 즉시 드러나서 모두 처단되었다. 당시의 상황은 기록으로 확인되지 않지만 청안에서 이것은 커다란 사건이었다. 청안 현감 홍종익(洪鍾益)은 즉각 충청감영에 알렸고, 충청감사 박제순도 그 사실을 정부에 보고하였다.

낙동병참부 사령관 아스카이 소좌는 정탐병들이 돌아오지 않자 다시 정탐병을 파견해서 정보를 파악해 오도록 했다. 재차 파견된 정탐병들은 이들이 청안에서 '비도(匪徒)들'에게 살해되었다는 소문을 듣고 보고해 왔다. 아스카이 소좌는 이 사실을 남부병참감 이토 중좌에게 보고하였고, 이토 중좌는 즉시 주한일본공사 이노우에 가오루에게 보고하였다. 이노우에 공사는 이토 중좌의 보고 내용을 전재한 외교문서를 외부대신 김윤식에게 보내서 충청감사와 청안현감에게 명령을 내려 그 소문을 확인하고 동시에 '살해범'을 체포하도록 요구하였다. 충청감사 박제순은 그런 소문이 사실인 것을 확인하였다.[21]

　　양력 10월 23일 낙동(洛東) 주재(駐在) 병참사령관(兵站司令官)이 부하인 군조(軍曹) 야마무라 쿠마마쓰(山村熊松)과 병졸 카타야마 키이치로(片山嘉一郎), 구보 이와키치(久保岩吉) 등을 밀파하여 그들로 하여금 통역관(通譯官) 우에노 키지로(上野棄次郎)을 대동하고 조선역부(朝鮮役夫) 선경찬(善敬贊)을 따라 청주 지방으로 가서 비도의 정보를 정탐하고 오라고 하였으나, 그 일행은 10일이 넘도록 돌아오지 않았습니다. 그 지방에는 요사이 동비(東匪)들이 떼로 일어나 그 험악한 기세가 우려되므로 별도로 정탐을 보냈던 바, 과연 그 일행이 5, 6일 전에 청안현 부근에서 비도들에게 살해되었다는 소문이 있었습니다. 그 사실 여부는 전에 받은 충청감사의 보고와 같이 방금 사실이 인정되어 그 실정을 알게 되었습니다.

3. 북접농민군의 교단 거점 수비군 배치와 문의전투

　동학 교단의 기포령에 따라 각 군현에서 봉기하여 보은 일대로 집결한 북접농민군은 크게 두 계통으로 구분할 수 있다.[22] 그 중심 세력은 충주의 황산에서 10월 9일 보은 장내리에 도착했던 황산 집결군이었다. 이들 황산 집결군은 경기도 남부와 충청도 북부 그리고 강원도 남부에서 봉기한 후, 충의대접주 손병희의 휘하에 있던 이용구의 활동 거점인 충청도 황산에서 합류한 다음, 괴산을 거처서 보은으로 내려왔다. 경기도에서 온 사람들은 지평의 민보군 맹영재의 공세를 피하고, 보은을 향하여 행군을 시작할 때 괴산에서 일본군과 조우해서 실전 전투를 경험하기도 했다.

또 다른 계통은 충청도 동남부와 경상도 일대에서 합류한 세력이었다. 청주를 비롯해서 문의, 회인, 회덕, 전의, 연기, 옥천, 보은, 청산, 영동, 황간 등 충청도 10개 군현에서 주로 모인 사람들이 한 계열이고, 상주, 함창, 문경, 옥천, 예천, 개령, 김산, 선산, 지례 등 경상도 북서부의 9개 군현에서 주로 모인 사람들이 또 한 계열이었다.

보은에 집결한 북접농민군의 정확한 수는 확인할 수 없지만 '수만 명'이 모였다고 했다.[23] 동학교단은 북접농민군을 2대로 나누었다. 1대는 남접농민군과 연합해서 대일 항전을 벌일 원정군으로서 통령 손병희의 시휘 아래 10월 23일부터 공주로 행군하였다.[24]

북접원정군은 경기도에서 합세한 황산 집결군을 기간으로 구성하여 선봉인 정경수는 안성포, 좌익인 이종훈은 광주포, 후진인 전규석은 이천포였다.[25] 이들은 괴산전투의 참여자이면서 경기도에서 충주 황산, 그리고 황산에서 보은과 영동까지 장거리 행군을 경험도 있었다. 청주성전투 이후 보은으로 온 청의대접주 손천민도 원정군에 가세하였다.

다른 1대는 교단의 주요 거점인 보은 일대를 지키도록 배치한 지역수비군이었다. 권병덕은 『갑오동학란』에서 지역수비군의 존재를 명확히 기술하고 있다.

동학군(東學軍)이 2대(二隊)로 분(分)하야 1대(一隊)는 영동(永同) 옥천(沃川)으로부터 공주로 진(進)하야 전봉준과 상합(相合)케 하고 1대(一隊)는 회덕군(懷德郡) 지명장(芝明場)에 지(至)하야 청주진위대(清州鎮衛隊) 병(兵)과 교전(交戰)하야 관군(官軍)이 패하고 동학군이 논산(論山)으로 퇴둔(退屯)하야 사처(四處)에 동학군(東學軍)이 합(合)하야 공주로 진(進)하니….[26]

지역수비군은 문의와 회덕의 북접농민군을 중심으로 편성하였다. 그 지도자는 오일상(吳一尙)과 강건회(姜建會)였다.[27] 오일상은 충청도 문의, 강건회는 회덕의 동학지도자로 파악된 인물이다.[28] 문의와 회덕은 동학조직이 크게 팽창한 지역이었다. 이들 지역을 비롯한 회인과 옥천, 영동과 청산 등지의 여름 이후 상황을 전해주는 문경부사의 정탐 보고서[29]가 있다.

전일(前日)에 일컬었던 법소(法所)와 도소(道所)를 지금은 창의소(唱義所)로 개칭하여 군호(軍號) 문자마다 모두 의자(義字)를 사용하고 있습니다. 그리고 그들이 말한 각 접주의 통문(通文)에는 대개, '벌레 같은 왜추(倭酋)들은 일시적으로 날뛰어 경성을 침범하고 있으며 군부(君父)의 위태로움은 조석(朝夕)에 있고 … 그러므로 우리 접주들은 힘을 합하여 왜적을 쳐야겠습니다.'

이 보고서에는 보은을 비롯해 충청도 동남부 "10읍의 많은 적당들은 그 수가 각기 수만 명으로, 그들은 군기(軍器)를 탈취하였을 뿐만 아니라 사창의 환곡도 다 먹고 백성들의 양곡을 집치(執置)하여 군량으로 삼았다"는 내용도 전하고 있다.

지역수비군의 주요 임무는 동학교주 최시형 등 주요 인물을 보호하는 것이었다. 최시형은 청산의 문암리에 남아 있었다. 문암리는 '100명' 가량의 호위대가 지키고 있었으나[30] 이들이 문의와 회덕 중심의 지역수비군에 속했는지는 알 수 없다. 하지만 지역수비군의 가장 큰 배치 목적은 청주성의 진남병이 동학 근거지를 기습하는 사태를 막아내는 것이었다.

그러나 지역수비군이 맞부딪친 진압군 주력은 일본군이었다. 일본은 청일전쟁에 상비군 동원사단을 집중 투입하는 한편 동학농민군의 진압을 목적으로 후비보병 독립제19대대를 증파해 왔다. 일본군의 행군 일정과 주요 진압지역은 사전정보를 통해 세워 놓았다.[31] 먼저 충청도의 동학농민군을 제압하도록 했고, 그다음에는 강원도 산악지대로 들어가서 북상하는 것을 막도록 했다. 그리고 경상도와 전라도 북부에서 몰아 내려와 전라도 남부지역에서 궤멸시킨다는 것이었다. 이와 같은 작전계획에서 초기의 대상이 청주 일대의 동학농민군이었다.

미나미 고시로(南小四郎) 소좌가 지휘하는 후비보병 독립제19대대는 10월 9일과 10일 인천에 상륙하였다. 그리고 서울로 직행해서 일본공사 이노우에 가오루(井上馨)에게 지시를 받은 후 중대별로 서로군, 중로군, 동로군으로 분진대를 나누어 남하를 하였다. 조선정부에게 강요해서 지방 군현에서 협조와 군수를 지원받을 관리를 동행시키고, 일본군이 훈련시킨 교도중대(教導中隊)를 중로군에 포함시켜서 보내도록 했다.

316명으로 구성된 교도중대[32]는 이진호(李軫鎬)가 중대장이었지만 실제로는 이들을 훈련시킨 후비보병 제18대대 소속인 일본군 중위 시라키 세이타로(白木誠太郎)와 소위 미야모토 다케타로(宮本竹太郎)[33]가 지휘하였다. 그 실상이 남부병참감 이토 중좌가 이노우에 가오루 공사에게 보낸 다음의 전문에서 확인된다.[34]

미나미(南) 소좌에게 훈령 : 중로(中路)를 행군한 조선 군대는 항시 필히 시라키(白木)·미야모토(宮本) 2명의 지휘 감독 아래에 두고 귀관은 이를 우리 군대와 함께 움직이도록 부서(部署)로써 명령함을 요함. 만약 따로 분견(分遣)하고 혹은 구분할 필요가 있더라도 필히 위 두 사람에게 명령하여 지휘시킬 것. 요컨대 시라키·미야모토 양인은 교도중대장으로서 취급해야 함.

중로군은 대대장 미나미 고시로 소좌가 이끌고 일정에 따라 청주로 남하
하였다.[35]

〈중로군 남하 일정과 전투〉

10월 17일(양 11.14) - 龍仁

18일(양 11.15) - 陽智

19일(양 11.16) - 竹山

20일(양 11.17) - 竹山(支隊) 石城村(陰城 西行 20里)

21일(양 11.18) - 竹山(滯)(支隊) 陰城

22일(양 11.19) - 鎭川(斥候) 木川(支隊) 槐山

23일(양 11.20) - 鎭川(支隊) 淸安

24일(양 11.21) - 淸州(支隊) 沙羅里

25일(양 11.22) - 淸州(滯)(支隊) 沙羅里

26일(양 11.23) - 文義(至明戰)(支隊) 報恩

27일(양 11.24) - 文義(滯)

28일(양 11.25) - 文義(滯)(支隊) 懷德

29일(양 11.26) - 龍浦(支隊) 增若(戰)

11월 1일(양 11.27) - 文義(支隊) 懷德

2일(양 11.28) - 文義(滯)(支隊) 周安

3일(양 11.29) - 文義(滯)(支隊) 增若

4일(양 11.30) - 增若

5일(양 12.1) - 沃川(支隊) 增若

6일(양 12.2) - 沃川(滯)(支隊) 靑山

7일(양 12.3) - 沃川(支隊) 龍山村

8일(양 12.4) - 沃川(滯)(支隊) 永同(戰)

9일(양 12.5) - 沃川(滯)(支隊) 錦山(戰)

　일본군 후비보병 제19대대 중로군은 10월 24일 청주병영의 진남병만 지키고 있던 청주성에 들어왔다. 이두황의 장위병과 성하영의 경리병이 청주성을 떠나 보은으로 간 후 11일 만에 일본군 1개중대와 경군 교도중대가 청주성에 들어온 것이다. 이때부터 9일 동안 일본군 중로군은 청주와 문의를 떠나지 못했다. 지명에서 북접농민군 지역수비군과 격렬한 전투를 벌인 후 거대한 세력 규모를 파악하자 청주 일대를 벗어날 수 없었던 것이다.

　미나미 소좌는 충청도로 남하한 후 진천과 청주, 그리고 문의와 옥천 행군로를 중심으로 좌우로 번갈아 지대 병력을 파견해서 인근 군현을 휩쓸고 지나갔다. 첫 번째 커다란 전투를 시작한 지역이 문의 지명(至明)[36]이었고, 다음에 옥천 증약(增若)에서 전투를 벌였다. 지명전투는 청주병사 이장회의 요청에 따라 일본군이 추적해서 벌어진 전투였다.[37]

　청주성에 당도했을 때, 병사(兵使)가 와서 적(賊)의 정세를 보고하기를, '4, 5일 전부터 동학도(東學徒)가 이 마을 저 마을에 출몰 표략(剽掠)해서 바야흐로 문의현을 함락시킬 기세이다. 이 때문에 문의의 병사가 와서 간절하게 출병해 줄 것을 청했다'라고 말하였다. 그러나 병사(兵使)의 말이 과연 진실인지 아닌지 아직도 분명치 않으므로, 이날 척후를 연기와 문의 두 방면으로 내보냈다. 이 척후가 11월 22일(양력) 오후 10시쯤 돌아와서, 문의 방면에는 적도(賊徒)가 산 위에 가득 차 있다고 하였다. 그래서 병사(兵使)의 말이 진실임을 알고 작전이 매우 곤란함에도 불구하고, 우선 문의의 적도를 격파하고자 이날 밤 12시 청주성을 떠나 야밤을 무릅쓰고 진군, 새벽 6시 문의현에 도착했다.

충청병영의 우영관 이용정(李容正)이 지휘하는 진남병 100명까지 가세하여 더욱 수가 많아진 진압군은 문의 남쪽의 지명으로 곧장 들어가서 북접농민군을 만나게 되었다. 일본군 전투보고서는 문의에서 대규모 북접농민군과 대치했던 사실을 전하고 하였다.[38]

이른 아침부터 연기와 문의 방향으로 정찰대를 내보내 적의 정황을 수색케 했더니, 이 척후가 오후 7시 20분에 돌아와 보고하여 말하기를, '연기 방향에는 약간의 적도가 산 위에 있고 그 모습이 마치 초병 같았다. 그리고 서남쪽에서 총소리를 들었다'고 했다. 문의에 갔던 정찰대의 보고로는, 문의현에는 소수의 적도가 있으며 미곡을 약탈했고 문의 남쪽 약 20리에 있는 지명(芝明)을 근거로 하고 있는 것 같다고 했다. 이상과 같은 정황이므로 본부와 제3중대, 교도중대 및 진남영병 약간은 11월 23일 오전 1시 30분 청주를 출발, 문의를 향해 전진했다. 오전 8시 문의에 도착해서 보니까 적도 같은 자는 보이지 않았다. 하기야 인민은 모두 산 위로 도망쳐 숨어 있었다. 오전 11시 30분 전위소대가 지명(지명강) 북쪽 강기슭에 도착했을 때, 남쪽 강기슭에는 많은 적도가 모여서 (1만 2-3천) 시끄럽기 그지없었다. 이때 우리 첨병이 강을 사이에 두고 사격을 시작했고 전위 소대원을 첨병 왼쪽으로 증가시켰다. 11시 45분 1개 소대를 전위의 첨병선으로 증가시켰다. 오전 12시 왼쪽 방향으로 2개 분대의 척후를 내보내 적도의 배후를 치게 했기 때문에 적도는 회덕과 주안(周安) 방향으로 흩어져 물러갔다. 0시 20분 전위소대와 증파했던 모든 대원을 지명강 남쪽 강기슭으로 집합시켰다. 0시 30분 본대로부터 2개

소대의 추격군을 내보냈지만 적도는 저항할 힘이 없어 모두 서남쪽으로 물러갔다. 오후 4시 30분 지명에서 철수, 문의로 돌아와 숙박했다.

진압군이 몰려오자 문의 읍내 주민이 한밤중에 모두 산 위로 피신해서 숨었다고 했다. 북접농민군은 남쪽 골짜기를 따라 내려가서 지명산 위에 올라가 있었다. 진압군이 무려 1만 2천 명에서 1만 3천 명에 이르는 북접농민군이 시끄럽게 했다는 것은 다수를 과시하거나 고함으로 상대를 위압하려고 시도했다는 것으로 보인다. 미나미 소좌의 지명전투 회고에 의하면 일본군은 유리한 위치를 점해서 건너편 산 위에 있는 흰옷을 입은 북접농민군을 공격하였다.[39]

> 이 지명(至明)은 마을 전체가 계곡 사이에 있어서 전후 좌우가 모두 산이며 10리쯤 떨어진 곳에 험준한 언덕이 있었다. 작전상 지키기에 가장 유리하고 동시에 공격하기에는 가장 위험한 곳이므로 십분 주의해서 진군하였다. 언덕에 머무르자마자, 예상대로 사격해 왔다. 전위(前衛)가 전투를 벌인 것이다. 곧 응전하여 이를 격퇴해서 완전히 언덕을 점령하고 전면(前面) 저지(低地)에서 기다렸다. 전위는 흩어져서 작은 촌락을 사이에 두고 사격을 시작하였다. … 이 지명(至明)이란 마을은 산과 산 사이에 있으며 개천을 그 사이에 끼고 있어서 동학도(東學徒)는 마치 배수진을 치고 있는 모양새를 하고 있었다. 사방을 둘러싼 산 위는 동학도로 하얗게 뒤덮였다.

북접농민군은 방어에 유리한 고지를 선점해서 일본군이 다가오기를 기다렸다. 무기의 열세를 만회하는 방법은 수많은 사람들이 산 위에 가득 올라가서 수의 우세를 과시하면서 포위하는 형세를 갖추고, 고지에서 내려다 보고 총을 발사하여 멀리 나가도록 하며, 위급할 때에는 다른 산으로 재빠르게 피신하는 것이었다.[40] 지명에서도 이런 방법을 구사했으나 신식 스나이더소총으로 무장하여 산을 올라가며 근접 사격하는 일본군을 막아낼 수 없었다. 결국 후퇴해서 회덕과 주안 방향으로 밀려나지 않을 수 없었다.

미나미 소좌는 북접농민군의 주둔 시설과 무기를 보고 재평가하게 되었다. 많은 사람에게 제공할 수 있도록 취사장을 갖추고 있었던 것이 확인되었다. 그리고 지뢰를 매설해서 접근하지 못하도록 하였다. 지뢰는 쇠꼬챙이 같은 것이지만 일정한 전투력을 가진 것을 보여주는 실물이었다.

> 우리 부대는 물론 그 당시 충분한 전투준비를 갖추고 있었지만, 적군도 충분한 준비를 갖추고 있었던 것 같다. 왜냐하면 취사장 같은 것도 있었고 또 그 부근에는 지뢰까지 매설되어 있었기 때문이다. 동학도(東學徒)는 아주 구식인 화승총을 갖고 있는데 불과할 것이라고 예상했었는데, 면밀히 정탐해 보았더니 꽤 많이 후장총(元込銃)을 가지고 있었으며 또 탄환과 화약 같은 것도 상당히 갖고 있었다. 레밍턴총 80정을 갖게 된 것은 모두 관리들의 총을 탈취한 것 같았다. 그렇지만 이 사실을 관리들에게 물어보면 단 한 번도 빼앗긴 일이 없다고 한다. 그러나 이는 단지 변명에 지나지 않는 것 같다.

더구나 문의 지명의 북접농민군은 화승총뿐 아니라 후장총인 레밍턴 소총을 80정이나 갖고 있었다고 했다. 이 소총은 대전평에서 진남병 73명이 몰살되었을 때 탈취한 무기로 추정된다. 당시 청주병영의 영관 염도희가 인솔한 진남병은 80명이라고 했고, 일부는 살아서 돌아왔다고 했다. 진남병 80명이 가졌던 소총 80정과 미나미 소좌가 말한 레밍턴 소총의 수는 같다.

일본군은 동학농민군 사이에서 흰옷이 아닌 '한병(韓兵)'과 같이 유색 복장을 한 수십 명을 목격하고 청군(淸軍) 패잔병으로 간주해서 추적하였는데 붙잡을 수 없었다고 했다. 청군 패잔병의 가세 여부는 확실하지 않다. 성환에서 패배한 청군은 공주에서 재집결하여 강원도를 우회하여 평양으로 북상하였다. 남아 있던 청군이 동학농민군과 함께 일본군과 대적했다는 증거는 보이지 않는다.

충청병사 이장회는 진남병이 가세한 지명전투를 다음과 같이 양호순무영에 보고하였다.[41]

일본군이 교도소(敎導所) 군사와 함께 도착한 연유는 전에 급히 보고를 하였습니다. 20리쯤에 있는 문의에 집결한 수만 명의 적들이 청주로 향한다고 해서 일본군 대대(大隊) 병력 200여 명과 교도대 200여 명 및 신의 빙영군사 100여 명이 10월 26일에 함께 출군하였습니다. 지금 신의 병영 우영관 이용정(李容正)의 첩정을 보니, 10월 27일에 문의현에 갔더니 적들이 회덕현 지명지(地明地)로 옮겨갔다고 하기에 추격하여 접전해서 한 번에 격파했고, 포에 맞아죽거나 다친 적들은 수십 명이 되었습니다.

이용정은 지명전투에서 체포한 북접농민군 16명을 청주성 충청병영으로 호송하였다. 이들을 심문한 충청병사는 다음과 같이 조사한 내용을 보고하였다.[42]

우영관(右領官) 이용정(李容正)이 일본군 진영의 지휘에 따라 동도(東徒) 16명을 잡아 보내와서 모두 심문했더니, 박원광(朴元光) 등 9명은 바로 대전평(大田坪)에서 변란을 일으킨 자였고, 김천능(金千能)은 직산(稷山)을 함락시키고 공주(公州)에서 패해 도망쳐 돌아온 자였습니다.

진남병이 체포한 16명 중 9명이 회덕에 근거지를 두고 있었다. 이를 보면 지역수비군의 핵심은 대전평에서 진남병 73명을 죽였던 회덕의 북접농민군이 중심인 것을 알 수 있다. 나머지 7명은 다른 지역에 가세해 온 사람들이었다. 이중 김천능은 직산 관아를 함락시키는 데 주역이었고, 공주전투에도 참여한 뒤 지역수비군에 가담한 인물이었다.

일본군은 증약 방면으로 후퇴한 북접농민군을 추격하도록 지대를 파견하였다. 이 지대가 다시 옥천 경내로 들어가서 북접농민군 지역수비대과 조우해서 공격을 하게 된다. 그것이 10월 29일 벌어진 증약전투였다.

4. 북접농민군과 일본군 중로군의 증약전투(10.29, 양 11.26)

회덕 지명전투에서 활약한 북접농민군은 일방적으로 패배했지만 결과적으로 큰 공을 세웠다. 일본군 중로군의 행군 계획에 큰 차질을 빚게 한 것이다. 일본군 중로군은 후비보병 제19대대의 대대장인 미나미 고시로 소좌가 지휘하는 진압군의 핵심이었다. 이 부대가 북접농민군 지역수비대를 만나 싸워야 했기 때문에 청주를 떠나 다음 목적지로 갈 수 없었다.

지명전투를 벌인 때는 당시 상황 전개에서 중요한 시기였다. 바로 북접농민군 원정군이 논산으로 행군해서 전봉준이 지휘하는 남접농민군과 합류하고 공주성 공격을 준비하는 때였다. 충청감사 박제순은 전봉준이 10월 16일 양호창의군영수(兩湖倡義軍領袖) 이름으로 보낸 통문을 받고 화급하게 공주성 방어 대책을 세우고 있었다. 감영에서 활동하던 진남병도 대전에서 73명이나 피살되어 병력이 없었다. 그래서 정부에 긴급히 구원병을 요청하면서 경군 각 부대를 공주로 불러들였고, 남하하는 일본군도 빨리 보내달라고 거듭 호소하였다.

이 요청에 따라 연이어 공주성으로 경군 부대와 일본군이 모여 들었다. 가장 먼저 들어온 경군은 10월 19일에 도착한 서산군수 성하영과 안성군수 홍운섭이 각각 거느린 경리병이었다. 그리고 경리청 참영관 구상조가 지휘하는 경리병도 들어왔다.[43] 충청감사 박제순은 이 부대를 효포 일대에 배치하였다. 10월 24일은 모리오 마사이치(森尾雅一) 대위가 인솔한 후비보병 제19대대의 서로군이 공주성에 도착했다. 이때부터 공주성 방어는 일본군 모리오 대위가 실제 지휘하였다. 경군과 일본군은 즉각 공주 남부의 우금치 등 고지에 올라서 대비하였다.

그러나 방어군은 갈수록 사태가 심각해졌다. 무엇보다 논산에서 북상한 남북접농민군의 수가 방어군에 비해 월등히 많았다. 이 대군이 공격해 온다면 중과부적이 분명하였다. 다음으로 공주성의 후방인 홍주성을 비롯한 내포지역에서 봉기한 동학농민군이 위협적이었다.[44] 일본군 서로군의 지대는 내포를 떠나지 못해서 공주로 와서 합류할 수 없었다. 승전곡에서 패배한 뒤 홍주성에 밀려들어가 성을 지키기에 급급하였다. 내포의 동학농민군까지 홍주성을 점령한 뒤 공주성을 공격한다면 사방이 포위될 우려가 있었다.

서로군을 지휘하는 모리오 대위는 문의에 있던 대대장 미나미 소좌에게 급보를 보내 구원을 요청하였다. 하지만 문의 일대의 북접농민군이 강력한 것을 파악한 때문에 청주를 떠나 공주로 갈 수 없었다. 미나미 소좌는 당시의 사정을 다음과 같이 기록하였다.[45]

공주로 간 제2중대로부터 형세가 극히 위험하니 속히 와서 구해달라는 급보가 있었다. 그 당시 동학도의 세력이 왕성했던 것에 대해서는 소관(小官)도 약간 곤혹스러웠었다. 그 이유로는 동학도가 다시 문의로 온다면 배후를 차단당할 염려가 있었고 공주성은 오늘이라도 자칫 함락될 염려가 있었으며,

또한 청주 부근으로 간 지대(支隊)가 본대와 합류할 수 없게 될 염려가 있었기 때문이다.

공주로부터 보고가 있기를, '동학도가 진격해 와서 거의 포위된 꼴이 되었다. 당장 어찌 될지 알 수 없는 위태로운 상태에 빠져 있으니 어떻게 하면 좋은가?'라고 하였다. 그러나 당장 가서 이를 구원할 수 없었으므로 명령을 내려, '오직 성을 사수하라. 한 발짝이라도 성 밖으로 나와 싸우는 것을 허락하지 않는다'고 하였다.

우금티전투는 11월 8일과 9일에 벌어진다. 공주 우금티전투는 그 자체만 보아서 전모를 파악할 수 없다. 공주성을 공격하기 위해 논산에 대규모 남북접농민군이 집결했던 시기에 문의 일대에 1만명이 넘는 것으로 추정되는 지역수비군이 포진해서 일본군 중로군을 막고 있었다. 그리고 서해안 여러 군현에서 봉기한 내포농민군이 홍주성 공격을 위해 집결하고 있었다. 비슷한 시기에 충청도 공주와 청주 문의 그리고 홍주에서 대규모 전투가 벌어졌던 것이다. 그 수는 공주의 2만-3만명, 문의의 1만 2-3천명, 홍주의 1만명으로 추정된다. 모두 약 5만 명 안팎의 동학농민군이 참여한 대규모 전투였던 것이다.

이러한 상황을 보면 문의에서 길이 막혀서 일본군 후비보병 제19대대의 대대본부와 중로군, 그리고 중로군과 함께 행군한 경군 교도중대가 공주 우금티전투에 가세하지 못한 것은 중요한 문제였다. 중대장 이진호가 작성한 교도중대의 보고[46]를 보면 문의로 진군했던 일본군은 처음부터 공주로 가서 서로군과 합세할 계획이었다. 그러나 회덕 등지에 북접농민군이 집결했다는 정보를 들은 즉시 문의로 회군해야만 했다. 문의, 옥천, 회덕은 모두 인접한 지역으로서 3개 군현의 요지를 북접농민군이 막고 있는 형세였다. 더구나 교도중대 1개 소대와 함께 증약으로 간 일본군 지대는 북접농민군 '수만 명'이 길을 막고 있는 것을 보고 물러서지 않을 수 없었다. 다음은 일본군 지대의 전투 보고문이다.[47]

> 오전 11시 20분 주안(周安)에 도달했다. 1만 이상이나 되는 적이 크고 작은 깃발 50여 개를 세우고 북쪽으로 행진하는 것을 막았다. 그래서 한국군(韓國軍)을 오른쪽 산에 일본군을 왼쪽 산에 진을 치게 하고 800미터 앞까지 다가가자, 적이 3방향으로부터 심한 사격을 가해 왔다. 우리 군이 응전하면서 적 앞 400미터되는 곳에 당도하자, 적은 일본군을 향해 더욱더 급히 공격해 왔다. 그래서 한국군(韓國軍)을 합세시켜 적 본진에다 급사격을 가해, 그 자리에서 110여 명을 쓰러뜨리고 적의 기세를 크게 꺾었다. 그러나 적의 우익군(右翼軍)은 산을 타고 문의 방면으로 행진하고 그들의 본군(本軍)과 좌익군(左翼軍)은 우리 군대를 향해 일제히 급사격을 해 왔다. 여기서 한국군은 겁을 먹고 퇴각했다. 적은 이에 더욱 힘을 얻어 이산 저산에서 "적군은 적다. 포위하라"고 큰 소리를 지르며 더욱 북진해 왔다. 그래서 일본군으로 이를 막게 했다. 적은 성급히 지명을 건너 문의로 갔다. 문의의 현민(縣民) 태반도 이에 가담한 것 같았다. 우리 군대와 한국 군대를 지명에 모아서 문의로 철수했다.

이 보고문은 여러 사실을 전해 준다. 깃발이 크고 작은 것이 50여 개가 된다고 했는데, 보은집회의 선례를 보면, 큰 깃발은 '척왜'나 '보국안민' 등 구호가 적힌 것으로 볼 수 있다. 작은 깃발은 포접(抱接)이나 선봉 또는 편의장 등 명칭을 알리는 깃발[48]인데 50개가 된다면 여러 지역의 대접주 조직이 예하 접을 동원해서 봉기한 세력으로 보아야 한다.

북접농민군은 산등성이에 본군과 좌익군, 우익군으로 나누어 진을 쳤다.

이는 전투 지휘자가 병법을 숙지하는 인물이라서 조선의 전통 병법에 의해 진법에 맞는 전투 배치를 한 것을 뜻한다. 이들은 전투도 본군과 좌우익이 번갈아 사격하거나 집단 이동을 하는 등 통제 능력이 뛰어났다. 그리고 고지를 선점하고 공격군을 막거나 소수의 적을 포위하려고 시도한 점은 다른 전투와 방식이 비슷하였다.

지명전투에서 주목되는 것은 일본군의 추격을 예상해서 지뢰를 매설해 놓은 것이었다. 다른 지역에서 확인하기 어려운 지뢰와 같은 무기를 지명에서 사용하고 있었다. 하지만 일본군이 노획한 무기류가 화승총과 창 그리고 화살 등인 것을 보면 일본군에 비해 무장의 열세가 어느 정도였는지 알 수 있다.[49]

미나미 소좌가 문의 사람들이 태반이나 가담했다고 본 것도 정확한 파악이었다. 일본의 침략 사실을 알게 된 사람들은 어느 지역을 막론하고 척왜의 구호 아래 대일전쟁을 지지하였다. 문의는 더욱이 대접주가 두 명이나 활동하는 등[50] 동학 세력이 강력했던 곳으로서 문의 사람들이 대거 동학농민군에 들어가거나 적극 지원했다고 본 것은 틀리지 않았을 것이다. 증약전투는 지명전투에 이어진 전투였다.[51]

> 이보다 먼저 문의에서 지대(枝隊; 교도중대 1개소대와 18대대 下士 이하 약간명)를 증약, 영동, 옥천 방면으로 보냈는데 이 지대로부터 온 보고를 이곳에서 받았다. 그 보고에서 말하기를 증약 부근으로 퇴각한 동학도가 다시 모여서 문의를 습격했으며 지대는 청주로 철수했다고 하였다. 그러므로 공주를 구원하기 위해서 연기로 향했던 것이 수포로 돌아갔고 본대는 되돌아서 증약, 옥천 방향으로 전진하기로 결정했다….

증약전투에서 세불리를 알게 된 일본군은 퇴각을 결정했다. 기세당당하게 밀고 내려온 일본군이 지대의 병력이지만 처음으로 퇴각하게 된 것이다. 이로 말미암아 일본군은 옥천에서 5일이나 머물러야 했고, 석성에서 또 다시 전투를 치르는 등 공주 우금티전투를 지원한다는 계획을 수정할 수밖에 없었다.[52]

증약전투가 벌어지던 10월 29일 청주 일대의 북접농민군은 다시 청주성 공격을 시도하였다. 이 사건은 놀라운 일이었다. 청주에는 진남병이 주둔한 위에 청주성전투 이후 경군 장위병과 경리병이 들어와 있다가 이동했고, 다시 일본군 중로군과 경군 교도중대가 들어와 있었다. 그리고 인접 군현인 문의에서 치열한 전투가 벌어지고 있었다. 그런 와중에 다시 청주성 점령을 목표로 북접농민군이 공격해 온 것이었다. 문의에서 활약하던 진남병은 그 소식을 듣고 급히 청주성으로 회군하였다.

> 진남병(鎭南兵, 약 30명)이 문의에 있었는데 그 대장이 와서 말하기를, "적의 한 부대가 연기 길을 막고 한 부대는 청주를 치려 한다"고 했다. 그래서 청주로 되돌아와 적을 막으려 했다. 그런데 교도중대(教導中隊)가 겁을 집어먹고 싸울 기세가 없었다. 끝내 오후 12시 퇴각해서 청주로 갔다. 청주 남문 밖에 소수의 적이 있었다. 진남병이 접주 이하 16명을 붙잡았다.

이때의 청주성 공격 상황은 다른 자료가 없어서 상세하게 알 수 없지만 남문 쪽으로 들어가려고 시도를 했다가 16명이 잡혔다고 했다. 이처럼 소수의 병력이 공격하지는 않았을 것이다. 그런 수는 청주목의 관속이나 진남영의 수비병만으로도 제압당했을 것이기 때문이다. 따라서 청주성을 수비하던 진남병정과 공방전을 벌이던 중 증약에서 진남병과 교도중대 그리고 일본군 지대가 회군한다는 정보를 듣고 대부분 피신하였는데 그것을 알지 못한 일부가 기습을 당해 사로잡힌 것으로 보인다.

이런 상황이 아니라면 불과 한 달 전에 '수천 명'의 동학농민군이 공격을 해서 치열한 공방전이 벌어졌던 청주성을 이처럼 적은 수만으로 공격했다는 것은 상상할 수 없다. 즉 남문 밖에 있었다는 '소수의 적'은 미리 대피하지 못한 공격군이었을 것이다.

일본군 중로군 본대는 증약전투 직후 문의에서 3일간 숙영하였다. 이때 지대는 회덕과 주안 그리고 증약을 순회하도록 했다. 그런 뒤 중로군과 교도중대 전체가 전투 현장이던 증약에 들어가서 하루를 머물렀다. 다음날인 11월 5일(양 12.1)에는 옥천에 들어가서 5일을 머물렀다. 지대는 증약에서 하루를 더 머무른 다음에 청산과 영산 그리고 영동으로 들어가게 하였다.

이 시기는 공주성에서 대규모 공방전이 벌어지던 때였다. 그럼에도 미나미 소좌는 문의와 옥천에서 13일이나 지체하면서 수색에 집중하였다. 이 지역을 평정하지 않고 남하하면 "배후를 차단당할 염려"가 있었기 때문이었다. 일본군 중로군은 11월 10일(양 12.6) 교도중대와 함께 전라도 금산으로 넘어갔다. 그리고 연산에 갔다가 공주 우금티전투 이후 논산에서 재집결했던 남북접연합농민군의 공격을 11월 12일(양 12.10)에 받게 되는 것이다.

5. 김개남의 남접농민군과 일본군 간 청주성전투(11.13, 양 12.8)

청주성은 일본군 중로군이 빠져나간 13일 뒤에 또다시 공격받는 급박한 사태에 직면하였다. 남원에서 북상해 온 김개남의 남접농민군이 접근해서 공격을 시도한 것이었다. 이 전투는 1894년에 청주성을 둘러싼 마지막 큰 전투였다.[53]

김개남은 동학농민군의 1차 봉기 이후 6월 25일(양7.27) 남원으로 들어갔다. 그리고 임실과 남원을 중심으로 전라도 동부 일대에 전봉준에 비교될 만한 큰 세력을 장악하여 관장하였다. 일본군 혼성제9여단이 서울에 들어와 6월 21일 경복궁을 기습 점령하는 사태가 벌어지자 동학조직은 일본세력을 축출하기 위한 봉기를 준비하였다. 이때 김개남은 8월 하순 남원에 군사력을 집결시킨 이후 재봉기를 적극 추진하면서 독자 세력을 확대하였다.

전봉준과 손화중은 재봉기 시기를 둘러싸고 김개남과 의견이 달랐다. 청일전쟁의 추이를 본 뒤에 결정하자는 주장이었다. 그리고 즉시 봉기하자는 김개남에게 자중하라고 요구하였지만 이를 듣지 않고 무장봉기를 준비하였다. 동학농민군은 "한 번 흩어지면 다시 모이기 어렵다"는 것이 주된 이유였다. 하지만 재봉기는 정부는 물론 일본군과 대적해야 하는 것으로서 김개남이 예하 세력만으로 추진할 수는 없었다.

9월 들어와 상황이 바뀌면서 전봉준이 먼저 재기를 결정하였다. 평양 전투 이후 청일전쟁이 일본의 승리로 귀결될 가능성이 높아졌기 때문이었다. 청군과의 전쟁에서 이긴다면 일본군이 대군의 방향을 돌려서 동학농민군을 공격해 올 것이라고 생각하였다. 전봉준은 기포령을 내려서 남접농민군을 삼례에 집결시켰다. 손화중은 남해안으로 들어올 일본군에 대비하여 무장 근거지에 있으면서 출전하지 않았다. 김개남은 전봉준의 기포령에 동조하지 않고 남원에 머물러 있었다.

김개남은 10월에 들어와 비로소 출병을 결정해서 '수만' 대군을 거느리고 출정하였다. 남원에서 임실을 거쳐 15일경에는 전주 성내로 들어왔다. 전주에서는 신임인사차 감영에 왔던 남원부사와 고부군수 등을 처형해서 성내의 사람들이 전율하도록 만들었다.[54]

그런 뒤에 김개남은 전주에서 여러 날을 움직이지 않았다. 10월 하순이 되자 비로소 북상을 시도하였다. 먼저 10월 24일(양 11.21)에는 예하의 일대 병력을 금산으로 보내서 읍내를 점거하였다. 금산 읍내에 들어간 김개남 군은 보복행위를 자행하였다. 금산은 동학농민군과 진압군이 몇 차례 점거를 거듭했던 곳이라서 수난이 연이어 계속되었다. 그중에서 김개남 군에 의한 피해가 가장 심각하다고 하였다.[55]

김개남이 늦게 출진한 것은 실기를 한 셈이었다. 남접과 북접이 재기를 결정한 시기도 늦었지만 김개남 군은 그보다 더욱 늦게 대군을 움직였다. 경군과 일본군이 진압군을 파견하여 전국에서 서로 충돌하던 시기에 그 한 가운데로 김개남 군이 들어간 것이었다. 더구나 충분한 병참 준비가 없이 대군을 동원해서 전면전을 벌이려고 구상하였다. 가장 좋지 않은 결정은 겨울철 전투를 하게 된 것이었다. 초목의 잎이 떨어져 시야가 넓어진 속에서 우월한 무장을 갖춘 일본군을 상대해야 했다.

김개남 군은 청주성을 거쳐 북상하는 길을 선택했다. 먼저 은진으로 올라가서 연산을 지나 진잠과 회덕을 통해 신탄진으로 가서 청주성에 들어가는 길이었다. 김개남은 수많은 동학농민군을 일시에 움직이지 않았다. 전주성에 들어갔던 서 이 행군하는 까닭에 한 노선만으로 온 것 같지는 않다. 진잠 공형의 보고문처럼 금산에서만 온 것이 아니라 금산 등지에서 왔다면 전주에서 북상하는 여러 통로를 통해서 왔을 것이다. 하지만 김개남 군이 경과한 군현에서 지나친 행위로 인해 인심을 크게 잃고 말았다.[56]

진잠현 공형의 공문 내용에, '본 현의 현감이 아직 부임하지 않았는데, 전라도 김개남(金開南)의 포(包) 5,000여 명이 금산(錦山) 등지로부터 이달 초 10일 신시경에 본 읍에 들어와서 머물면서 각 관아의 문과 각 관청의 기록문서와 상고할 만한 자문(尺文)등 따위를 모두 부수고 불태웠습니다. 게다가 창고의 열쇠를 부수고 열어서 환곡을 탈취하였으며, 읍내의 민가 살림살이를 혹은 부수고 혹은 빼앗아 갔으며, 유향과 공형과 읍의 아전들을 두루 가두고 때려서 거의 죽을 지경에 이르게 하였는데 이를 낱낱이 고하기가 어렵습니다. 그 다음날 11일 오시쯤에 출발해 회덕 신탄진 들머리로 갔다가 장차 청주로 향한다고 합니다'라고 하니 상황을 예측하지 못하겠습니다.

공주 인근의 작은 현인 진잠에서 벌어진 사태는 김개남 군의 폭력성을 보여준다. 5천여 명이 10일 오후 읍내에 들어와 머물면서 다음날 정오까지 각 관청의 문을 부수고 문서를 모두 파괴 방화하였으며, 창고를 열어서 환곡을 탈취하는가 하면 각종 문서를 불태워서 행정을 마비시켰다. 그리고 읍내 주민의 재산을 빼앗아갔고, 더 나아가 공형과 관속을 구타해서 거의 사경에 이르게 했다는 것이다.

김개남 군이 진잠을 통과하면서 읍민에게 행사했던 폭력을 보고 받은 양호도순무영은 경리청 부영관 홍운섭을 즉시 파견하였다. 홍운섭은 경리병 2개 소대를 이끌고 다음 행선지로 예상된 연기로 출동하였다. 그러나 김개남 군은 청주로 직행하였다. 진잠현의 향리는 행군로를 회덕과 신탄진 나루를 통해 청주성으로 간다고 보고하였다. 이에 따라 양호도순무영은 일본군 중로군과 함께 연산으로 이동했던 교도중대장 이진호에게 "호남 '비적'이 진잠을 경유해서 유성을 거쳐 청주로 가고 있으니 유성과 진잠 사이로 병대를 보내서 초멸하라"고 전령을 보냈다.[57] 그러나 교도중대는 연산전투에 참여하고 있었던 까닭에 이 전령을 따를 수 없었다.[58]

김개남 군은 요행히 일본군 후비보병 제19대대의 중로군이 충청도에서 빠져나간 빈자리로 북상을 할 수 있었다. 장위병과 경리병도 공주 우금티전투에 참여하고 있었기 때문에 김개남 군을 추격할 수 없었다. 청주성을 지키는 병력은 진남병뿐이었다. 김개남 군의 청주성 접근을 알게 된 충청병영은 대책 마련에 분주했지만 방도가 없었다.

청주성 인근의 군현은 민보군을 결성하지 못하였다. 기포령 이후 여러 군현에서 동학농민군이 양반세력을 압도하여 대응할 엄두를 낼 수 없었다. 진남병이 주둔한 청주에서도 읍성 이외 지역은 동학농민군의 활동을 억제하지 못했다. 이런 상황에서 양반들이 민보군을 결성하자고 모험을 할 수 없었던 것이다.

다음으로 민보군이 결성되면 화승총과 창칼 등 무기를 확보해야 하는데 많은 수의 무기를 얻는 방법은 관아에서 지급하는 것뿐이었다. 하지만 청주성 인근의 여러 군현은 관아에 보관된 무기를 동학농민군이 탈취해 갔다. 민보군이 결성되어도 관아에서는 지급할 수 있는 무기가 없었다. 더구나 청주성에 충청병영이 있었기 때문에 인근 군현에서는 민보군을 결성할 생각을 하지 못했다. 신식무기로 무장한 진남병에게 의존하면 관치질서가 유지될 수 있을 것이었다.

그러나 대규모의 김개남 군이 청주성을 점령하기 위해 북상하자 대책을 세울 수 없었다. 김개남 군은 2만명이 넘는 대부대였다. 청주성을 방어하는 진남병의 수는 200명에 지나지 않았고, 서리와 관노까지 동원해도 비교할 수 없을 만큼 적었다. 청주성에 또다시 위기가 다가왔다.

이때 소규모의 일본군이 청주성을 찾아왔다. 이들은 청주성 방어를 목적으로 파견된 병력이 아니라 군로실측대의 호위병이었다. 군로실측대는 일본 정부가 조선에 철도 부설을 위해 노선 조사를 하도록 파견한 실측대였다. 청일전쟁에 참전한 야마가타 아리토모 등 일본군 지휘관은 조선에서 군대 이동과 군수물자 수송에 불편을 겪자 철도부설을 강력하게 요청하였다. 따라서 일본정부는 실측대를 파견해서 사전준비를 시작하였다.

"조선 경성·부산 간 및 경성·인천 간의 철도부설에 있어서 먼저 그 선로 답사에 착수하기로 되어 이번 군로조사란 명분을 붙여서 육군성 업무 담당자인 체신성 철도기사 공학박사 센고쿠 미츠기(仙石貢)와 그밖에 기사·기수·서기 등 도합 30명과 인부 약간 명"[59]을 보냈다.

조선정부에 강요하여 일행에 관리까지 수행시킨 군로실측대는 호위대가 필요하였다. 가와카미 소로쿠 참모차장은 동학농민군 진압을 위해 새로 파견한 후비보병 제19대대 제1중대 중 1개소대를 차출해서 호위를 맡겼다. 이 호위 병력의 지휘관이 구와하라 에이지로(桑原榮次郎) 소위였다.

군로실측대는 10월 28일(양 11.25) 문의에 도착해서 2대로 나누어 실측구간을 분담하였다. 1대는 문의와 경성 간, 2대는 문의와 낙동 간을 조사하기로 한 것이다. 이에 따라 1개 소대의 호위대도 둘로 나누었다. 구와하라 소위는 1개 분대에게 문의·경성 간을 담당한 측량대를 따라가게 했고, 자신은 나머지 병력을 인솔해서 문의에서 낙동까지 조사하는 2대의 호위를 맡았다.

군로실측대가 문의에서 측량 활동을 시작한 시기는 지명전투 2일 후이고, 증약전투 1일 전이었다. 후비보병 제19대대의 중로군과 교도중대가 청주 인근의 북접농민군 지역수비대를 와해시킨 시기에 군로실측대가 활동을 시작했던 것이다. 그래서 청주를 비롯해서 문의와 보은 일대에 호대했던 북접농민군과 충돌하지 않고 측량을 할 수 있었다.

청주와 보은 일대의 북접농민군으로서는 군로실측대가 위험한 존재였다. 경군 장위병과 경리병은 한번 지나간 지역은 다시 오지 않았다. 일본군 후비보병 제19대대의 중로군도 옥천으로 내려가서 금산에 들어간 후 다시 오지 않았다. 그런데 군로실측대는 적합한 노선을 확정하기 위해 한번 조사한 지역도 다시 와서 확인하는 측량 작업을 하고 있었다.

충청도로 들어오는 구간은 특별한 이유 때문에 시간이 더 걸렸다. 경상도 부산에서 선산까지는 직선 노선을 찾으면 바로 확정할 수 있었는데 충청도로 넘어오는 구간을 확정하는 것은 쉽지 않았다. 문경에서 충주로 갈 것인지, 상주에서 보은으로 정할 것인지, 아니면 김산에서 영동으로 가는 노선을 택할 것인지 검토해야 했다. 이때 센고쿠 미츠기 기사는 보은에서 문의로 잇는 노선을 집중 조사하였다. 그래서 북접농민군 지역수비군이 연이어 군로실측대와 조우하게 된 것이다.

이때 지방관의 이해관계는 달랐다. 북접농민군에게 무기를 빼앗겼던 군현은 일본군에게 정보를 제공하고 이들을 격퇴해 달라고 요청하고 있었다. 이 때문에 구와하라 소위가 지휘하는 군로실측대 호위병은 진압 전투에 이끌려 들어가기도 했다.

11월 5일 군로실측대가 상주 낙동을 출발할 때 상주목사가 동학 교주 최시형이 청산 문암리에 있다는 정보를 전해 왔다. 구와하라 소위는 12월 4일 청산에 도착한 후 1개 분대의 병력을 문암리에 보내서 최시형의 거처를 기습하고 문서를 탈취해 왔다. 다음날에는 2개 분대를 다시 보냈는데 문암리를 방어하던 100여 명의 수비대와 전투를 벌이고 주요 문서를 빼앗았다.

청주에 도착하기 전날인 11월 11일에는 증약에서 문의로 행군하는 도중에 북접농민군 지역수비대의 공격을 받았다. 고지에 있던 150명 이상의 지역수비군이 사격을 해 와서 반격을 가한 다음 무려 3킬로미터나 추격하였다고 했다.[60] 지면촌에서 서남쪽은 회덕 방향이다. 지역수비군의 중심인 회덕과 문의에서 완강하게 일본군에 대항하고 있던 사실을 보여준다.

군로실측대(軍路實測隊)와 함께 증약을 출발, 문의를 향해 오후 2시쯤 지면촌(智面村) 어귀(文義에서 20리 이상 떨어진 곳)에 왔다. 이 때 동학도 150-160명이 고지를 점령하고 우리 첨병(尖兵)을 향해 사격해 오므로, 즉각 첨병에 1개 분대를 증파해 이에 맞서게 하였다. 동학도가 지탱해 내지 못하고 서남 방향으로 패주하였다. 약 3,000미터 가량 더 추격하고 끝냈다. 이때가 오후 4시 경이었다.

일본군 군로실측대 호위병이 문의를 지나 청주에 도착한 날은 11월 12일이었다. 이날 문의 현령 조용하(趙庸夏)가 충청병사 이장회에게 긴급 보고를 해왔다. 김개남 군이 회덕에서 문의로 향하고 있다는 정보였다.[61]

> 11월 12일 유시(酉時, 오후 5시-7시) 쯤에 문의현령(文義縣令) 조용하(趙庸夏)가 올린 첩정을 살펴보니, 호남 비류 몇천 명이 12일 오시(午時)에 회덕에서 방향을 바꾸어 문의현으로 향했다고 합니다. 신의 병영과는 30리밖에 되지 않는 거리여서 특별히 사람을 파견하여 상세히 탐지해보니, 적도가 과연 신의 병영으로 향하고 있었습니다.

군로실측대가 청주성에 들어오자 청주병사 이장회는 그 호위병에게 의지하려고 하였다. 그래서 저녁 8시 직접 구와하라 소위를 찾아가서 읍성 방어를 부탁하였다. 이 1개 소대의 일본군이 청주성을 방어하는 주축이 된다.

구와하라 소위는 이날 자정 문의와 신탄진 두 방면에서 오는 동학도가 이미 30리 밖에 도달했다는 병사와 영장의 급보를 받고 새벽 1시 척후를 내보내 정찰을 시켰다.[62] 11월 13일 오전 6시 척후의 보고와 병사의 급보가 신탄진 방향의 적이 10리까지 왔다고 전하자 소대 병력을 3대로 분산 배치하였다. 구와하라 소위는 18명을 이끌고 청주성의 남문 앞에서 신탄진 방향에서 오는 공격군에 대비하였고, 미즈모토(三本) 군조는 1개 분대 반을 인솔시켜서 남문 밖 3백미터 앞에 있는 무심천 제방에서 문의 가도(街道)에서 오는 공격군에 대비하도록 했다. 또 구몬(久門) 군조에게는 나머지 소대원을 인솔해서 철도대[63]와 군수물자 상자를 지키도록 했다.

충청병사 이장회는 이와 관련한 내용을 다음과 같이 보고하였다.[64]

마침 일본국의 철로기사병(鐵路技士兵) 20여 명이 있었습니다. 이에 저의 병영의 수성병(守城兵) 200명 및 서리와 장교, 관노와 사령, 병영에 거주하는 백성들과 합세하여 부대를 만들고, 기병(奇兵)을 설치하여 매복하고 기다렸습니다.

구와하라 소위가 보낸 척후병은 6시 40분에 신탄 방면에서 1만 5-6천이나 되는 김개남 군이 청주에서 1천 5-6백미터 거리까지 온 것을 전해 왔다. 그리고 문의 방면에서도 1만여 명이 신탄에서 오는 동학도와 합세해 오른쪽 방향으로 우회하고 있다고 했다. 구와하라 소위는 전투과정은 상세하게 기록하였다.

소관(小官)은 청주성에서 방어함이 불리하고 또한 공세를 취하는 데도 불편하다는 것을 알고 즉각 청주 남문 앞의 고지(高地, 淸州에서 600미터 떨어진)를 점령, 잠복해서 그들을 기다렸으며 오전 7시 20분쯤 다시 삼본(三本) 군조(軍曹)에게 전령을 보내 속히 이곳에 와서 오른쪽 적을 맡으라고 명령하였다. 그렇지만 그들이 드디어 전진하여 청주에서 500미터 떨어진 곳까지 왔을 때, 적은 맹렬한 사격을 개시하여 바야흐로 청주성을 함락시키려 하였다. 이때 한국군(韓國軍) 5, 60명이 정면에서 방어하고 있었지만 대개는 퇴각하기에 바빴다. 여기에 이르러 적과 400미터 떨어진 거리의 배측면(背側面)으로부터 이들을 내려보며 사격하였다. 적이 대략 4, 5분간 응사했지만 끝내는 병기와 탄약, 소와 말들을 버리고 패주하였다. 이때 오른쪽으로 우회하려던 적도 역시 신탄 방향으로 무너져 달아나고 우리 군이 이를 추격하였다.

충청병사 이장회는 전투 상황을 다음과 같이 보고하였다.

> 그들은 밤새 달리고 달려서 과연 13일 새벽에는 비류들이 만여 명이나 되었습니다. 기치를 삼엄하게 벌리고, 포성이 땅을 진동하였는데, 성에서 2리쯤밖에 떨어지지 않았습니다. 신은 용감하게 성 밖으로 나아가 지휘하였습니다. 군사를 출동하여 정병(正兵)으로 하여금 맞아 싸워서 격파하게 하고, 기병(奇兵)으로 하여금 협공하게 하여 그 선봉진을 쏘아 죽이니, 그 무리들이 후퇴하여 달아났습니다. 추격하여 사살한 자는 백여 명이며, 노획한 물자는 매우 많았습니다. 적도들은 그대로 청주 외산천(外山川)의 민보(民堡)에 도망쳐 들어갔습니다. 민보는 산꼭대기에 있었는데 때가 이미 저물어서 배고프고 피곤한 병사들을 가지고 삽시간에 공격할 수 없었습니다. 이에 우선 성에 들어가서 다시 계책을 마련하여 적을 섬멸할 것을 기약하였습니다.

김개남 군은 후방에서 기습을 받자 급속히 와해되어 패산하고 말았다. 김개남 군은 청주성에 접근하면서 지역수비군과 합세하지 않았나 생각된다. 김개남 군의 수는 남원에서 출발할 때 8천 명이 총을 들었다고 했고, 진잠현의 공형은 5천 명이라고 했다. 그러나 청주성전투에서 일본군 척후가 보고한 수는 합계가 2만 5천이 넘었다. 충청병사 이장회가 '수십만'으로 파악하는 규모였기 때문에 김개남 군의 청주성 공격은 단일 공격군으로 최대 규모에 속하는 것으로 추정된다.

이러한 대군이 문의와 신탄진 두 방향에서 행군해서 합류한 다음 한 방면으로 공격하다가 매복한 군사의 기습에 일방적으로 패배를 당했다. 김개남군은 대포도 가져왔으며, 두툼한 겨울옷을 준비하는 등 군수 준비는 상당했다. 하지만 첫 전투에서 떨어진 사기는 회복하기가 쉽지 않았다.

김개남 군은 10리 가량 떨어진 신탄 방향 산 위에서 재집결해서 추격해 온 일본군과 진남병에게 반격을 가하였다. 오전 8시부터 1시간 동안 치열한 전투가 벌어졌다. 구와하라 소위는 그 기세가 대단해서 '한때는 동학도의 소행이라고 생각할 수 없는 정도였다'고 했다. 그러나 일본군이 뒤쪽으로 우회해서 퇴각로를 막으려고 시도하자 다시 도망가기에 급급했다. 오전 10시 40분 상황이 종료되었다.[65]

청주목사는 그 사실을 다음과 같이 양호도순무영에 보고하였다.[66]

11월 15일 청주목사가 보고합니다. 지난 달 13일 새벽에 호남의 비류 만여 명이 진을 치고 성 밖 3리쯤 되는 곳에 와서 침범하였기에 병영에서 병사들을 내보내어 일본 병사들과 더불어 토벌하고 뒤쫓아 체포하였는데, 죽이고 부상을 입힌 것이 거의 백여 명에 이르렀습니다.

충청병사 이장회는 김개남 군을 동학농민군의 중군으로 파악하였다.

호남의 거괴 전봉준이 선봉진이 되어 공주를 침범하였으며, 김개남은 중군(中軍)이 되어 청주를 침범하였고, 또 한 놈은 후군(後軍)이 되어 접응(接應)한다고 합니다. 이날 깃발의 구호는 모두 중군(中軍)이었습니다. 또 총으로 쏘아 죽인 선봉 놈은 몸에 갑주를 착용하고 옷은 능라비단을 입었으며, 체모는 몹시 건장하였으니, 김개남 같았는데, 그놈이 아니라면 또 한 명의 거괴일 것입니다.

　김개남은 스스로 중군이라고 칭하였다. 깃발도 모두 중군이라고 썼다고
한다. 전봉준은 선봉이라고 했고, 또 후군을 칭하는 지도자도 있어서 서로
호응할 것이라고 하였다. 갑주를 착용하고 비단옷을 입은 김개남 군의 건장
한 선봉도 있었다고 하였다.

　김개남 군과 지역수비군의 청주성 공격은 실패로 돌아갔다. 그 이후 청주
성은 공격을 받지 않았다. 청주목은 무너졌던 면리의 조직을 재건하고, 동
학 지도자로 참여했던 사람들을 수색하였다. 동학농민군의 강요에 의해 협
력한 사람들은 물금첩(勿禁帖)을 발급해서 관헌이 침범하지 못하도록 하였
다. 북접농민군 참여자들로 살아남은 사람들은 피신을 해야 했다. 한밭 들
판에서 남영병 73명의 몰살시킨 사건에 책임이 있는 사람들은 지목해서 추
적하였다.[67] 1894년 12월 이천악(李千岳) 등 7명과 접사 김응구(金應九)가 사로
잡혀 효수되었다.

　동학조직의 고위 지도자로 활약했던 인물은 계속 추적하여 체포하였다.
청주의 대접주들인 손천민과 서장옥은 뒤늦게 붙잡혀 서울로 압송되었다.
이들은 법무아문에서 취조를 받고[68] 재판을 거친 다음 교형에 처해졌다.[69]

　여러 차례 출전하여 공을 세운 진남영 장병들을 왕조 정부에서 포상하였
다. 영관 이용정(李容正)은 지평군수에 임명되었고, 별군관 신장선(申長善) 박
기래(朴麒來), 군관 이상현(李相鉉), 대관 김영진(金榮振) 김기배(金起培)가 표창을
받았다. 보부상 인호근(印鎬謹)은 정탐을 잘 한 공을 인정받았다.[70]

6. 맺는 말

동학이 충청도 전역으로 전파되던 1883년에 손천민이 처음 입도해서 청주 일대의 동학조직이 형성되기 시작하였다. 꼭 10년 후 청주는 동학의 주요 근거지로 부상하였다. 북이면 금암리는 최시형이 평등 교리를 가르치는 중요한 현장이었고, 남일면 송산리에는 복합상소문을 작성하는 도소가 설치되었다.

청주 일대에서 동학조직을 확장해 간 고위 지도자는 손천민과 서장옥이었다. 손천민은 교주 최시형의 측근으로 활동하며 1893년 복합상소문을 작성하는 책임을 맡는다. 1894년 청주에는 청의대접주 손천민 계통의 세력이 크게 확장되었다.

서장옥은 동학의 의식을 정비해서 신임을 받았는데 관헌의 탄압이 심해지자 교조신원운동을 앞장서서 추진하게 된다. 그는 전봉준, 김개남, 손화중 등 뒤에 남접농민군의 지도자가 되는 인사들에게 영향을 주면서 동학이 사회운동과 정치운동을 펼치도록 이끌었다.

이와 함께 손병희의 역할을 주목해야 한다. 손병희는 네 살 연상인 적실(嫡室) 조카인 손천민에게 이끌려 동학에 입도한 후 충주 황산에서 포교에 성공한 이용구를 예하에 두고 1894년 전 기간에 걸쳐 교단의 핵심으로 활동한다. 장내리 대도소에서 실무를 주관하면서 전국의 동학조직을 연결했던 인물이 손병희였다. 북접농민군 대군이 논산에 가서 전봉준의 남접농민군과 합세할 때 북접농민군을 지휘한 통령이 손병희였다.

문의와 회덕의 북접농민군을 중심으로 편성한 지역수비군의 지도자는 오일상(吳一尙)과 강건회(姜建會)였다. 오일상은 충청도 문의에서 활약했고, 강건회는 회덕에서 활약한 인물이다. 회덕의 북접농민군은 10월 3일 공주의

대전평에서 진남병 장졸 73명을 전몰시키는 커다란 사건을 일으키기도 했다. 이 사건 이후 전국에서 봉기한 남북접농민군과 동학 지도자들은 호된 탄압을 받게 되었다.

1894년 봄 전라도에서 무장봉기가 시작될 때 충청도의 호응 지역은 매우 적었다. 그 까닭은 교조신원운동 이후 서장옥이 체포되어 서울의 포도청에 수감되어 있었기 때문이었다. 그 해 가을 전라도의 남접농민군이 재기를 결정하고 동학 교단이 기포령을 내리면서 동시에 거의 전국에서 무장봉기가 전개되었다. 교단의 지침을 따르는 북접농민군이 청주성 점거를 시도한 이후 모두 세 차례에 걸쳐 청주성전투가 벌어졌다.

첫 번째가 손천민 계열의 북접농민군이 중심이 되어 9월 24일경부터 28일(양 10.22-26)까지 벌인 공방전이다. 이 공방전에서 청주성을 지키던 진남병은 신식무기를 사용하여 자력으로 방어에 성공하였다. 그러나 청주목사와 청주병사의 구원병 요청에 따라 경군 장위병과 경리병, 그리고 일본군이 청주에 급파되었고, 장위병은 동학대도소가 있던 보은 장내리까지 내려가 마을 전체를 불태워 버렸다.

두 번째는 10월 26일부터 29일까지 지명과 증약 그리고 청주성에서 벌어진 전투였다. 교도중대와 함께 온 일본군 후비보병 제19대대 중로군은 진남병과 함께 문의와 지명에 집결했던 북접농민군 지역수비군을 공격하였다. 이 지명전투는 압도적인 무력 차이에 따라 일본군의 승리로 끝났지만 제19대대 대대장 미나미 고시로 소좌는 공주로 가는 계획을 포기한다. 지역수비군의 규모와 무장을 확인하고, 이를 제압하지 않으면 후방이 차단될 것을 우려했기 때문이었다. 이 때문에 일본군 중로군은 서로군 1개 중대가 주축으로 방어하던 공주 우금티 전투에 참여하지 못했다. 무려 9일 동안이나 청주와 문의에서 지체했던 것이다.

세 번째는 11월 13일(양 12.8) 남원에서 금산과 전주를 거쳐 대군을 이끌고 북상한 남접농민군 김개남 군이 지역수비군과 합세해서 청주성을 공격한 것이다. 진남병 200명밖에 없던 청주성은 군로실측대를 호위하던 일본군의 지원을 받아 김개남 군을 대적하였다. 일본군 척후가 '2만 5천' 이상으로 보고한 김개남 군은 일본군 3개 분대 병력의 후방 기습에 기세가 꺾여서 패산하고, 곧바로 전라도로 후퇴하였다.

동학농민군이 청주성을 세 차례나 점거하려고 시도한 까닭은 전라도와 충청도 남부에 집결한 대규모 군대가 청주를 거쳐야만 북상할 수 있었고, 충청도의 방어 책임을 맡은 진남영을 무력화해야 후방이 안전할 수 있었기 때문이었다. 하지만 청주성을 점거하려는 시도는 한 차례도 성공하지 못했다.

세 차례에 걸친 청주성전투는 1894년 동학농민혁명의 2차 봉기를 새롭게 보는 관점을 제공한다. 9월 24일 시작된 전투는 9월 18일 동학교단의 기포령에 따라 전개된 것으로서 불과 6일 만에 수천 명의 동학도들이 봉기해서 충청병영이 위치한 청주읍성까지 점령하려고 시도한 커다란 사건이었다. 일본군 혼성제9여단 병력이 6월 21일 경복궁을 기습 점령해서 국왕을 인질로 잡은 이후 조성된 국난(國難) 극복이 주 목표였다. 경복궁을 점령당한 뒤 3개월 동안 동학 교단과 대접주들이 무장봉기를 준비하지 않았으면 9월 24일의 청주성전투는 일어날 수 없었다.

10월 26일과 29일에 벌어진 회덕 지명전투와 옥천 증약전투는 공주 우금티전투를 이해하는데 매우 중요하다. 전봉준의 남접농민군과 손병희의 북접농민군이 논산에서 합세하여 공주성 공격을 앞두고 있을 때 문의와 회덕의 지역수비대가 상응해서 일본군 중로군의 합세를 막아내었다. 이와 함께 서산 · 태안 · 온양 · 평택 · 홍산 · 덕산 · 아산 · 신창 · 예산 · 해미 · 당진

등지의 내포농민군이 집결해서 홍주성전투를 벌인 사실에 주목해야 한다. 공주 우금티전투는 회덕 지명전투와 옥천 증약전투, 그리고 홍주성전투를 함께 보아야 전체의 상황을 알 수 있게 되는 것이다.

『문의군양안』으로 본
청주지역 농민들의
사회경제 기반

정 경 임 _ 충북대학교 사학과 대학원 박사과정

1. 머리말

광무양안은 1900-1905년 대한제국에서 만든 토지대장이다. 양안은 각 필지마다 해당 토지에 대한 다양한 정보를 담고 있다. 토지의 소유자(時主)와 경작자(時昨)는 물론 토지의 위치와 형태, 납세액을 책정하기 위한 토지의 척수와 등급 및 결부가 적혀 있다. 그리고 촌락의 이름과 지명, 가옥의 위치와 규모, 거주민의 이름, 궁방전과 사원전 등 특수 전답·관청·사찰·제언·물레방아·강당·창고·주막·감옥·성곽 등 다양한 내용이 담겨 있다.[1]

충북지역의 양안은 충주, 진천, 괴산, 음성, 연풍, 청안, 회인, 문의, 영춘 9개의 군의 것이 남아 있다. 오늘날 청주시의 행정구역에 포함된 지역의 양안은 『문의군양안(文義郡量案)』과 『회인군양안(懷仁郡量案)』이다. 문의군은 현재 청주시의 상당구 문의면·현도면·가덕면·남이면 일부 마을과 세종시 부강면(6개 리)에 해당한다. 그리고 세종시와 보은군에 경계를 접하고 있으며 1980년대 대청댐 공사로 일부 마을이 수몰되기도 했다. 회인군은 대부분이 현재 보은군 지역이며 몇 개의 마을만 문의면과 가덕면에 편입되어 있다.

『문의군양안』은 1900년(광무 4년) 양지아문에 파견된 양무위원과 학원들이 7월부터 8월 사이 약 두 달간 각 면 별로 진행된 현지 조사를 바탕으로 제작된 중초본의 양안이다. 이 글에서는 양안에 '시주(時主), 시작(時作), 대주(垈主), 가주(家主), 용주(春主), 차가주(借家主), 사우주(祠宇主), 진주(陳主)'[2]란에 기재된 농민과 이들의 경제기반이 되는 토지에 대한 분석을 시도한다. 1900년대의 문의군 7개 면 236동 4,465호에 거주하는 농민들의 정보를 분석해 보는 것이다.[3] 여기서는 문의에 거주하면서 경작하고 있는 소농들의 상황들을 주로 살펴볼 것이다.

동학농민군으로 활동한 사람들은 주로 소농들이었지만 부농도 참여하고 있었다. 또한 평민들이 중심이었지만 양반과 향리층도 참여하는 등 사회적 위치나 직업도 다양하였다. 이 시기 청주에서 활동한 동학농민군의 실상을 『문의군양안』을 통해서 일부나마 확인하는 것이 이 글의 목표이다.

『문의군양안』은 『부강면지』를 편찬할 때 기본 자료로 일부가 활용된 바 있지만 문의군 전체의 통계를 검토한 것은 이 연구가 처음이 된다.

2. 『문의군양안』의 기재 내용 분석

1) 마을과 지리 위치

『문의군양안』은 읍내면, 남면, 동면, 일도면, 이도면, 삼도면, 북면 순서로 13책이 남아 있다. 『여지도서』의 「충청도 문의」와 『문의군읍지』에 나오는 방리(方里)는 모두 「기묘장적」(1759)을 따르고 있는데 7면 66리로 구성되어 있다. 반면에 『문의군양안』의 군 총목(總目)에는 7면 236동이라고 기록되어 있다. 면별로 자세히 살펴보면 읍내면은 31동, 동면은 49동, 남면은 48동, 일도면은 24동, 이도면은 21동, 삼도면은 43동, 북면은 20동이다. 반면에 양안에 기록되어 있는 마을 이름을 포함한 지명은 모두 993개이다.[4]

문의군뿐 아니라 대부분 지역의 양안에 등장하는 지명을 살펴보면 마을에 딸린 들(坪) 이름, 골짜기(谷), 산 이름, 고개(峴, 峙), 주점(酒店), 점(店) 등이 다양하게 기록되어 있다. 실제로 문의군 양안에 등장하는 지명 993개 가운데 '평(坪)'이 지명인 경우가 547개이며 중복되는 것을 제외하더라도 474개가 된다. 양안에서 지명은 바뀌어 기재되는 경우가 있는데 동네마다 발음의 차이나 같은 음인 다른 한자를 쓰는 경우도 흔했다. 하지만 칠양들의 예처럼 들이 너무 넓어서 행정구역이 나누어지면서 두 개 면에 걸쳐져 있는 경우뿐 아니라 하나의 들이 상·중·하평으로 나누어지거나 전·후평, 동·남평으로 구분되기도 한다. 그리고 양전 과정에서 길을 건넜거나(越路) 도랑을 건넜다가(越渠) 다시 돌아와서 중복된 이름이 기록되기도 했다.

양안 제1책은 읍내면의 중심인 관아에서부터 시작되는데 여기에는 지명이 기록되어 있지 않다. 기수(起手)는 제1 객사이고 다음은 제2 관지(官池, 사표에는 蓮塘으로 기록), 제3 동헌, 제4 사령청, 제5 장청, 제6 책실, 제7 현사청, 제8 작청, 제9 사창, 제10 향청 등의 관아 건물 다음에 관둔전과 민전이 나온다. 처음 등장하는 지명은 제27필지인 신지평(新池坪)으로 현재는 문의군 문산리이다.[5] 『문의군읍지』에 보면 '신지리(新池里)'는 관에서 북쪽으로 1리 떨어져 있고 편호는 48, 남자 93구, 여자 106구'라고 기록되어 있다. 신지평은 신지리에 해당하는 들 이름으로 보인다.

양안이 있는 충주, 진천, 회인 등은 관아 건물들이 마을 중심에 위치해서 관아 다음에 관둔전이 조금 나오다가 대부분 바로 민가가 나온다. 문의군은 관아를 지나서 바로 신지평, 상동평, 약수평, 상수평의 들을 지나 다시 상동평에 들어오면 민가가 나타나는데 관아 주변에 논과 밭이 혼재하고, 농지 필지가 77개에 면적만 103,338척이 있었다.

그러나 양안에서 사표를 보면, '천(天) 제9 사창, 월로남범(越路南犯), 제전(梯

田) 1좌(座), 남(南) 박광범 가(家), 서(西) 사창직(社倉直) 가(家), 북(北) 작청, 동(東) 관둔전(005b)'과 '지(地) 제97 박광범 가, 서범(西犯), 직체제전(直帶梯田) 1좌(座), 남 박성진 가, 서 사창, 북 김자중 가, 동 박광범 답(022b)'의 기록을 보면 관아와 민가가 연결되어 있음을 알 수 있다. 이것은 양전 순서에 의한 것으로 당시 담당자가 의도적으로 관아 옆의 민가보다는 관둔전과 민전이 있던 들을 먼저 양전한 것으로 다른 지역과는 조금 다른 모습을 보여준다.

문의 관아와 민가가 있는 곳의 지명은 상동평(上洞坪)과 상동(上洞), 석교동(石橋洞), 하동(下洞)으로 이곳은 모두 문산리에 포함된 지역인데, 이름은 남아 있지만 대부분이 대청댐으로 수몰된 지역이다. 그리고 천(川)을 끼고 민가가 있고 '시장 응탈(應頉, 읍내면 017b면, 018b)'이라고 시주 시작 난에 기재된 것이 2 필지가 있는데 이 역시 충북지역의 양안과 다른 점 중에 하나이다. 시장필지 전후 필지의 사표에도 시장이라고 기재되어 있다.

市場

上洞 地제47, 南犯, 直田 1座, 南 川, 西 박군필 가, 北 송승헌 답, 東 이성소 전, 積 270尺, 1等, 結 2負7束 市長 應頉 (017b면)

石橋洞 地 제57, 南犯, 直田 1座, 南 이철종 가, 西 로, 北 홍영칠 가, 東 김병길 답, 積 252尺, 1等, 結 2負5束 市長 應頉 (018b면)

문의군이 현재 청주시에 해당하는 지역 명을 보면 아래의 〈표1〉와 같다.

<표1> 문의군의 현재 해당하는 지역

면명	현재 면명 및 마을 이름
읍내면	청주시 상당구 문의면 덕유리 <u>문산리</u> 미천리 상장리 청주시 상당구 가덕면 삼항리
남면	청주시 상당구 문의면 <u>가호리</u> 괴곡리 구룡리 묘암리 <u>문덕리</u> <u>산덕리</u> <u>소전리</u> <u>신대리</u> <u>후곡리</u>
동면	청주시 상당구 문의면 노현리 청주시 상당구 가덕면 계산리 국전리 노동리 삼항리 상대리 인차리 청용리 행정리
일도면	청주시 서원구 현도면 노산리 달계리 매동리 시목리 양지리 중척리 하석리
이도면	청주시 서원구 현도면 상삼리 선동리 시동리 우록리 죽전리 중삼리
삼도면	세종시 부강면 금호리 노호리 등곡리 문곡리 부강리 산수리 청주시 서원구 남이면 부용외천리
북면	청주시 상당구 문의면 남계리 도원리 두모리 등동리 품곡리

(* 밑줄 친 마을 이름은 수몰되거나 수몰된 지역이 포함된 곳이다.)

　　청주시 상당구에 속한 문의면은 현재 22개리로 구성되어 회인군에서 편입한 마구리, 마동리, 묘암리를 제외한 19개리가 읍내면, 남면, 동면, 북면 지역이 합쳐진 것이다. 상당구 가덕면은 총 15개리로 구성되어 있는데 문의군 동면 지역과 회인군 북면, 청주군 남일상면, 산내이하면의 일부 마을들이 각각 흡수되어 이루어진 면이다. 서원구 현도면은 문의군의 일도면과 이도면 지역이 합쳐진 지역이고, 삼도면은 청원군 부용면이다가 2012년에 세종시 부강면으로 개편되면서 외천리 지역 일부만 청주시 서원구 남이면으로 흡수되면서 부용외천리로 이름이 바뀌게 된다. 이것은 남이면 소속된 외천리와 구분하기 위해서이다.

　　문의면의 가호리, 문덕리, 문산리, 미천리, 산덕리, 상장리, 소전리, 신대리, 후곡리는 대청댐의 서쪽, 북쪽, 동쪽 지역을 감싸는 마을들로 일부 지역 혹은 전체가 수몰한 곳도 있다. 문산리의 경우는 이름만 남아 있고 거의 모든 지역이 수몰되었다. 이 지역은 관아가 모여 있던 지역과 신지평, 상동평, 약수평, 상수평, 상동, 석교평, 하동, 옥후평, 신촌평, 석교평, 상정평 지역이다.

2) 문의군 전답대지 현황

문의군 총 필지는 25,726개로 전 11,101필지, 답 10,199필지, 대지 4,426필지이다. 대지의 지목은 보통은 전(田)으로 분류되는데 문의군에는 답(畓)인 곳이 3필지가 보이기도 하는데 이것은 단순한 착오로 추정된다. 그리고 양안에 나타난 전체적인 토지 구성을 보면 문의객사를 시작으로 관아 시설 및 터, 관둔전답 및 부속 관청 전답, 역전답(德留驛), 궁방전답(慶善宮), 향교전답 (문의향교), 시장, 절(월리사·현사)과 사원전답(청주 보살사, 보은 속리사), 민전과 민가, 성씨별 위토와 제사시설(齋室, 影堂, 別廟, 祠宇), 정려, 마을에 필요한 경비를 충당하는 동 전답, 물레방아 시설, '정(亭)·강당·이숙[6]·서당' 등 민간 교육시설 및 전답, '영진(永陳)·천진(川陳)·구진(久陳)·진(陳)·복사영진(伏沙永陳)' 으로 표기된 진전 등으로 나누어 볼 수 있다.

〈표2〉는 문의군 전체의 전, 답, 대지의 면적(척), 결부속, 필지수를 정리한 것이며 괄호는 비율이다. 총 면적은 38,057,860척·2,231결 62부 1속이다. 전답의 실제면적의 비율은 논 52.7%, 밭 44.2%, 대지는 3.1%로 밭농사보다는 논농사 면적이 넓다. 필지수로 보면 밭보다 적지만 경지면적이 넓고 토지 등급 또한 밭보다 좋은 편이다.

광무양안에는 전통적인 공법의 기준에 따라 토지를 6등급으로 나누었다.

군명	구분	전	답	대지	합계
문의	척(尺)	16,835,974 (44.2%)	20,049,304 (52.7%)	1,172,582 (3.1%)	38,057,860
	결-부-속 (結-負-束)	861-52-1 (38.6%)	1274-88-8 (57.1%)	95-21-2 (4.3%)	2231-62-1
	필지	11,101 (43.2%)	10,199 (39.6%)	4,426 (17.2%)	25,726
	전품평균	4.3등	3.5등	2.2등	3.7등

거기에다가 등급에서 일역(一易), 이역(二易), 삼역(三易)이라는 표기도 간혹 존재했다. 일역전은 땅이 메말라 한 해 걸러 경작(耕作)하는 땅, 이역전은 2년은 쉬어야 하는 밭, 삼역전은 3년 쉬어야 하는 밭 정도로 해석해 볼 수 있는데 양안을 데이터화할 때는 편의상 7, 8, 9등급으로 분류한다. 문의군에서는 1역의 토지가 아주 소량으로 10필지가 있었다. 1-4등급까지는 대부분 논이고, 4-6등급까지는 밭이 많다. 대지의 경우에는 1-3등급이 대부분인데 2등급이 많았던 것으로 보인다.

조선후기 결부제 운용은 숙종 경자양안 때의 「양전사목」에 규정한 대로 1등 양전척을 이용하여 전척 10,000척을 1등전 1결로 하고 이하 차례대로 체감하여 해당 토지의 소출량을 조세액으로 환산해 내었다. 즉 2등은 85부, 3등은 70부, 4등은 55부, 5등은 40부, 6등은 25부로 정해 놓음으로써 6등전의 소출량은 1등전의 1/4로 환산하면 되었다. 양안이 조세장부로서 기능한 것은 이 같은 결부제 운용 방식을 통해서 가능했다.[7] 척수는 해당 토지의 절대면적을 기록한 것이다.

<표3> 『문의군양안』 전품(田品)별 전·답·대지 면적(尺·結負)

等	면적(척)				결-부-속				필지
	합계	전	답	대지	합계	전	답	대지	
1	331,485	13,926	213,525	104,034	33-15-4	1-39-9	21-36-0	10-39-5	536
2	3,810,451	395,495	2,717,197	697,759	323-96-0	33-61-2	231-09-4	59-25-4	4,211
3	10,982,999	2,965,941	7,670,901	346,157	768-78-5	207-64-2	536-86-6	24-27-7	6,563
4	14,084,906	6,849,153	7,215,484	20,269	774-93-2	376-76-4	397-05-0	1-11-8	8,212
5	7,153,184	4,989,912	2,159,340	3,932	286-20-5	199-62-4	86-42-4	15-7	4,804
6	1,,684,708	1,611,420	72,857	431	44-46-4	42-35-9	2-09-4	1-1	1,390
1易	10,127	10,127	0	0	12-1	12-1	0	0	10
	38,057,860	16,835,974	20,049,304	1,172,582	2231-62-1	861-52-1	1274-88-8	95-21-2	25726

〈표3〉에서 33-15-4는 33결 15부 4속이라 읽는다.

양안이 있는 청주, 진천, 영춘, 연풍, 회인군과 전·답·대지 면적(尺)만을 비교하면 영춘군 전 71.5% 답 25.3% 대지3.2%, 연풍군 전 57% 답 39.1% 대지 3.9%, 회인군 전 65.1% 답 31.7% 대지 3.2%, 충주군 전 48.2% 답 48.8%, 대지 3%, 진천군 전37.3% 답59.8%, 대지2.9%이다. 당시 영남과 호남 지방의 경우에도 밭농사보다는 논농사 비율이 높기도 하지만, 문의군이 지리 환경적으로는 영춘, 연풍, 회인보다는 산간 지역이 적으면서 지대가 낮았다. 실제『택리지』에도 "문의는 남쪽으로 형강(荊江)에 임하였고 산에 울창한 빛이 적지만 강을 임하여 경치 좋은 곳이 많다"[8]고 했다. 바로 금강 줄기와 무심천 주변에서 많은 농토들이 있으면서 농업용수의 공급도 원활했으며 평야도 많았던 까닭으로 보인다.

『문의군읍지』와 비교하면 (己卯 時起) 한전(밭) 752결 53부, 수전(논) 509결 7부 2속으로 밭농사의 비율이 더 높았다. 19세기 후기가 되면서 밭농사에서 논농사로 전환된 것으로 추정된다.

〈표4〉 문의군 면별 전답 대지 면적

면명	면적(척수)				면적(결부속)				가호현황			춥
	총면적	전	답	대지	총결수	전	답	대지	가호	초칸	와칸	춥
남면	6,684,552	4,065,787	2,369,807	248,958	383-70-1	217-71-7	146-92-8	19-05-6	740	2546	105	5
동면	5,897,085	1,987,793	3,711,646	197,646	362-34-2	94-34-3	251-77-9	16-22-0	774	2519	76	11
북면	5,462,168	1,713,789	3,593,255	155,124	330-33-0	87-42-7	230-20-4	12-69-9	549	2020	0	4
삼도면	5,945,371	2,876,678	2,901,987	166,706	352-19-6	158-80-9	178-84-5	14-54-2	808	2722	99	4
읍내면	4,316,986	1,531,111	2,608,722	177,153	267-29-7	80-01-2	171-81-8	15-46-7	561	1977	188	5
이도면	4,438,062	1,888,589	2,467,740	81,733	230-05-0	84-75-4	139-50-7	5-78-9	414	1196	27	2
일도면	5,313,636	2,772,227	2,396,147	145,262	305-70-5	138-45-9	155-80-7	11-43-9	580	1608	73	4
	38,057,860	16,835,974	20,049,304	1,172,582	2231-62-1	861-52-1	1274-88-8	95-21-2	4426	14588	568	35

〈표4〉, 〈표5〉에서는 각 면별 전답 대지 면적과 가호 필지와 각각의 비율을 확인할 수 있다. 앞에 제시한 〈표1〉에서 보이는 수몰된 지역을 보면 읍내면의 대부분과 남면의 절반 정도 지역이 수몰되거나 수몰지가 포함된 마을의 인근인데 두 면이 저지대이면서 농업용수 확보가 쉬운 곳으로 논농사가 많았을 것으로 추정 된다. 〈표4〉와 〈표5〉를 확인해 보면 논농사, 밭농사 지역 차이가 보인다. 남면과 일도면을 제외하고 수몰지와 거리가 멀고 가까움 상관없이 6개면 지역 모두가 논농사가 많았다. 남면의 경우 농지 전체 면적도 넓고 민가도 많았지만 수몰된 지역을 제외하고 보은군과 접경하는 마을들이 대부분 산간지역이기 때문으로 추정된다.

〈표5〉 면별 전답 비율(%)

면명	척			결부		
	전	답	대지	전	답	대지
남면	60.8	35.5	3.7	56.7	38.3	5.0
동면	33.7	62.9	3.4	26.0	69.5	4.5
북면	31.4	65.8	2.8	26.5	69.7	3.8

삼도면	48.4	48.8	2.8	45.1	50.8	4.1
읍내면	35.5	60.4	4.1	29.9	64.3	5.8
이도면	42.6	55.6	1.8	36.8	60.6	2.5
일도면	52.2	45.1	2.7	45.3	51.0	3.7
평균	44.2	52.7	3.1	38.6	57.1	4.3

그리고 『여지도서』와 『문의군읍지』에 기묘장적(영조)에 편호의 수가 2,778호라고 나오는데 실제 7개면과 마을별 편호를 합하면 2,756호이다. 면별 편호를 보면 남면 439호, 동면 469호, 북면 317호, 삼도면 391호, 읍내면 598호, 이도면 229호, 일도면 313호이다. 시기적으로 140년 정도의 차이가 있는데 대략 1,670호가 증가했음을 알 수 있다.

3) 문의군 가옥 현황

『문의군양안』의 총목에는 '236동 4,465호, 관우 1좌, 공해 10좌, 교궁 1좌, 서원정 1좌, 사창 2좌, 이숙 4좌, 사정 1좌 사찰 2좌'라고 관아를 비롯한 공공건물, 민가 가옥과 문중별로 운영되는 건물에 대한 정보를 정리하였는데 실제 입력 결과 이들을 모두 포함하는 대지 필지는 4,427개이다.

관아든 민가의 건물이든 초가와 기와로 구분이 되는데 '초가(草) 3칸(三間), 기와(瓦) 5칸(五間)' 같은 방식으로 기록되어 있다. 문의군에 소속된 공해 및 사창, 향교 등 공공건물로 분류한 것은 총 21좌이다. 읍내면 객사(客舍, 초5칸 기와 33칸), 동헌(東軒, 기와 31칸), 사령청(使令廳, 기와 8칸), 장청(將廳, 초가 2칸 기와 10칸), 책실(册室, 초가 5칸), 현사청(縣司廳, 기와 5칸), 작청(作廳, 기와 14칸), 사창(社倉, 기와 26칸)이다. 또 대주 난에 '관둔전대'라고 기재되어 있는 향청(鄕廳, 초가 3칸 기와 8칸), 지명이 하동(下洞, 문의면 문산리 하동)으로 기록되어 있고 대주는 '둔전대'

인 창직(倉直, 대주는 둔전대, 초가 3칸), 형청(刑廳, 초가 4칸)이 있다. 읍내면 조동평(槽洞坪, 현 문의면 문산리 부수골)에는 여제당(厲祭堂, 기와 1칸), 성황당(城隍堂, 기와 1칸)이 있다. 읍내면 구교동(舊校洞, 현 문의면 미천리 구생교골)에는 사직단(社稷壇, 기와 1칸), 교궁(校宮 초가 6칸, 기와 19칸)이 있었다. 동면 석우평(石隅坪, 현재 가덕면 삼항리)에 있던 창사(倉社 초가 3칸), 남면의 용두리(龍豆里, 현재 문의면 산덕리 용머리)에 있었던 사창(社倉, 초가 3칸)은 대주가 일반인 양수철(楊洙哲)이라는 농민으로 용두리에 살고 있으면서 자신의 소유지만 경작하는 자작농이었다. 또 이도면 시동(時東, 현재 현도면 시동리)의 사창(초가 5칸), 삼도면 피촌(皮村, 현재 세종시 부강면 부강리 구들기)에는 사정(射亭, 기와 3칸)이 있다. 하외동(下外洞, 현재 남이면 부용외천리 하외)에도 사창(초가 6칸)이 있는데 가주로 '고직(庫直) 정익현'이라고 기록되어 있다. 정익현은 삼도면 사창의 고기지이면서 하외동 초가 4칸 집을 소유 거주하고 있고, 하외동과 보평(남이면 부용 외천리)에 분포하고 다른 사람의 농지를 차경하고 있다. 사찰은 월리사와 현사가 있었는데 각각 기와 40칸, 기와 5의 건물이고 월리사는 지금도 문의면 문덕리에 존재하는 사찰이다.

광무 양전사업의 목적 중에 하나가 가옥을 조사해서 가사계권(家舍契券)을 발급하는 것이었고, 가옥에 대한 정보는 정확하다고 볼 수 있다. 관아건물과 사찰건물을 제외한 민가는 4405호 정도인데 여기에는 일반 가정집과 '이숙(里塾), 강당, 정, 정자'와 같이 교육을 목적으로 사용되는 건물이 있었고, '재실, 영당, 묘막, 별묘' 등과 같이 특정 성씨와 집안의 위토 등과 같이 운영하고 있는 제사와 관련된 건물도 있었다. 민가 또한 초가와 와가가 구분이 되어 있거나, 초가 1동 와가 1동 등과 같이 된 경우도 있다. 면별로 보았을 때 초가 건물의 규모를 보면 초가 3칸 집이 가장 많이 분포하고 있었다.

<표6> 『문의군양안』의 초가 건물(관아, 민가 포함) 칸수

면명	1칸	2칸	3칸	4칸	5칸	6칸	7칸	8칸	9칸	10칸이상
읍내면	0	113	257	87	40	18	19	6	5	7
동면	0	224	340	94	58	23	12	7	4	6
남면	0	124	383	112	65	24	15	4	2	7
일도면	14	256	206	68	19	6	6	1	0	1
이도면	1	153	182	42	25	6	2	0	0	0
삼도면	0	179	394	103	55	31	18	12	1	7
북면	1	74	272	86	49	35	21	5	5	2
총호	16	1,123	2,034	592	311	143	93	35	17	30

또 특이하게 충주 진천 영춘 회인 연풍에서는 볼 수 없었던 협호(夾戶)에 대한 표기가 있다. 협호에 대한 표기는 문의군을 포함한 충청남도 양안 7개 군(문의 부여 석성, 연산, 정산, 진잠, 한산)에 있다. 읍내면 상권 군총목을 기재 내용을 예로 들면,

'236洞 居民 4465戶, 瓦 332間, 草 14,336間 元 2,650戶, 夾 1,815戶 ○'

라고 기록되어 있다. 문의군의 총 민호는 4,465호인데 이 가운데 원호가 2,650호, 협호가 1,815호로 구성되어 있다는 말이며, 협호의 경우 구분할 때 '○'를 표기했다는 것을 짐작할 수 있다. 실제 7개 면 중에서 협호를 구분하는 표기가 있는 것을 따로 정리를 했더니 1,564호 정도가 파악된다. 우선 표기 방식과 기재 내용을 보면 아래도 같다.

① 읍내면(1-2책) : 間 자 하단에 '○'표기.

상권 말 '원호 144호. 협호 112호 ○'/ 하권 말 '원 129호. 협 156호 ○'

② 동면(3-4책) : 間 자 오른쪽에 '●'으로 표기.

상권 '30동 거민 407호. 원호 202호, 협호 205호 ㅇ'/ 하권 기록 없음

③ 남면(5-6책) : 상권 間 자 하단에 'ㅇ'/ 하권 間 자 오른쪽에 '●' 표기.

상권 '434호 내 원호 218호 협호 216호 ㅇ'/ 하권 '20동 거민 339호, 원호 283호, 협호 116호 ㅇ'

④ 일도면(7-8책) : 상권 間 자 전체에 큰 'ㅇ'표기. / 하권(8책) 표기 없음.

상하 권수, 권말에 협호 표기 없음.

⑤ 이도면(9책) : 間 자 하단에 'ㅇ'으로 표기.

면 총목 '21동 거민 409호 원호 221호 협호 188호 ㅇ'

⑥ 삼도면(10-11책) : 間 자 하단에 'ㅇ'으로 표기.

상권 말 '민거 419호 내 원호 201호, 협호가 218호 ㅇ'/ 하권 말 24동 거민 388호 내 원호 200호. 협호 188호. ㅇ'

⑦ 북면(12-13책) : 상권 間 숫자 오른쪽 'ㅇ'표기 ./ 하권 間 자 오른쪽 'ㅇ'혹은 草 오른쪽에 '●'으로 표기. 상하 권수, 권말에 협호 표기 없음.

협호의 개념에 대해서 아직도 연구자 간의 의견이 다양한데[9] 일반적으로 원채와 따로 떨어져 있어서 협문(挾門)을 통하여 드나들 수 있는 집채라고 정의한다. 한자로 '협호(挾戶)'·'협호(狹戶)'·'협호(夾戶)' 등으로 표기되고 모두 동일한 뜻으로 쓰였다. 협호에 사는 사람들은 협호를 무료로 사용하는 대신 지주의 토지를 소작하는 한편 가사잡역과 급수문제 등 지주에게 봉사하고 수시로 식사를 제공받았다. 주인과 협호인 간의 사회적 관계는 원채와 협호의 관계처럼 예속적 성격을 띠고 있었으나, 사회적으로 신분 해방이 되면서 협호인과 주인의 관계는 신분적 예속을 점차 벗어나서 경제적 의존관계로 변화하였다. 협호인은 지주의 땅을 소작하는 대신 소작료를 지불하였으며, 협호를 사용하는 대신 무료로 노동력을 제공하였다. 게다가 농촌의 이촌 현

상이 두드러지면서 농업 노동력이 부족해짐에 따라 협호인이 주인에게 제공하는 노동력에 대한 대가도 점차 받을 수 있게 되었다.

양안의 협호로 기록된 필지들을 보면 이들 가운데 대주와 가주가 같은 자가호로 분류되는 협호는 634호, 대주와 가주가 다른 임대호로 분류되는 협호는 740호였다. 남의 집을 빌려 사는 것이 아닌 자가호가 협호 중에 절반 가까이 된다는 것으로 협호의 개념으로 보면 이해하기 어려운 경우이다. 문의군에는 가주란에 '공(空)'이라고 하는 빈집이 11호가 존재하는데, 이 중에 10호는 협호로 표기하고 있다.

또 문의군의 최대지주인 판서 홍순형의 경우 총 27개의 가옥의 대주이다. 여기서 11호가 협호로 분류되고 있으며, 이 11호 가운데 총 9개 호의 협호에 대주와 가주로 자신이 이름이 올라 있었다. 모두 자신의 기와집이 있는 용포(蓉浦) 마을에 있던 집들이다. 이런 경우는 협호의 주인이 살고 있는 집 주변으로 협호들이 포진하고 있는 것이다. 이로써 자신이 가주이기는 하지만 이름을 알 수 없는 사람이 홍순형에게 일정 금액의 임대료를 지급하여 살고 있는 경우, 가족 혹은 친인척이 분가하여 살고 있는 경우, 주인집에 노동력을 제공하는 대가로 더부살이를 하고 있는 경우 등으로 추측해 볼 수 있다.

이, 박, 오, 김씨 성의 소사들이 양안에서 여러 채의 가옥에 가주로 이름이 올라 있는데 이소사(李召史)를 예로 들면 총 11호의 가주이고 이 중에 10호가 협호로 분류된다. 이 같은 경우는 이소사가 한 사람이 아니라 이씨 성의 소사가 10-11명 정도 있었다는 것으로 추측해 볼 수 있다. 또 모든 마을의 민가와 완전히 떨어져서 있는 홀로 있는 가옥이 협호로 분류된 사례도 6건 정도 있었고, 몇 채의 협호가 마을과 떨어져 외딴집으로 있는 경우도 있었다.

문의군에는 기와집도 다수 분포하고 있었다. 따로 민간 소유 기와 건물을 〈표7〉로 만들었다. 기와 건물의 경우 일반 가정집도 있지만 묘막, 영당, 별묘, 재실로 표기된 특정 집안의 제사 시설도 보인다. 현재까지도 남아 있는 기와 건물 가운데 홍순형의 가옥이나 지선정 등은 문화재로 지정되었다.

가덕면 인차리와 청룡리는 지금도 고령신씨의 집성촌이 있는 마을로 신씨 소유의 기와 건물이 모두 8호나 된다. 문의 노현리는 연안이씨 세거마을로 이씨의 기와집 2호가 있다. 문의면 후곡리도 연안이씨의 세거마을로 마을 이름 자체가 이성징(李星徵)의 호인 후곡을 따서 붙여졌다고 한다. 연릉군은 이만원[10]을 말하고 별묘의 대주인 이의국[11]은 문의 회인 회덕 지역의 선비들이 구성한 『기구회첩(耆舊會帖)』 좌목 명단(15인)에 있는 인물로 조정의 관리였다가 당시 낙향하여 살고 있던 인사였다. 그리고 현도면에 속한 대부분의 마을은 보성오씨의 집성마을이라고 해도 좋은데 오씨들의 소유하고 있는 기와 건물은 지선정과 재실 등을 모두 포함하여 15개이다.

〈표7〉 민간 소유 기와 건물

면명	마을	대지면적(평)	대주 / 가주	草칸	瓦칸	비고	현지명
읍내면	下洞	370	宋昇憲	0	21	수몰	문의 문산리
읍내면	內洞前坪	196	趙東錫	7	4	수몰	문의 덕유리
읍내면	舊校洞	270	李啓寅	9	6		문의 미천리
동면	草幕坪	196	申光雨	4	7		가덕 인차리
동면	芝村	165	申完植	0	11		〃
동면	芝村	79	申聖雨	0	10		〃
동면	中里	105	申完植 / 申氏墓幕	0	7	묘막	〃
동면	中里	43	申氏宗田 / 申氏影堂	0	3	구봉영당	〃
동면	中里	139	申馨雨	0	12		〃
동면	花山	150	申載植	3	4		가덕 청룡리
동면	花山	119	申龍休	5	5		〃
동면	陵洞前坪	111	李万愚 / 吳得万	0	6		〃
동면	中芦	141	李奭宰 / 韓七得	4	6		문의 노현리
동면	中芦	156	李憲宰	4	5		〃
남면	花溪里	241	吳敬兆	7	4		문의 가호리

남면	花溪里	313	吳友元	9	7		〃
남면	花溪里	559	金卜㐌	0	32		〃
남면	花溪里	196	金卜㐌/金順七	16	4		〃
남면	後谷里	94	李義國/延陵君別廟	0	7	별묘	문의 후곡리
남면	後谷里	335	李義國	0	11		〃
일도면	朝陽洞	205	吳熙惠	3	4		현도 하석리
일도면	西豊谷	259	延宗喜 / 李点同	2	4		현도 노산리
일도면	西豊谷	188	柳益年	1	5		〃
일도면	茅亭坪	168	柳遠和齋室/張萬用	2	7	재실	현도면
일도면	達溪	131	吳秀卜	4	8		현도 달계리
일도면	達溪	92	齋室 / 吳鍾世	1	5	재실	〃
일도면	達溪	130	齋室 / 吳鍾世	2	5	재실	〃
일도면	中德洞	196	吳完秀	3	6		〃
일도면	中德洞	132	吳鶴勻	6	4		〃
일도면	鷹峰里	345	柳赫秀	0	5		현도 양지리
일도면	下尺里	157	吳憲世	2	4		현도 중척리
일도면	下尺里	74	止善亭(오명립)	0	6	문화재	현도 매봉리
일도면	下樣	196	吳淵夏	4	5		현도 시목리
이도면	上三內基	131	吳氏齋室	0	6	재실	현도 상삼리
이도면	加景洞	181	吳鶴均 / 洪汝三	3	5		현도 상삼리
이도면	加景洞	121	吳鶴均 / 吳鳳均	2	4		〃
이도면	楮木洞	85	吳氏齋室	0	5	재실	〃
이도면	槐華亭	79	講堂	0	3	강당	현도 중삼리
이도면	玉浦里	213	李奎煥	5	4		현도 죽전리
삼도면	馬浦里	220	金源培	0	10		부강 노호리
삼도면	院村垈	484	宋同春亭子	0	10	검담서원	부강 금호리
삼도면	九坪垈	43	朴元敬 / 黃應水	0	4		부강 부강리
삼도면	新垈坪	89	朴氏講堂	0	4	강당	〃
삼도면	蓉浦	366	金稷鉉	0	25		〃
삼도면	蓉浦	589	洪淳馨	0	35	유계화고가	〃
삼도면	東村	89	朴君玉	0	8		〃
7면	30동	8941		108	363		

양안에는 '오명립지선정(吳名立止善亭)'[12]이라고 기재되어 있는데 현재 충청

북도 유형문화재 제111호이다. 지선정의 사표를 보면 "남쪽 낙매강(落梅江), 서 청송장(靑松嶂), 북 백운대(白雲臺), 동 로(路)"라고 기록되어 있다. 백운대는 백두산이나 관악산에도 있는 바위 이름인데 문의에는 무엇을 의미하는지 알 수 없다. 홍순형의 기와 35칸 집은 현재 '유계화 고가'로 불리고 있으며 중요민속문화재 제138호로 등록되어 있다.[13]

이어서 『문의군양안』에 나오는 민간교육시설을 확인해 보고자 한다. '송동춘정자, 서당답, 강당 이숙, 화당서당' 등의 이름이 등장하는데 이들은 강학 공간으로 사용된 민간 교육시설로 볼 수 있다. 우선 앞에서 보였던 총목에 의하면 '서원정 1좌'가 있는데 〈표7〉 민간 소유 기와 건물에도 있는 41번 송동춘정자이다. 삼도면 원촌대는 현재 세종시 부강면 금호리 서원말이다. 대주 가주 난에 '웅탈 송동춘정자 와 10 칸'으로 기록되어 있고, 앞의 필지의 사표에는 '송동춘서원정', 뒤 필지의 사표에는 '송동춘정'이라고 기록되어 있다. 송동춘정자는 1695년(숙종 21)에 건립된 검담서원(黔潭書院)을 말하는 것으로 1871년(고종 8) 훼철 이후에 송동춘정자라고 부른 것 같다. 송동춘정이 시주로 있는 밭이 2필지(攝 제68, 제68의 內分), 대주로 있는 초가 3칸의 가옥이 있었다. 시작 이원서는 소유 농지는 있으나 거주하는 가옥이 확인되지 않고, 시작 이선무는 무전민이지만 정자와 가까운 위치에 판서 송도순[14]이 대주로 있는 초가 6칸 집에 거주하고 있었다. 초가 3칸의 가주 김신기(金新起)도 역시 차경하는 농지가 없는 무전민이었다. 그런데 판서 홍순형 소유하고 있던 두득들(부강면 금호리) 밭 하나를 차경하는 시작 김신기(信起)와 한글 이름이 같기는 하지만 차경 농지도 규모가 작아서 동일인이라 하더라도 소득이 큰 차이가 없기 때문에 의미는 없다고 할 수 있다.

군총목에 '이숙 4좌'가 있다고 기재되어 있으나 강당에 대한 기록이 없다. 그런데 실제 양안에서는 강당, 이숙을 혼용하여 사용하고 있었다. '이숙'이라고 쓰여 있는 것을 수정해야 할 것으로 표시하고 '강당'으로 고쳐놓았거나 사표에서는 강당과 이숙을 같이 쓰고 있다. 문의군양안의 이숙은 3곳, 강당은 2곳이 있었다.

ㄱ 이도면 괴화정(槐華亭) 이숙(강당) 기와 3칸[15]

ㄴ 삼도면 내백운대(內白雲垈) 이숙 초가 3칸

ㄷ 삼도면 하검대(下檢垈) 대주 박군삼, 이숙 초가 3칸

ㄹ 삼도면 신대평(新垈坪) 박씨강당 기와 4칸[16] (박씨 삭제할 것으로 표시, 앞뒤 사표에 박씨강당으로 표기)

ㅁ 북면 북계동(北溪洞) 대주 이근영, 강당 초가 3칸[17] (앞뒤 사표에는 '이근영강당'이라고 기록)

ㄱ 이도면 괴화정은 현재 현도면 중삼리의 아랫말 지역으로 보성오씨와 밀양박씨의 집성촌이다. 원래 표기는 '옹탈 이숙 와 3칸'이라 기록이 되어 있는데 강당으로 고치라는 표기가 있고, 바로 앞 필지의 사표에는 '남(南) 오씨재실(吳氏齋室)'이라고 기재되어 있다. 재실이라고 하면 무덤이나 사당 옆에 제사를 지내기 위해 지은 집으로 알고 있는데 이 기와 3칸의 가옥은 오씨 집안에서 운영하는 교육시설인 글방(강당)과 재실이라는 두 가지의 목적으로 사용되었던 듯하다.

삼도면 내곡평은 현재 세종시 부강면 금호리 안골마을에 있었던 들 이름으로 추정되는데 시주가 서당답인 필지가 하나 있었다. 시작의 이름이 임원서로 그는 자신의 소유한 밭을 다른 사람에게 빌려주고, 서당답을 차경하고 있었으며 실제 거주하는 이도면의 서양곡(西陽谷, 현재 현도면 상삼리 서양골)에서 대주가 이성범인 초가 3칸 집에서 거주하고 있었다.

ⓛ 삼도면 내백운대는 현재 세종시 부강면 금호리 안골마을로 이숙을 포함한 민가가 27호가 있었다. 안골마을의 대주는 대부분 배씨였고 12호 정도가 가주로 있고 14호는 타성이다. ⓒ 삼도면 하검대는 현재 세종시 부강면 금호리 황성골 마을이다. 대주 박군삼은 이숙 이외에 황성골에 초가 5칸 집의 대주로 있는데, 본인은 응봉에 밭 하나를 자경하고 있고 살고 있는 가옥은 없는 것으로 나온다. ⓔ 박씨강당이 있는 삼도면 신대평은 현재 세종시 부강면 부강리 새터말 마을과 붙어 있는 밭들이고, 이곳은 밀양박씨 집성촌이다. 박씨강당 앞 뒤 필지의 사표에 박씨강당으로 표기하고 있는데 박씨를 삭제할 것으로 표시하고 있다.

ⓜ 북면 북계동은 문의면 남계리 원남계 마을과 붙어 있는 지역이다. 이숙의 대주는 이근영인데 앞 뒤의 필지 사표에 '이근영강당'이라고 기록하고 있어서 그가 소유 운영하고 있던 강당임을 알 수 있다. 이근영이 북계동에 초가 13칸에 살고 있는 사람으로 문의군 전체에서 20위 안에 드는 지주인데 모두 문의군 남계리에 있는 토지를 소유하고 있었고 자신의 농지를 직접 자경하고 있기도 했지만 대부분의 토지를 빌려주고 있었다.

'화당서당'[18]은 농지의 시주로만 등장하는데 모두 북면 천량평(淺量坪)에 총 4개의 필지가 있었다. 이곳은 현재 무심천 남쪽에 칠량들로 칠량들은 문의면 남계리와 남일면 화당리, 가덕면 국전리에 넓은 들 중에서 남계리와 화당리 사이 쪽으로 추정된다. 화당서당은 당시 행정구역으로 청주군 남일면에 있었던 화당리에 있었던 서당으로 보인다. 농지의 경우에는 모두 장여수라는 사람이 차경하고 있고 사표에도 화당서당답으로 기록하고 있다. 대지에는 가주가 황덕인인 초가 3칸의 가옥이 있다.

다음으로 문중별 제사 시설로 앞의 〈표7〉 민간 소유 기와 건물에서도 등장하고 있는데 '영당, 별묘, 묘막 재실' 등이 있다. 문의군의 경우 집성이 상당히 많은데 이런 문중별 제사 시설을 보면 어떤 성씨들이 어느 마을에 주로 세거하고 있는지 더욱 명확해진다. 묘막의 경우도 있는데 가주 난에 묘막이라고 되어 있거나 기와집만 확인했다.

⑦ 동면 중리(中里) 고령신씨 기와 7칸 묘막. 기와 3칸 영당

⑭ 행정동상평(杏亭洞上坪) 초가 13칸 신용휴 재실

⑭ 동면 백아평(白牙坪) 초가 4칸 송씨 묘막

⑭ 남면 후곡리(後谷里) 연안이씨 기와 7칸 연릉군별묘(이만원)

⑭ 일도면 모정평(茅亭坪) 초가 2칸 기와 7칸 류원화 재실

⑭ 일도면 달계(達溪) 초가 1칸 기와 5칸, 초가 2칸 기와 5칸 재실(오씨) 2좌

⑭ 이도면 상삼내기(上三內基) 기와 6칸 오씨재실. 저목동(楮木洞) 기와 5칸 오씨재실

⑦ 동면 중리는 현재 가덕면 인차리 아래죽말(재실말)인데 지명 자체가 신씨의 재실이 있다고 하여서 재실말이라고도 한다고 한다. 신숙주의 영당으로 현재이름은 구봉영당이다. ⑭ 행정동상평은 현재 가덕면 행정리 행정마을이다. 신용휴는 당시 화산 현재의 가덕면 청룡리 꽃뫼마을에 살고 있었다. ⑭ 백아평은 현재 문의면 노현리 배가동을 말하는데 아직까지도 은진송씨의 재실집이 남아 있다. ⑭ 남면 후곡리 '연릉군별묘'가 있는데 현재 문의면 후곡리 원후곡 마을이다. ⑭ 일도면 모정평 류원화 재실이 있는데 현도면 노산리 지역이다. 노산리는 진주류씨의 집성촌이다. 류원화는 문의군 전체에서 53위 지주이며 노산리에 거주하고 있었다. ⑭ 일도면 달계는 현도면 달계리이다. 여기에는 재실이 두 개가 있는데 가주가 오종세라는 사람으로 달계리에 토지를 소유 자경하고 있었고 다른 가옥에 가주로 이름이 올라 있

지 않아서 재실을 관리하면서 실제 거주도 하고 있었던 것이 아닌가 추측된다. ㉑이도면의 상삼내기는 현도면 상삼리, 저목동은 상삼리 저목골 마을로 보성오씨와 기안임씨의 집성촌이다.

4) 위토와 세거 성씨 현황

위토는 문중의 제사 또는 이와 관련된 일에 필요한 비용을 충당하기 위하여 마련된 토지로 사용 목적에 따라 표현 또한 다양하다. 문의군양안에는 김씨(金氏)·김성위토(金姓位土) 등으로 표기하고 있는데 '위토(位土), 위전(位田), 위답(位畓), 종중(宗中), 종토(宗土), 종전(宗田), 종답(宗畓), 종대(宗垈), 묘토(墓土), 묘전(墓田), 묘답(墓畓), 묘직(墓直), 묘직전(墓直田), 묘직답(墓直畓), 묘막(墓幕), 별묘(別廟), 묘진(墓陳), 재실(齋室), 영당(影堂)' 등의 표현으로 농지와 대지 구분할 것 없이 여러 성씨 별로 305개의 위토가 기재되어 있었다.

우선 양안에서 보면 문의군에는 70개 이상의 성씨가 존재하고 있었다. '강, 경, 고, 공(孔), 곽, 구 권, 기, 김, 나, 남, 노(盧, 魯), 단, 도, 류, 문, 민, 박, 방(方, 房), 배, 백, 변(卞, 邊), 봉(奉), 사, 서, 설, 성, 소, 손, 송, 신(申, 辛), 심, 안, 양(梁, 楊), 어, 엄, 여, 연, 염, 오, 옥, 왕, 우(禹, 虞), 원, 유(兪, 劉), 육, 윤, 이, 인, 임(林, 任), 장, 전(全, 田), 정(鄭, 丁), 조(趙, 曹), 주(周, 朱), 지(池, 智), 진, 차, 창(倉), 채, 천, 최, 추, 탄, 표, 피, 하, 한, 함, 허, 현, 호(扈), 홍, 황' 등이다.[19]

여기서 위토를 가지고 있는 성씨는 강, 권, 김, 도, 류, 민, 박, 송, 신(申, 辛), 심, 안, 양(梁), 연, 오, 우(禹), 윤, 이, 정(鄭), 조(趙), 차, 채, 최, 표, 한, 홍씨 등 26성이다.[20] 도씨의 경우는 문의군에는 시주 시작 난에 아무도 없음에도 위토가 1개 필지 있는데, 문의 인근 군에는 살고 있었을 것이다. 위토의 분포는 세거 마을뿐만 아니라 각 성별로 군 전체에 넓게 분포하였는데 면별 분포 필지를 보면 남면에는 178필지, 동면에는 100필지, 삼도면 10필지, 읍내면 12필지, 이도면 2필지, 일도면 3필지가 있었다.

시주와 시작 난에 등장하는 사람은 한글을 기준으로 각각 5,560명에서 6,400명 정도인데 여기서 200명 이상이 있는 성씨는, 김씨(시주 746명-시작 886명), 류(220명-270명), 박씨(419명-541명), 신(申)씨(205명-212명), 오씨(743명-789명), 이씨(743명-881명), 정(鄭)씨(334명-352명), 최씨(232명-261명)이다. 이들 8성 가운데 김, 박, 이, 최는 현재 우리나라에서 가장 많은 성씨이기도 하고[21] 문의에서 집성하고 있는 본관 또한 다양하다.[22]

오씨의 경우에는 현도면에 속한 대부분에 마을에 보성 오씨의 집성촌이 있었다. 보성 오씨는 조선 태종 말엽에 해안지역에서 왜구가 빈번하게 침입하자 9세인 오숙동(吳叔仝)은 이를 피하여 보성에서 신탄진을 거쳐, 지금의 현도면 양지리 월대촌으로 들어왔다. 이후 후손들은 현도에 뿌리를 두고 각 지역으로 파급되어 여러 분파를 형성하였다. 현도면 상삼리 지역, 부강면(세종시)에 들어와 정착하였는데 노호리, 금호리에 세거하였다. 15세 오유립(1575-1658)은 청원군 현도면 시목리, 15세 오정립·오시립은 금강 가에 위치한 노호리에 정착하였다. 16세 오상항(吳尙恒)은 노호리 가루개 마을에서 세거하여 지금까지 이어져오고 있다.

25세 오경수(吳曍秀, 1850-1915)는 고종 12년(1875) 무과에 급제하였고, 동학농민혁명 때에 정부군의 별군관에 소속하여 동학군과의 전쟁에 참여하였다. 당시 별군관은 양호제부(兩湖諸府)에 진을 치고 있었으며, 선봉 이규태(李圭泰)와 소모사 이병훈(李秉勳)과 더불어 전쟁을 수행하였다. 1903년에는 궁내부 중추원 의관에 임명되었고, 품계는 선략장군이며, 후에 승계하여 통훈대부에 이르렀다. 문의군양안에는 오경수의 소유 농토와 가옥 현황이 나온다. 전체 41필지에 면적에 49,741척이며, 결부는 2결79부이다. 토지는 마포리(馬

浦里) · 노포리(蘆浦里) · 향목평(香木坪) · 묘기동(妙基洞) · 남산동(南山洞) 등지에 분포하여 지금의 노호리와 현도면 시목리에 위치한다. 가옥은 노포리(가루개)에 10칸의 저택을 가지고 있다. 특히 남산동에 물레방아도 1곳을 소유하였는데, 현재는 그 터만 전한다. 토지 면적과 가옥 규모로 보았을 때 당시 문의현에서 상당한 재력가였음을 알 수 있다.

오억령의 후손들은 임진왜란 시기에 전쟁을 피하기 위해 오억령의 처가인 안동김씨 세거지 남이면 팔봉으로 이동하여 살게 되었다. 이후 16세 오상건(吳尙乾, 1582-?) 대에 와서 팔봉에서 금강변인 부용면 금호리 검시로 이동하여 정착하였다. 당시 검시마을에 경주이씨와 창녕성씨 등과 어울려 마을을 이루었으나, 점차 보성오씨가 늘어나 집성촌을 이루었다. 17세 오진태는 금호리에서 등곡리로 분가하여 정착했으며, 후손들이 지금까지 이어져오고 있다.[23]

성씨 별로 가옥의 가주가 많은 순서로 살펴보면 김 684호, 이 646호, 오 638호, 박 349호, 류 304호, 정 188호, 신 178호, 최 159호이다. 위 8성의 토지 소유 규모를 살펴보면 아래와 같다.

① 오씨 - 면적 6,405,419척, 359결 72부 4속, 4375필지

전 : 3,233,445척, 162결 71부 5속

답 : 3,171,974척, 197결 9속

위토 : 15,897, 84부 1속

② 이씨 - 면적 5,315,493척, 314결 37부 6속, 3480필지

전 : 2,581,151척, 138결 61부 2속

답 : 2,734,342척, 175결 76부 4속

위토 : 79,658척, 4결 49부5속

③ 김씨 - 면적 4,767,326척, 283결 89부 3속, 3260필지

　전 : 2,267,894척, 124결 49부 4속

　답 : 2,499,432척, 159결 39부 6속

　위토 : 61,663척, 3결 14부 2속

④ 신씨 - 면적 2,514,127척, 156결 72부 3속, 1730필지

　전 : 947,760척, 51결 58부 9속

　답 : 1,566,367척, 105결 13부 4속

　위토 : 13,953척, 60부 1속

⑤ 박씨 - 면적 2,276,094척, 134결 97부 3속, 1570필지

　전 : 1,057,214척, 55결 89부 3속

　답 : 1,218,880척, 79결 8부

　위토 : 52,482척, 2결 51부 9속

⑥ 정씨 - 면적 1,910,571척, 107결 17부, 1283필지

　전 : 982,552척, 50결 75부 5속

　답 : 928,019척, 56결 41부 5속

　위토 : 28,738척, 1결 58부 3속

⑦ 류씨 - 면적 1,581,497척, 93결 99부,1123필지

　전 : 905,933척, 50결 11부 4속

　답 : 926,617척, 58결43부1속,

　위토 : 7,885척, 49부 3속

⑧ 최씨 - 면적 1,083,440척, 62결 60부 8속, 760필지

　전 : 590,734척, 32결 10부 5속

　답 : 492,706척, 30결50부3속

　위토 : 1,447척, 8부

많이 살고 있는 성씨 순서와 달리 토지 소유 규모로 문의군에서 순위를 정하면 1위 오, 2위 이, 3위 김, 4위 신, 5위 박, 6위 정, 7위 류, 8위 최씨 순이다.

3. 문의군 농민의 사회경제 기반 분석

문의군에서 살고 있던 농민들이 모두 동학농민군에 참여했다고 할 수는 없고 또 참여 사유 또한 경제적 문제로만 볼 수는 없지만 소농이든 부농이든 다수의 농민이 혁명에 참여했다는 사실은 부인할 수 없다. 이 장에서는 『문의군양안』에 기재된 농민들의 사회경제 기반인 토지 소유 현황과 경작 규모 분석을 통해서 이들의 실상이 어느 정도인지 확인하려고 한다.

『문의군양안』에서 '시주, 시작, 대주, 가주' 난에 등장하는 농민의 이름은 한글을 기준으로 각각 5,570명에서 6,392명 정도이며,[24] 앞서 서술했듯이 70개 이상의 성씨가 존재하고 있었다. 이들의 이름을 통해서 누가 어느 마을에 소재한 누구 소유의 농지를 경작하고 있는지, 어느 마을의 어떤 규모 집에 살고 있는지 알 수 있다.

양안은 토지에 대한 정보를 다루고 있고 시주나 시작의 직업이나 경력을 기재한다는 원칙은 없는데, 문의군 양안에서는 소수가 기록되어 있다. '보국(輔國) 민영환,[25] 보국 민영준,[26] 판부사(判府事) 송근수,[27] 홍 오위장(五衛將), 판서(判書) 민응식,[28] 판서 홍순형,[29] 판서 민종묵,[30] 판서 송도순과 피한(皮漢) 재홍' 등이 있다. 앞에 있는 사람들은 관료들이고 마지막의 피한은 짐승의 가죽으로 물건 만드는 일을 맡아 하던 피색장을 속되게 이르던 말이다.[31]

또 신규식,[32] 신건식[33] 등 유명한 독립운동가의 이름도 있다. 문의군 인근 유지들이 친목도모를 목적으로 한 모임인 기구회(耆舊會)도 있었는데, 연안이씨 집에서 소장하고 있는 『기구회첩(耆舊會帖)』 좌목 명단(총 15인)[34]에서 양안에도 있는 인물 '이의국, 조병집, 신승구,[35] 신재은, 송원식, 홍종우'도 있었다. 문의군과 관련된 소장(訴狀) 같은 근대 정부 기록물 등에서 나오는 인명이 양안과 비교가 되는데 영성부원군 위토 및 분묘에 대한 광군(礦軍)의 범채(犯採) 금지를 요청하는 오학균,[36] 회덕군과 문의군 경계에 있던 지명진(池明津)의 진부(津夫) 박덕보,[37] 일진회와 역둔토 분쟁 관련 문서에 나오는 작인[38] 문의군 서기[39] 등이 양안에서도 확인이 된다.

1) 양안에 나타난 농민층의 토지 소유 현황

농민(시주, 시작)들의 사회경제 기반은 바로 『문의군양안』에 보이는 농지(토지)이다. 농지를 얼마나 소유하고 있고 또 차경하고 있는지 알아보는 것이 바로 농민들의 경제기반을 확인하는 것이다.

〈표8〉은 문의군양안의 전체 농지에서 자경 및 차경 현황을 정리하고 있다. 시주란에 기재된 이름은 사람뿐 아니라 다양한 것들이 있는데 이것을 문의군 전체와 민간 시주가 소유하고 있는 민간 소유 토지로 나누어서 보았다. 민간 소유 토지에는 '관아, 관둔전(둔전, 선둔, 반둔), 내아공터, 사령청전, 장청전, 현사청전, 작청전, 의생청전, 고마답, 교궁전답(향교 전답), 진전, 경선궁, 옥대, 시장, 성황당, 여제당, 역토, 봉화답, 화포답, 사원전, 금광' 등 3% 정도의 토지를 제외했고, '동전답, 위토, 서당, 강당, 이숙 재실' 등은 포함하였다. 자경농지는 시주와 시작이 같은 사람인 경우를 말하고, 자가호는 대주와 가주가 같은 경우, 차경농지는 시주와 시작의 이름이 다른 경우, 차가호는 대주와 가주의 이름이 다른 경우인데 『문의군양안』에서는 가주를 '차가주(借家主)'라고도 표기한 사례가 있다. 진전(陳田)은 '진(陳), 영진무주(永陳無主), 구

진(久陳), 묘진(墓陳), 영진(永陳), 복사영진(伏沙永陳), 천진(川陳)' 등으로 표기하고 있는데 시주가 있더라도 시작인이 없어 경작하지 않기 때문에 민전에 포함하지 않았다.

〈표8〉 문의군 자경 및 차경 현황

	문의군 전체 토지			민간 소유 토지		
	필지 / 호수	척수(町步)	결-부-속(%)	필지 / 호수	척수(%)	결-부-속(%)
자경농지	15,438	25,726,979 (2806.1정보)	1,449-70-3	15,406 (61%)	25,590,077 (69%)	1,443-62-4 (67%)
자가호	1,681호	527,843 (57.57 정보)	42-87-8	1,664 (7%)	514,745 (1%)	41-64-3
차경농지	5,862	11,158,299 (1217 정보)	686-70-7	5,365 (21%)	10,281,191 (28%)	631-34-2 (29%)
차가호	2,745호	644,739 (70 정보)	52-33-4	2,650 (11%)	611,546 (2%)	49-69-2
합계	25,726	38,057,860 (4151정보)	2,231-62-2	25,085	36,997,559	2166-30-1

시주와 대주를 따로 보면 등장하는 사람의 이름은 5,567명 정도 있다. 여기에 대주가 2명인 200척, 8속인 필지가 하나 있는데 이것을 뺀 것이다. 양안에서 농지에 시작이 2명 이상이거나 대지에 가주가 2명 이상인 경우는 경기도 광주, 여주, 충북 충주 등에 있었는데, 시주나 대주와 같이 토지의 소유자가 되는 사람이 2인 이상인 경우는 문의군에서만 보이는 사례이다. 문의군에서 시주·대주 5,567명이 소유한 토지는 36,458,112척(36,458,312척) 2,136결 17부 7속(2136결18부5속)으로 문의군 전체 농지의 97%에 해당된다. 시주 1인당 평균 6,549척, 38부3속(0.714정보), 4.44필지를 소유하고 있었다. 농지는 필지를 기준으로 보면 농민이 자신이 소유한 토지를 자경하거나 자가호에 살고 있는 경우는 68%이고 다른 사람의 농지를 차경하거나 거주하고 있는 경우는 32%이다.

이들 농민들은 토지 소유 규모나 거주 여부에 따라서 재지지주와 부재지주, 부농, 중농, 소농, 빈농, 혹은 자작농, 자소작농, 소작농, 무전민 등으로 나누어서 볼 수 있다. 자소작농들 가운데서도 경작지를 대량으로 확보하여 적극적으로 부농경영을 하여 농가 소득을 높이는 계층을 경영형부농이라고도 한다. 토지 소유 면적을 보면 기존 연구에서 결부를 1결 이상 소유하면 부농, 1결 미만에서 50부 이상을 소유한 경우는 중농, 50부 미만에서 25부 이상을 소유하면 소농, 1속 이상에서 25부 미만을 소유한 시주는 빈농으로 보았다.[40] 또 절대 면적인 척수를 정보(町步)[41]로 환산하여서 0.0-0.5정보를 소유하면 빈농, 0.5-1.5정보를 소유하면 소농, 1.5-5.0정보를 소유하면 부농, 5.0정보 이상을 소유하면 지주로 분류해서 보았다.[42] 토지 결부는 토지등급이 반영되어 소출량을 세액으로 환산한 것이고, 척수는 해당 토지의 결부제 기록을 보완하기 위해 해당 시기의 양전척을 중심으로 절대면적을 기록한 것이다. 척수는 정보(町步)로 환산이 가능하여 여기서는 토지의 결부제 표기와 정보를 가지고 〈표9〉로 토지 소유 규모에 따라서 시주·대주를 지주, 부농, 중농, 소농, 빈농층으로 나누어 보았다. 1정보는 9,917.4㎡(3,000평)에 해당된다.

〈표9〉 토지 소유 규모(결부속 및 정보)로 본 시주 현황

결부 기준	결부	시주	정보 기준	시주
지주	5결-	16	5정보 이상	58
부농	1결-	429	1.5-5정보	578
중농	50부-	796		
소농	25부-	1,070	0.5-1.5정보	1,629
빈농	1속-	3,256	0.0-	3,302
	합계	5,567 명	합계	5,567 명

〈그림1〉 소유 결부를 기준으로 한 시주층의 분포 비율, 〈그림2〉는 소유 정보에 따른 시주층의 분포 비율을 확인할 수 있다. 1등급인 토지가 1결이면 양전척으로는 10,000로 1.09정보 정도이다. 차이가 다소 있기는 하지만 결부수로 본 '빈농, 소농, 중중'과 정보로 분류한 '빈농, 소농'의 시주수의 수치가 비슷하기 때문에 같이 살펴보면 78-88%에 달한다.

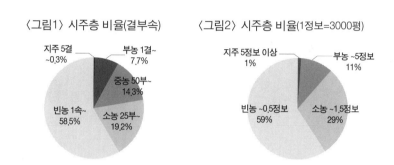

〈그림1〉 시주층 비율(결부속)　　〈그림2〉 시주층 비율(1정보=3000평)

이들이 소유했던 면적의 비율을 보면 〈그림3〉, 〈그림4〉에서 확인할 수 있다. 빈농층과 소농층은 인구 비율이 78-88%로 높으면서 이들의 소유하고 있던 면적은 문의군 전체에서도 50%가 조금 넘을 뿐이다. 결국 10%에 불과한 부농층과 지주층이 소유한 면적은 문의군 전체의 40-48%로 절반을 차지하고 있어서 토지소유의 편중과 양극화 현상이 심하였음을 볼 수 있다.

시주 가운데 빈농층과 소농층 중에서도 자경 외에 다른 사람의 농지를 차경하여 농가 소득을 높이려고 노력하는 이들도 있었을 것이다. 하지만 〈표8〉 문의군 자경 및 차경 현황에서 보이듯이 자경지 면적 비율이 차경지와 비교해서 2.5배 가까이 높았다. 자기 토지를 가지고 있던 빈농층뿐이 아니라 시작인들은 중에서는 소유한 토지가 전혀 없는 무전민들도 있었기 때문에 농민들 간의 차경 경쟁을 치열했을 것이다. 시주들 가운데 직접 농사에 참여하는 자작농은 4,729명인데, 농사는 짓고 있지만 자가호는 아닌 경우가 3,239명, 또 자가호에 살고 있는 1,360명 중 소유한 농지가 없는 사람은 222명이다. 이러한 경향은 1909년 자료에도 보이는데 문의군 경작자 현황을 보면 지주 118호, 자작 154호, 자소작 547호, 소작 3,230호, 합계 4,049호이다.[43]

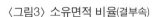

<그림3> 소유면적 비율(결부속)   <그림4> 소유면적 비율(정보 기준)

2) 시작(時作) 농민들의 경작 현황

문의군에서 시작과 가주는 한글 이름을 기준으로 6,392명이다. 시주 난에서 이름이 확인되지 않는 시작 농민, 즉 문의군 내에서는 무전민에 속하는 사람은 약 1,560명 정도가 확인된다. 시작과 가주를 포함하여 농민들의 평균 경작은 5903.36척, 36부 6속이며 평균 4개의 필지를 경작하고 있었다. 이 중에서 가주는 3,760명이었으며, 2,632명은 농지만 경작하고 있었고 가주에서는 이름이 없어서 살고 있는 집이 확인되지 않는 상황이었다. 가주가 아닌 농민들 가운데 1,743명은 자작농이고 889명은 차경농이다. 이들은 우선 다른 농가호의 세대원일 수도 있으나 문의군과 경계를 하고 있던 청주군·회덕군·회인군 등에 거주하는 농민일 수도 있을 것이고, 그 밖에는 거주지가 불확실한 사람으로 극빈농층일 수도 있다. 실제 2,632명이 평균 3496척, 20부 3속 1.9필지를 경작하고 있었다.

〈표10〉에서는 시작과 가주에 해당되는 6,392명을 앞에서 본 시주층의 토지 소유 규모와 같은 기준(결부속, 정보)으로 그들이 경작하고 있는 농지 면적에 따라서 시작층들이 어떻게 분포하고 있는지 구분하여 보았다. 농민들 중에 자작농의 경우에는 경작 소득이 본인의 것이지만, 자소작농이나 소작농의 경우 차경지에서 생산되는 생산량의 절반 정도만 확보할 수 있기 때문에 일률적으로 보기에는 어려움이 있지만 시작 농민들의 경작 규모 추세는 확인할 수 있으리라 본다.

〈표10〉 토지경작 면적(결부속, 정보)으로 본 시작 · 가주 수

		시작 · 가주	정보기준	시작 · 가주
부농	5결-	1	5정보 이상	14
부농	1결-	408	1.5-5정보	646
중농	50부-	1,122		
소농	25부-	1,324	0.5-1.5정보	2,090
빈농	1속-	3,537	0.0-0.5정보	3,642
		6,392명		6,392명

시작인들은 자작농, 자소작농 및 당시 문의군 밖에 거주하는 사람들이나 소유한 토지가 전혀 없는 무전민이 혼재하고 있지만 시주층과 비슷한 양상으로 분포하고 있음이 확인된다. 〈그림5〉에서 결부를 기준으로 시작인들의 비율을 보았을 때 25부 미만을 경작하는 농민은 전체의 55%를 차지하고 있어서 당시 농민층의 절반 이상이 빈농층임을 알 수 있다. 25부 이상에서 50부 미만의 농지를 경작하는 시작인의 비율은 21%로 빈농과 소농층의 합이 70%이다. 50부 이상을 경작하던 중농층과 지주층은 24%였다. 정보를 기준으로 보아도 0.5정보 미만을 경작하는 농민층은 57%, 1.5정보 미만을 경작하는 농민층은 33%, 두 계층의 합이 90%에 이르렀다.

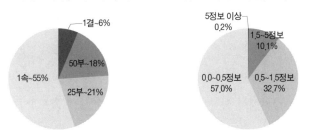

〈그림5〉 시작 · 가주(결부 기준) 비율 　〈그림6〉 시작 · 가주(정보) 비율

　　농민의 70% 이상이 빈농층과 소농층의 범주에 속해서 이들이 경작하는 면적이 얼마 되지 않을 것이라는 짐작을 할 수 있는데, 문의군에서 시작농민들의 경작면적 비율을 〈그림7〉, 〈그림8〉에서 확인할 수 있다. 빈농과 소농층에 속한 농민들이 경작하는 실제 면적 또한 문의군에서 38%에 불과했다. 1결이나 1.5정보 이상을 경작하는 이들은 자신들이 소유한 농지를 직접 경작하는 경우도 있었고, 차경지 경영 확대를 통해서 적극적인 부농경영을 하던 농민층인 경영형부농층도 있었을 것이다. 이들 농민은 전체 농민의 10% 정도 있었지만 이들이 경작하던 면적은 〈그림8〉에서 보이는 것처럼 문의군에서 35%로 빈농과 소농층의 경작면적과 크게 차이가 없었다.

〈그림7〉 경작 면적(결부속) 비율 　〈그림8〉 경작 면적(정보) 비율

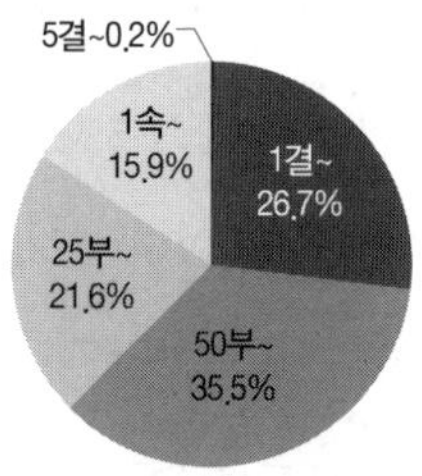

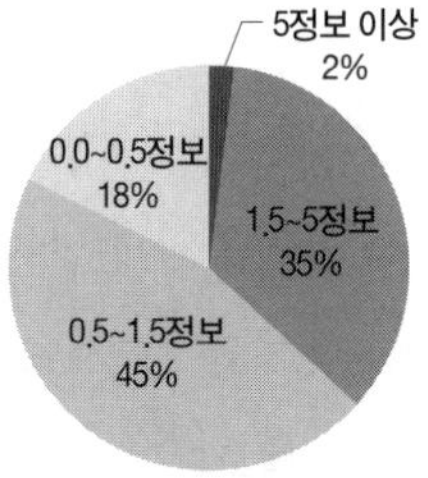

　　농민들의 살고 있는 가옥을 살펴보면 주거생활 목적이 아닌 공공건물과 사찰, 별묘와 묘막, 영당 같은 제사시설, 이숙과 강당 등 교육시설 등을 제외

한 민가는 4,392호이다. 여기서 11호는 가주란에 '공(空)'으로 기록되어 있어서 당시 빈집이었던 것으로 보이는데 이를 제외하고 실제 사람이 거주하는 집은 4,381호이다. 가주의 총인원 3,760명, 이중에서 444명이 2호 이상의 가옥에서 가주로 이름을 올리고 있었고, 많게는 5호 이상의 가주로 있는 농민들도 있었다. 한편 『문의군읍지』의 「기묘장적」의 호구수는 '2,778호 8,713명'이며, 1909년 통계에 따르면 '7면 139동 4,494호 21,531명'이다. [44]

양안에 나오는 3,760명의 가주 가운데서 664명은 군내에 살고는 있지만 본인이 작인으로 이름을 올려서 경작하는 농지가 없는 사람들이다. 또 이들 가운데 자가호인 사람은 157명이고, 나머지 507명은 다른 사람의 가옥을 임대해서 살고 있는 것이다. 이들 가운데 초가 10칸이 넘은 큰 집에 사는 사람도 있었다. 이런 큰 집에 살기 위해서는 많은 경제력이 필요한데 이들은 다량의 토지를 소유하면서 모두 대여해주고 소득을 얻는 재지지주인 사람도 있었고, 소유지가 전혀 없는 사람도 있다. 이런 경우 농사 이외의 다른 수입원이 있었을 것으로 추측이 되지만 토지 외적인 것은 양안만으로는 확인할 수 없다. 다만 문의군 양안에도 나오는 4개의 금광 필지와 관련된 일을 할 수도 있고, 내항과 가까운 지역에 거주하던 사람들은 상업을 통해서 경제수입을 얻는 경우도 있었을 것이다.

가주인 농민들은 평균 7,587척, 44부 6속 5.47필지의 토지를 경작하고, 1.17호, 초가 3.83칸 기와 0.08칸에 집에 살고 있었다. 살고 있는 가옥이 확실한 농민의 경우 앞에 전체 시작 농민과 비교해서 1,600척, 10부 이상 면적의 토지를 더 경작하고 있는 것이다. 이들은 주거지가 확실했기 때문에 소작경쟁에서도 조금 더 우위에 있고 자신의 가옥과 인접한 지역의 분포하는 농지를 자소작하고 있었던 것으로 보인다.

3) 충북 타 지역 농민과 비교

문의군 외에도 양안이 정리된 지역은 진천군, 충주군, 영춘군, 연풍군, 회인군 등이 있다. 이들 군현의 농민층과 문의군의 농민층이 어떠한 유사점과 차이점이 있는지 비교할 수 있다. 영춘, 연풍, 회인은 5-6개의 면으로만 구성된 작은 군이고, 충주는 38개 면으로 구성되어 충북에서는 가장 큰 군이었으며, 진천은 15개 면으로 구성된 중간 정도의 군이다.

〈표11〉, 〈표12〉[45]는 영춘, 연풍, 회인군 양안에서 시주로 등장했던 농민의 수를 본 것이다. 이들이 각자 소유한 토지의 결부를 기준으로 하여 문의군과 마찬가지로 4개의 계층으로 나누어서 계층마다 분포하는 농민의 수와 평균 소유 결부를 정리한 것이다. 문의군의 시주는 5,567명인데 이 세 군의 '시주'를 기준으로 본 농민의 수는 영춘 2,981명, 연풍 3,067명, 회인 3,746명으로 문의군의 53-67% 수준밖에 되지 않는 아주 작은 군임을 알 수 있다.

〈표11〉 영춘, 연풍, 회인 시주 농민층과 평균 소유결

구분	소유 결부	영춘	평균 소유결	연풍	평균 소유결	회인	평균 소유결
빈농	1속-	2,275 (76.3)	7-7	2,221 (72.4)	8-8	2,636 (70.4)	9-4
소농	25부-	390 (13.1)	34-6	436 (14.2)	34-4	634 (16.9)	35-8
중농	50부	215 (7.2)	69-4	232 (7.6)	67-4	338 (9)	67-8
부농	1결 -	101 (3.4)	2-28-0	178 (5.8)	2-50-5	138 (3.7)	1-70-0
	계	2,981名 (100%)	23-2	3,067名 (100%)	30-9	3,746名 (100%)	25-1

세 군의 경우 1속에서 25부 미만의 토지를 소유한 빈농층의 비율만 해도 모두 70%가 넘었고, 25부 이상에서 50부 미만을 소유한 소농층과 합한 하층 농민 비율이 전체 시주농민의 86-89%가 넘었다. 이 수치는 문의군보다 작

은 이 세 개의 군에 하층농민이 더욱 많이 분포하고 있음을 보여주는 것이며, 이로써 상대적으로 규모가 작은 군에 있는 농민층의 빈곤이 더욱 심하였음을 추측할 수 있다. 각 군의 전체 시주 1인당 평균 소유 결부의 규모 또한 문의군의 시주 1인당 평균 38부3속(0.714정보)과 비교해도 차이가 있음이 확인된다.

〈표12〉 충주, 진천, 시주 농민층과 평균 소유결

구분	소유 결부	충주	평균소유결	진천	평균소유결
빈농	1속-	15,596(59.3)	9-8	6,275(67.3)	8-8
소농	25부-	4,640(17.3)	35-4	1,449(15.5)	35-4
중농	50부	3,403(12.7)	70-0	880(9.4)	69-2
부농	1결 -	3,132(11.7)	3-08-9	719(7.7)	2-56-7
	계	26,771명(100%)	42-6	9,322명(100%)	26-0

또 충주와 진천군의 경우도 앞의 〈표11〉과 같은 조건으로 〈표12〉에서 정리하였다. 충주군의 경우에는 빈농과 소농층인 하층농민의 비율이 76.6%로 문의군 하층농민의 비율인 76%와 비슷하면서도 부농층의 비율이 2배 정도 높다는 것을 알 수 있다. 그리고 시주 농민 1인당 평균 소유 결부의 수도 크게 차이는 나지는 않지만 4부 4속 많았다. 반면 진천의 경우 하층농민이 82.8%로 앞의 영춘, 연풍, 회인 세 군과 비슷한 수치를 보여주고 있다. 농민들은 자신이 살고 있는 고을의 규모, 충주 같은 대읍, 문의 같은 소읍, 영춘·연풍·회인 같은 잔읍 등 각 군현의 크기에 따라 같은 수준의 하층농민이라도 빈곤의 정도가 차이가 있었던 것이다.

그간 동학농민혁명에 참여한 농민들의 사정은 폐정개혁안에서 나타나는 경제적·정치적 요구와 지향점을 통해서 살펴보았다면, 이 글에서는 양안을 통해서 농민들이 생계가 달린 토지에 대한 정보를 가지고 농민 개개인의 사회경제적 사정을 살펴보았다. 문의군을 포함하여 충북의 5개 군에서 나타나는 농민층의 하향화 현상과 양극화 현상은 광무양안과 1915년대 자료인 토지조사부와 비교한 연구에서[46] 그 원인을 은결로서 누락되었거나, 가명 사용[47] 등을 들고 있지만 실제로 전체 농민 중에서 어느 정도의 수치인지는 명확하게 알 수 없다는 문제점이 있다. 또 특정 지역의 현상인지 전국적인 현상인지에도 대해서 더 많은 자료의 비교 확인이 필요하기 때문에 여기서는 단정할 수 없다. 그리고 양안은 작성 시기와 몇 년 차이는 없지만 동학농민혁명으로 인하여 향촌사회가 완전히 뒤집어진 이후의 자료이기 때문에 여기서 보이는 농민층의 분화현상의 근본적인 원인을 앞으로 더 살펴볼 여지가 있다고 본다.

그리고 청주지역뿐만 아니라 전국에서 동학농민군의 재봉기에 많은 농민이 참여했던 이유는 침략을 목표로 경복궁을 포위 점령하고 청일전쟁을 일으킨 일본 세력을 몰아내려는 것이었다. 이처럼 척왜(斥倭)라는 대의명분을 내세운 창의(倡義)로 '종국(宗國)의 국난(國難)에 동부(同赴)[48]한 민족운동이었던 것이다. 농촌에서 더 이상 생계를 유지하기 어려운 대다수의 하층농민들도 자신의 경제적 빈곤보다는 이러한 대의명분에 따라서 동학의 주축이 되어 제국주의의 침략이라는 위기에 직면하여 동학농민혁명에 적극적으로 가담하였다는 점에서 당시 농민들은 근대적 국민의 일보 전 단계에 도달하였다고 볼 수 있다.

4. 맺음말

이상에서 현재 청주시의 남부지역에 해당하는 상당구의 문의면 · 가덕면과, 서원구의 현도면 · 남이면, 세종시 부강면 일부지역으로 분할 개편된 문의군 지역의 1900년-1901년도 자료인 양안의 기재 내용을 분석해 당시 청주 지역 농민들의 사회경제기반인 토지의 소유나 경작 규모에 대해서 확인해 보았다.

양안이라는 자료의 성격과 또 내륙에 위치하고 있던 소읍 지역인 문의군의 특성상 해당 시기의 전반적인 분위기가 드러나고 있지는 않지만, 지역 농민과 토지에 대한 정보는 충분히 나타나 있다고 생각한다. 동학농민혁명이 끝나고 몇 년이 지난 시점이었고 문의면 덕유리 새말은 동학농민혁명 때 소실되었다고 할 정도로 동학과 관련 있는 지역이다. 구체적으로 알기는 어렵지만 양안에 등장하는 농민들이 청주지역 동학농민혁명의 참여자 중의 일부였다고 생각된다. 참여 농민들의 비율과 인원 등은 아직 자료 부족으로 알기는 어렵지만 그들의 전반적인 경제 상황은 확인할 수 있다.

본문에서 문의군 7개 면의 마을과 지리적 위치 및 수몰된 지역과 현재 청주시 행정구역상 어디에 속하는지 살펴보았고, 전체 전답의 현황과 전품을 확인하여 문의군이 토질이 좋고 논농사의 비율이 높았던 점을 확인하였다. 가옥 현황에서 협호가 분포하고 있었다는 점을 확인했지만 왜 협호로 구분되었는지와 이들의 구체적 의미는 확인하기 어려웠다. 그 밖에 민가, 관아나 특수건물 및 기와집의 분포, 민간교육시설의 존재도 확인하였다. 양안에 등장하는 70성(姓) 이상의 성씨 및 세거 성씨와 위토에 대해서도 살펴보았다. 또 농민들은 토지의 소유 규모나 거주 유무에 따라서 자작농, 자소작농, 소작농, 빈농, 소농, 중농, 부농, 부재지주, 재지지주 등 다양한 계층으로 분류가 되지만 이 글에서 그 실태만 소개하였다.

문의군 양안에서 '시주, 대주, 시작, 가주' 난에 등장하는 농민의 수는 5,567-6,392명이었다. 문의군 농민층의 동향에서 두드러지는 것은 토지 소유 결부와 정보를 기준으로 보았던 빈농층과 소농층으로 분류되는 하층농민의 비율이 78-88%로 상당히 높다는 점이다. 이를 통해 토지로부터 이탈되어 가고 있던 문의지역 농민들의 형편을 살필 수 있었다. 구체적으로 추적할 자료는 없지만 농업 외에도 금강 내항에 가까운 지역의 사람들은 유통이나 상업, 삼도면의 피촌에 살고 있던 피색장처럼 기술직 등의 다양한 직업을 찾고 있었던 것으로 보이며, 비록 소유한 토지 면적이 생계에 전혀 도움이 되지 않더라도 자경하고 다른 사람의 농지를 차경하려 하였다는 점이 특징이다.

마지막으로 충북의 다른 지역, 즉 충주, 진천, 영춘, 연풍, 회인의 농민들과 비교를 시도하여 문의군의 농민들이 어떤 위치에 있는지 확인할 수 있었다. 각 군의 규모나 농민의 수만 보더라도 대, 중, 소, 잔읍으로 구분이 명확하게 될 만큼 큰 차이가 있었지만 빈농층과 소농층에 해당하는 하층농민의 비율을 보면 농민층의 하향화 현상에서는 유사한 양상을 보였다고 볼 수 있다. 부농층과 지주층은 큰 군일수록 더 많이 존재하고 있는 차이에서 알 수 있듯이, 같은 하층농민이라도 큰 군보다 작은 군에 사는 농민이 더욱 빈곤하였다. 그러나 대부분의 농민들은 각자 경제적으로 빈곤한 상황에서도 국난을 당하여 동학농민혁명의 주체가 되어 재봉기에 참여했던 것이다.

이 글에서 농민들 중에서 자작농이나 자소작농들 개개인의 경작지 분포와 운영에 대한 연구도 부족했는데, 거주지와 경작하는 농지가 분포하는 지역의 환경과 관련된 연구나 지금 수몰된 금강 주변의 평야지역과 보은군과 인접한 산간지역, 또 가덕면 같은 중간 농업지역도 있었기 때문에 각 면 별로 연구를 할 수도 있을 것이다. 또 세거 성씨들이 드러나고 있으며 각 문중별 재실, 영당 등의 제사시설과 위토가 있어서 이것에 대한 연구와 민간교육시설의 운영과 운영 주체 등에 대한 연구 이어진다면 충북 지역사 연구에서도 일정한 성과가 될 것이라고 본다.

해방공간 (비)국민의 실태와 민권 탐구

- 홍구범 문학세계 연구

안 미 영_ 건국대학교 글러컬캠퍼스 교양대학 교수

1. 서론

홍구범(1923-?)은 1947년 7월 『문예』 창간호에 김동리의 추천으로 창작활동을 시작했다. 해방 이후부터 1950년 납북되기 전까지 3년간 '화제 제조기'라는 별명을 들을 정도로[1] 주목받을 만한 작품을 창작했다. 그는 소설에서 사건을 다루되 특정 이데올로기, 윤리, 상식으로 재단하지 않았다. 섣부르게 자신의 입장과 판단을 노출하지 않는 대신, 실재하는 사건과 인물의 모습을 생생하게 구현하는 데 힘을 쏟았다.[2] 해방공간에서 그가 주목한 것은 민권(民權) 부재의 문제였다. 그를 포함하여 해방 이후 작가들은 민족의 당면 과제를 건국(建國)에 두고 있는 만큼, 국가의 존립을 위해 민권을 자각하고 이를 실현할 수 있는 기반을 고심했다. 그들은 혼탁한 현실을 목도할수록 이를 타개하기 위한 방편으로 '민주주의'의 가치에 주목하고 이를 실현할 수 있는 다양한 양태를 탐구했다.[3]

홍구범 역시 해방공간에 만연한 제 문제에 주목했는데, 특기할 만한 사실은 그가 동학을 중심소재로 삼은 소설을 발표하였으며 그의 마지막 작품에서도 동학농민운동 이후 세대의 삶을 조명하고 있다는 점이다. 그는 「전설」(『문예』 4호, 1949.11 1948.2.3作)에서 상민이 신분 상승을 위해 동학에 가담하였다가 다시금 동학을 배반하는 이야기를 보여주고 있다. 이 작품에서 주목해야 할 부분은 동학운동의 승패가 아니라, 작중 주인공이 동학에 가담하게 되는 계기와 내면 추이이다. 작중 주인공의 심리는 특정 인물의 성격 창조에 그치지 않고 해방공간을 구성하는 농민 일반의 심리와 중첩되기 때문이다. 홍구범은 「길은 멀다」(『협동』, 1950)에서 동학 3세대 자녀들을 주인공으로 삼아 그들의 삶의 태도를 탐구하려 했다. 한국전쟁 발발과 홍구범의 납북으로 인해 장편소설은 비록 미완으로 그쳤으나, 그가 지속적으로 동학의 가치를 탐구하고 해방공간에서 그 정신을 재인식하려 했음을 확인할 수 있다.

홍구범이 민권 탐구를 위해 동학에 주목한 것은 동학에 내재한 민주주의적 요소를 천착했기 때문이다. 근대국가의 특징적인 요소는 민주적이라는 점을 들 수 있으며, 근대국가의 성장은 시민권의 강화와 민주화 증대의 역사이다. 국가의 사회적 개입을 정당화하고 승인해 주는 것은 근대국가가 국민을 대표해서 국민의 의지를 표현하기 때문이다.[4] 동학사상의 민주주의적 요소에 대해서는 일찍이 논의되었다. 동학의 기본사상은 '천심즉인심(天心卽人心)', '오심즉여심(吾心卽汝心)'을 총괄한 '인내천사상(人乃天思想)'이다. 이는 인간의 귀천이 선천적으로 규정지워진 봉건적 신분제도와 양반계층의 상민, 천민에 대한 비인간적 수탈과 박해를 부정하는 사상, 즉 인간의 주체성을 강조하는 만민 평등의 사상이다.[5]

동학에 이르러 위민(爲民)정치가 끝나고 민(民)이 사상적으로 자각하여 스스로 조직화하여 정치 주체로 나서는 민주(民主) 정치가 태동하였다.[6] 동학농민운동은 전쟁과 혁명을 통해 국민주권을 세우고자 했다는 점에서 민주주의 체제를 지향한 것이 분명하지만, 궁극적 목표는 도덕을 중심에 세운 새로운 문명 질서의 수립이었다.[7] 개벽은 흔히 사회적 혁신으로 이해되고 있으나 무엇보다도 먼저 인심(人心) 개벽의 의미이다. 각자위심(各自爲心)을 집단적으로 극복하여 우주적 공동체성을 각성하는 일종의 의식 혁명 또는 공동체적 혁신을 강조하였다.[8] 홍구범은 해방 이후 민권을 탐구하면서 동학 운동에 주목했지만, 그가 소설에서 조명한 동학운동은 실패로 끝난다. 그가 주목한 것은 표면적인 정치 체제이기도 하지만, 이를 실천에 옮길 수 있는 의식의 수준이기도 했다.

이 글에서는 홍구범이 조명한 동학 소재 소설을 통해 해방공간에서 그가 탐구한 민권의 실태와 의의를 논하려 한다. 그가 민권에 주목하게 된 배경을 분석하기 위해 그의 전작에 걸쳐 나타나는 해방공간에서의 (비)국민의 좌절 제 양태를 살펴보려 한다. 이를 통해 해방공간에서 홍구범이 탐구한 민권의 의의와 가치가 더 분명하게 드러날 수 있다. 일련의 논의는 해방공간을 풍미했던 청년작가 홍구범의 문학세계를 일별할 수 있는 계기가 될 뿐 아니라,[9] 해방공간의 일반 지식인들의 동학에 대한 인식을 확인할 수 있는 계기가 될 수 있으리라 믿는다.

2. 해방 이후 (비)국민의 실태와 민주주의의 오용

해방공간에서 홍구범은 국가와 미군정의 보호를 받지 못하는 (비)국민의 모습에[10] 주목했는데, 민권이 국권의 근간이 됨을 의식하고 있었던 것이다. 조선민족은 일본의 식민지로부터 벗어났으나 해방 이전보다 더 곤궁한 삶을 살아간다. 「봄이 오면」(『백민』 7, 1947.5)에서 주인공들은 식민지 시기일망정 간도에서 농사도 짓고 자식을 교육시킬 수 있었다. 해방 이후 고국에서는 교육은커녕 딸자식을 바깥으로 내몬다. 작중에서 공부하려는 딸과 돈을 벌어 오게 하려는 모친 간의 대립은 기층민의 삶이 해방 이전보다 더 척박해졌음을 보여준다. 도시는 생산과 소비의 질서가 자리 잡지 못했으며, (비)국민들은 경제 활동을 제대로 할 수 없었다. 도시 사람들은 모리배가 되어 친구간의 정리를 잃어버리는가 하면, 시골 사람들은 시대 변화에 더 둔감해진 나머지 더 많이 약탈당했다.

「탄식」(『백민』 10, 1947.11)은 서울을 배경으로 모리배로 성공한 인물과 모리배에 기생하는 비굴한 인간이 등장한다.[11] 국가의 보호를 못 받는 상황은 도시보다 시골이 심각했다. 「쌀과 달」(『민족문화』 창간호, 1949.9)에서 만삼은 서울에 사는 삼촌집에서 굴욕스럽게 쌀 서 말을 얻었다. 그는 역사(驛舍)에서 순사에게 쌀을 빼앗기고 거리에서는 미군 트럭에 치일 뻔한다. 보호받아야 할 대상들로부터 양식을 빼앗기는가 하면 능멸을 당한다. 그는 이 모든 것을 피해 산길로 접어들어 충청도 단양의 집을 향한다. 고즈넉한 달만이 어두운 앞길을 비추어 준다. 시커먼 구름뭉치가 달빛을 먹을라치면, 그는 "당장 못 물러가?" "이 자식아, 거기 가만 있어!"라며 주먹을 쥐고 으름장을 놓는다. 농민을 보호하는 것은 국가도 미군정도 아닌 '달'이다.

홍구범은 미군정에 이어 1948년 정부가 들어섰지만 민주주의가 안착되지 않았음에도 주목했다. 「구일장」(『문예』 7, 1950.2)에서 사람들은 민주주의를 지향하지만, 정작 현실에서 민주주의의 실현은 물론 민주주의에 대한 이해조차 요원함을 보여주었다. 작중에서 '민주주의적'이라는 어의는 호명 주체에 따라 자의적으로 해석하고 적용한 탓에, 제아무리 '민주주의'를 역설해도 현실은 봉건의 굴레로부터 벗어날 수 없다. 작중 가장(家長) 송진두는 일정한 직업이 없다. 그는 보수도 안 나오는 자위대에 매일 출근하여 총무부장직을 수행한다. 자위대는 군대식 훈련을 통해 "유사시에 동 관내를 경비하는 활동 단체"이다. "당국의 지시에 의해서 조직된 것이나 명칭부터가 국민된 의무로서 행해지는 모임인 만큼 운영상의 실제 비용도 모두 각각 자위대 자체에서 해결"(235면)했다. 그는 앓는 노모와 가족의 생계를 책임지는 일 대신, 온종일 자위대에서 지냈다. 자위대 업무에 앞서 그는 언제나 '민주주의적'일 것을 요구한다.

> "에-, 여러분 대원들은 이제부터 각각 맡어진 구역으로 경비를 가야 하겠
> 습니다. 에-, 모든 것을 민주주의적을 잊어서는 안 됩니다. 에-, 모든 행동을
> <u>민주주의에 어그러지지 않도록 십분, 십분 각오해야 합니다.</u> 에- 그럼 가십
> 시오…"-(중략)-
> 이 말인즉, 경비를 할 때, 대원들은 일반에게 폭력이나 불법 행동을 말고
> 점잖고 정당하게 감시를 하라는 의사에서 나온 말임에 틀림없었다. 그는 점
> 잖고 정당하고 원만하다는 등의 좋은 의미의 것이면 어떤 용어이건 모조리
> 민주주의란 말을 대용하기에 제한을 두지 않았다.(236-237쪽 밑줄은 필자)

그는 폭력과 불법에 맞선 어휘로 '민주주의적'을 호명했다. '민주주의적'
이라 함은 민주주의 원칙에 기초한 것으로 국가의 주인이 국민이고, 국민이
정치에 참여해서 국가를 다스리는 것으로 국가의 일이 곧 국민의 행복을 위
한 것임을 원칙으로 한다. 자위대의 경우, 지역의 주인으로서 지역민을 대
표하여 '지역'을 다스리는 데 앞장서야 할 터인데, 그들은 불법과 폭력을 동
반하지 않은 일체의 감시 행위를 민주주의라 명명한다. 그는 중학 1년의 학
력으로 민주주의에 대한 이해가 부족했으며, 점잖고 정당한 감시 행위를 일
컬어 '민주주의적'이라 이름했다.

'민주주의적'인 것은 송진두에게 명예와 부를 안겨주었다. 노모가 숨을 거
두자, 자위대에서는 장례식을 자위대의 행사로 격상하여 사무실에서 9일장
을 치러 주었다. 나아가 그를 노모의 임종도 못 지킨 애국자로 칭송하며, 시
장 비서관, 경무국 사람 등이 찾아와 감사장과 금일봉을 전달했다. 장례 이
후 그는 사글세에서 전세로 옮겨갔고, 자위대 일을 더욱 충실히 수행했다.

아내도 더 이상 직업 없이 무일푼으로 자위대에만 나간다고 추궁하지 않았다. 송진두는 이 일을 계기로 '민주주의적'에 대한 확신을 갖게 되었다. 자위대에서 이루어지는 민주주의의 혜택은 지역민에게 골고루 돌아가야 할 터인데, 송진두 일가에게 집중되었다. 홍구범은 '자위대'를 비롯한 해방 이후 민주주의의 실태에 대해 매우 냉소적인 시선을 보인다. 민주주의는 국민의 삶 전반에 고루 적용되는 대신, 이를 표방하는 소수의 이익을 정당화하는 논리로 오용되고 있었다.

해방공간에서 조선인은 (비)국민으로 존재하고 있으며, 국가로부터 안정된 울타리를 제공받을 수 없었다. 귀환 전재민은 생활고로 딸자식을 밖으로 내몰게 되었고, 평범한 시민은 모리배가 되든가 그렇지 않으면 무능력자가 되었으며, 시골 농부들은 시대 변화에 더 둔감해졌다. 곳곳에서 민주주의를 부르짖지만, 민주주의는 호명 주체의 이권에 따라 남용되어 오히려 봉건적 구태(舊態)가 만연했다. 홍구범은 해방공간에서 국가의 보호를 받지 못하는 (비)국민의 삶을 직시하며 민권의 가치에 주목한 것이다. 그는 민권의 자각 과정에 주목하는데 그것이 바로 구한말 이 땅에서 자연발생적으로 등장한 동학운동이었다. 그는 민권 운동의 시원으로 동학을 조명하고 동학농민봉기의 실재를 소설로 구현했던 것이다.

3. 동학운동, 민권의 태동과 좌절

1) 봉건적 신분제의 동요

「전설」(『문예』 4호, 1949.11 1948.2.3)은 동학을 소재로 한 소설이다.[12] 주인공 황무영은 봉건 신분질서에 불만을 품고 신분 상승을 위해 갖은 노력을 다하던 중 동학에 가담하게 된다. 그는 일생 내내 '생원'이라는 중인 신분을 벗어나 양반이 되기 위해 전념했다. 처음에는 경상도에서 충청도로 삶의 터전을 옮겼고, 그 다음으로는 세력 있는 양반에게 뇌물로 벼슬을 구했으며, 마지막이 동학군에 가담하는 것이었다. 평소 그는 자식을 낳는 것보다도 양반이 되는 것을 훨씬 더 긴요하게 여겼다.

> 지나온 십여 년 동안을 두고 자기의 피를 개신(改新)하자고 별러 왔어도 별무 신기였다. 아직도
> "황 생원…."
> 하는 소리는 떼칠 수 없다. 생원이란 두 자를 빼고 영감 소리를 듣게만 되기를 애써 바라 왔던 것이다. 이 소원이 성취만 된다면 그의 뼈 살 피 모든 것은 이제까지의 중인의 것이 아니고 청신한 양반의 것이었다.
> 그렇다면 자기의 이 변혁이 곧 허구한 앞날 자손들에게 대대로 영화를 누리게 하는 근본 열쇠가 될 것이다.(196-197쪽, 밑줄은 인용자)

> 그는 귀자를 낳는 것보다는 우선 자기 대에 영화를 누렸으면 싶었다. 자기가 씻어나면 후대 자손들은 자연히 힘 안 들이고 세상에 나설 것이라 생각되었다.(198쪽, 밑줄은 인용자)

봉건적 신분구조는 중인계급 황무영의 삶의 장벽이었다. '양반'은 자손대대로 영화를 누릴 수 있는 근본 자격으로, 한 번 양반이 되기만 하면 후대 자손들은 자연스럽게 양반의 신분으로 힘 안 들이고 세상에서 대접받으며 기득권을 선점할 수 있었던 것이다. 구한말 중인계급을 비롯한 농민들은 봉건적 신분질서에 동요되었다. 부패한 관리와 지주의 횡포에 시달리는 농민

에게는 생존을 위한 방책이 요구되었다면, 황무영 같은 중인에게는 더 나은 삶을 선점하기 위해 양반이라는 신분이 요구되었다. 작중에서 양반이 되기 위한 황무영의 세 가지 노력을 세밀하게 천착할 필요가 있다. 가장 첫 번째로 그가 한 일은 삶의 터전을 옮기는 것이다. 황무영은 양반이 되기 위해 몇 대를 두고 살던 경상북도 문경을 떠나 충청도 충주로 이주한다.

> 그때의 그의 심정으로는 서울보다 차라리 이 충청도가 나을 것 같았다. 서울은 양반들이 기세를 올려 직접 벼슬로 등행하는 곳이라 자기 같은 힘없는 존재는 감히 발을 붙이기 어렵도록 그들은 거들떠보지도 않을 것이라는 생각이었다. 그 반면 이 충청도는 전해오는 말에 의하여도 모든 것이 관대한 것 같았으며 또한 그야말로 고관들이 낙향하여 점잖이 여생을 보내는 것으로 이름이 있었기 때문에 그는 이곳에서 사람(양반)으로서 수련을 하자는 심산이었다.(197쪽)

황무영이 머문 곳은 충주 금봉산(현재 남산) 자락이다. "그 산은 충청도에서 몇 째 안 가는 청룡, 황룡이 꿈틀거리는 지대로 그 산의 정기가 그곳 아랫마을에 살고 있는 정씨네 집으로 뻗쳐서 현재 그 자손들은 상당한 양반의 세력을 가지고 있어 나날이 번창해 가고 있다 하였다."(198쪽) 그는 풍수지리를 비롯한 입지적 조건을 꼼꼼하게 따진 후 이주했다. 작중에서 황무영이 청룡·황룡이 꿈틀거린다는 정기를 쫓은 일대가 고대 사찰이 들어선 창룡사(신라 문무왕) 자리로 보인다. 신라 문무왕 때 원효대사는 충주의 한 주막에서 푸른 용이 희롱하는 것을 보고 쫓아가 한 낭자가 표주박으로 건네주는 단물을 마셨다. 잠에서 깨자 그는 실지(實地)를 찾아 '창룡사'라는 절을 지었다. 현재 금봉산 자락과 창룡사의 정경은 다음과 같다.

〈사진1〉 금봉산 북쪽

〈사진2〉 금봉산 동쪽

〈사진3〉 남쪽 사찰외경

〈사진4〉 남쪽 사찰내경

  경상도 문경에서 살 때만 하더라도 곰방대를 피웠지만, 충청도 충주에 와
서는 양반의 모양새를 본떠 장죽을 들고 다니며 피웠다. 삶의 터전을 옮긴
후, 그의 두 번째 노력은 마을의 권세가를 찾아가 벼슬을 청하는 것이다. 그
는 정진사의 집안일을 돕고 뇌물을 주었고, 이에 정진사는 서울에 있는 그
의 아버지 정참판에게 추천장을 써서 그로 하여금 직접 다녀오도록 했다.
추천장의 내용을 미리 읽어본즉, 벼슬은커녕 서울에서 며칠 유하게 하다가
시골로 돌려보내라는 것이었다. 그는 정진사를 괘씸히 여겼지만, 그의 아버
지 정참판에게 직접 찾아가 "근 한 달 동안을 뗴를 써가면서" 벼슬을 애걸했
다. 정참판은 "세상이 망해 가기로니 중인의 천한 몸으로 양반을 넘어다보
는 것은 역적과 다를 배 없다"고 생호령을 내리고 면회마저 거절했다.(200쪽)
정참판에게 박대당하자, 그는 서울에서 한 달 동안 방탕하게 지내다가 관군

모집에 자원한다. "낮이 서질 않아 시골로는 그냥 내려오기가 싫은 터"에, "마침 전라도서부터 벌떼같이 일어나는 동학군과 접전"하기 위해 "나라에서 한참 모집하는 군인이 되었다."(200쪽) 접전을 목전에 두고, 그는 영문(營門)을 도주하여 충주로 돌아갔다. 충청도 충주에서도 농민들이 동학군에 가담하여 마을에는 늙은이와 아이들만 남아 있었다. 농민들은 관군과 왜군을 상대로 싸우기 위해 전쟁 연습에 맹렬하였다.

삶의 터전을 옮기고 세도가에게 빌붙어도 신분 상승은 무산되었다. 실의에 빠진 황무영의 존재 가치를 새롭게 일깨워 주고 손을 내민 것이 동학당이었다. 그는 언젠가 집에 들이닥친 도둑을 우연히 잡아 매친 이력으로, 마을 사람들로부터 역사(力士)라는 칭호를 들어왔다. 충주의 동학당에서는 역사 '황무영'을 부총령으로 천거했다. 동학당의 거두 박총령은 평민들의 용기 없음을 한탄하며 황무영에게 다음과 같이 권유한다.

여보 당신도 우리와 같은 사람이오. 듣기엔 당신이 중인인 모양이나 중인이란 게 있을 리 없거든…. 알겠소? 양반놈이면 양반놈 상놈이면 상놈이지 중인이라는 건 없다고 나는 생각하오. 중인이라면 역시 상놈과 마찬가지로 벼슬을 못한 것도 사실 또한 백성에게 못할 노릇을 한 것도 없을 것. 이만하면 우리는 죄 없는 평민이 아니오? 우리 평민, 죄 없는 우리들은 다 같이 손을 이때에 잡지 않으면 안 되오…. 더욱이 댁은 또한 우리가 가장 바라는 용맹스런 역사라니, 이때 당신이 가지고 있는 힘 모두를 하늘에 바치잔 말이오…. (207쪽)

황무영은 박총령이 내미는 손을 잡으며 "우리 평민은 싸워야 합니다." "저에게 다 매끼시오….힘 있는 한 우리 죄 없는 평민들을 푸대접하는 그놈들을 물리칠 터이니까요…"(209쪽)라고 큰소리 쳤다. 그는 동학당의 거두 박총령의 호기에 응하여, 동학군으로서 입신출세를 기도했다. 이렇게 해서 그가 한 세 번째 노력이 동학당에 가담하는 것이었다. 그는 자신의 존재가치를 인정해 주는 동학무리에 이끌려, 그간 아첨해 왔던 정진사를 처단하기 위한 거사의 선봉에 나선다. 과거 용꿈을 꾸고 입신출세를 고대하고 있었는데, 이번을 절호의 기회로 여겨 맹렬히 의지를 불태웠다.

하늘을 찌를 듯한 기세도 다음 날 정진사를 만났을 때 한풀 꺾인다. 정진사가 벼슬을 약속하며 동학당으로부터 자신을 구해줄 것을 애걸하자, 그의 마음은 다시금 산란해진다.

　　그믐께가 가까운 밤은 달빛이 있을 리 없었다. 그는 걸으면서 이제까지 참고 억누르던 눈물을 펑펑 내쏟았다. 앞으로 다가오는 길, 자기가 지금 거닐고 있는 길이 어디가 어딘지 분간조차 할 수 없었다.

　　--(중략)--

　　그는 박총령의 뚜렷한 그 야무졌던 인상을 왜 똑바로 외이지 않았던가 하고 자기를 스스로 미워하였다. 그는 어쩌면 그러한 박총령의 모양을 지금 자꾸만 파묻혀 버리는 자기의 생각 속에서 찾아낼 수 있을 것이냐고 애를 부등부등 쓰며

　　"어쨌든 정가놈은 그냥 둘 수 없다."

　　--(중략)--

　　허나 목이 잔뜩 가라앉아 있음을 트여버릴 수는 없었다. 그러자 자신의 뺨을 후려갈기며

　　"놈은 죽은 놈이다.…"

　　하고 소리를 애써 마구 터트려 놓았던 것이다. 그러면서 어-어- 소리를

높여 울었다. 그는 떨었다. 자기의 이러한 곡성에 이번엔 무서움을 느꼈다.(219-220쪽)

황무영은 정진사에 대한 증오심과 자기 자신의 입신욕, 두 감정에 휘둘렸다. 그는 "난 틀림없이 역사" "그보다도 나에게 살인살(殺人煞)"이 끼어 있으니, "어찌 됐든 내 손에 어떤 놈이든 한 놈 죽어 없어져야만" 한다고 격앙된 감정으로 스스로 위무한다. 그는 양반을 죽이든, 농민을 죽이든, 종단 울분을 힘으로 표출하려 마음먹는다. 그는 출발점에서부터 동학의 평민사상을 자각하고 수용했던 것이 아니다. 봉건적인 계급구조의 부조리를 각성하기보다 일신의 영화와 감정에 동요된 것이다. 그런 까닭에 그가 자신이 처해 있는 불합리한 신분구조에서 자연발생적으로 민권을 자각했다고 해도, 그것은 시대정신으로 확장될 여지가 없었다.

2) 인권과 민권간의 거리

「전설」(1949.11)에서 황무영은 자연발생적으로 민권을 자각할 수 있는 상황에 처해 있지만, 자기 인권을 자각하는 정도에 그친다. 그는 정진사와 박총령 두 사람 사이에서 갈등하는데, 그 기준은 양자 중 어느 쪽이 자신의 삶을 개신시켜 줄 수 있는가이다. 동학당에서, 그는 부총령으로 추앙받으며 칼과 방망이를 받았다. 박총령이 "다 같이 이 세상에 태어난 우리 인간들은 살아나가는 데 다 함께 평등하여야 하고…"(221쪽)라고 거사를 부르짖자, 동시에 예상치 않았던 관군의 총성이 울렸다. 이어서 박총령이 관군의 총에 맞자, 황무영은 돌변하여 동학도를 향해 불호령을 내렸다.

"이놈들!… 내가 누군 줄 아니? 응? 너희들 명이 아깝거든 꼼짝 말라!"

하고는 뒤이어

"나에게 뺏나갈려는 놈은 당장 일어서보랏!…"

하며 또한 솟아오르며 다리를 굴렀다.

일어나는 사람은 없었다. 다만 그들의 검은 머리는 그저 숙여진 채 있었고 그 머리끝에 달려 있는 조그만 상투만이 유난스레 마구 흔들렸다. 그러나 당황히 꼬리치는 횃불은 그것을 그대로 드러내어 밝히지는 못하였다.(222쪽)

그는 관군 편으로 돌변하여 동학군 소탕에 앞장섰다. "그의 손엔 언제부터인지 피 묻은 방망이가 뛰고 있었다. 그의 마음은 자기도 몰랐다. 오직 '나에겐 용꿈이 있다'는 생각을 억지 쓰듯 소생시키려 애쓰며 미친 듯 날뛰었다."(222쪽) 그로부터 10여 년이 지난 시점에서, 환갑이 넘은 황무영은 팔구세 가량의 어린 아들을 데리고 동학군이 묻힌 곳을 지나친다. 아들이 돌더미 틈바구니에 있는 구기자에 대해 묻자, "저거 드러운 거다.… 우리나라 도적놈이 묻힌 데다"(224쪽)라고 폄훼한다. 그는 일본어를 구사할 수 없어 동리구장에 그쳤고 벼슬에 대한 욕망도 청산했다. 이 땅에 자생적으로 뿌려진 민권의 씨앗은 제대로 발아하지 못하고 동학이 발생하던 그 시점에서 사장되었다. 황무영은 자기 삶의 부당함을 현실의 불의로서 보편적으로 사유하지 못했다.

물론 백범 김구와 같이 동학에 가담함으로써 개인의 인권이 아니라 조선 공동체의 공생공영을 도모하는 인물도 없지 않았다. 김구는 중국 상해에 임시정부를 세우고 본격적인 구국 활동을 하기 앞서, 구한말 청년기 동학 정신에 감응하여 적극적으로 동학 활동에 가담했는데[13] 1892년(18세) 12월 동학에 입도하여 이듬해 1893년 최시형으로부터 보은에서 접주 첩지를 받았다. 김구에게 동학은 출발점부터 일신의 영예를 위해서라기보다 구국의 방편이었다. 반면 홍구범의 소설에 등장하는 평범한 농민은 세계와 자신 간의 불합리한 거리를 이성적으로 사유할 수 없었다. 이는 18세기 후반부터 1876년에 출현한 평민과 그들의 의식이 인간 해방에 대한 지향이 지배적이었으며 사회적 해방에 대한 지향은 부차적이었다는 점에서[14] 평민이라는 신분 일반의 한계로 지적될 수도 있겠으나, 평민의식이 민중의식으로 발전하기 어려움을 알 수 있다. 홍구범이 해방공간을 직시했을 때 민권이 적실히 요청되던 시기이지만, 민권에 대한 자각은 동학운동 발발 이래 거기에서 더 나아가지 못했다. 구한말에는 부패한 관료와 양반이, 식민치하에서는 일본이, 해방이후에는 순사와 미군정이, 이 땅의 평민에게 폭정을 휘두르고 속박함으로 인해, 구한말부터 해방공간에 이르기까지 조선민족은 인권이라는 기본권 보장마저 어려웠으므로 민권을 의식하고 주창하기 지난했다.

홍구범은 이를 비단 지배계급만의 문제로 보지 않는다. 황무영에게서 드러나듯, 보편적으로 사유하지 못하고 목전의 이익과 감정에 따라 움직이는 농민의 봉건적 의식수준도 지적한다. 그들은 외압에 직면해서 곧바로 동질감을 가졌던 것과 같은 방식으로, 불이익 앞에서는 재빨리 배신했다. 홍구범은 「전설」 외, 다른 작품에서도 이익과 감정에 동요되는 농민의 태도에 주목했다. 「창고 근처 사람들」(『백민』17, 1949.3)은 식민지 시기를 배경으로 악덕지주 조합장과 농민 아내들 간의 갈등을 다룬다. 남편들은 강제 징용당하고 두 여인은 적막과 궁핍에 시달린다. 두 사람은 같은 어려움 앞에서 쉽게 동질감을 형성하고 의형제를 맺는다. 마을지주 조합장의 집에는 쥐가 창고 양식을 축낸다는 소문에, 두 여인은 빠르게 의기투합하여 지주의 창고로 길을 나선다. 이 과정에서 동질감과 연대는 자연스럽고 순식간에 이루어진다.

(가)

"내 나이 댁보다 한 살만 적었드래도 아니 하로만 늦게 났더라면 의형제나 맺자고나 할걸…."

"친형제라고 여기어도 허물될 게 없을 터에, 나도 그런 생각이 전부터 있었는데 말이 났으니, 지금부터 내 댁더러 형님이라 할게."

입장댁도 차순네의 이런 다정한 태도에 감격하였다. 이와 동시에 그들은 여태 겪지 못한 숨어 있던 힘이 둘 사이에 용솟음쳐 우러나옴을 금치 못했다. 이리하여 얼마 지나지 않은 후에는 그들은 함께 이제까지의 모든 울적함을 벗어나 오직 새로운 기분에 젖었다.(97쪽)

(나)

이때, 그 여자 머리엔 아까 입장댁이 말하여 자기가 웃었던 창고가 떠올랐다. 까마귀 이야기가 생각났다. 밑바닥으로 뚫려 있는 허물어진 구멍! 지난 장마에 헐어졌을 때 무심히 보았던 그것이 눈앞에 떠올랐다. 그 다음은 쌀, 그리고 비열한 강 조합장, 그의 식구들…. 또한 입장댁 등등, 한순간에 이러한 여러 그림자가 머리를 사뭇 어지럽게 하였다.

이윽고 차순네에겐 자기도 예상치 못하던 어떠한 힘이 솟아올랐다. 그와 동시에 입장댁을 쳐다보았다. 달빛에 더욱 해쓱한 얼굴이 언제부터인지 자기를 이상히도 바늘 같은 눈초리로 쏘아보고 있다. 차순네는 자신도 모르게 몸을 부르르 떨었다. 용솟음쳐 나오는, 그러나 주체할 수 없을 만큼 자기를 무서워지게 하는 어떤 힘을 억제할 수 없었다.(99쪽)

(가)와 (나)에서 볼 수 있듯이, 두 여인은 동질감을 느낌과 동시에 그 힘을 실행해 옮긴다. 입장댁과 차순네는 야밤을 틈타 조합장의 창고에 도달했

다. 입장네는 바깥에서 망을 보고, 차순네가 창고로 들어갔다. 창고에 불이 나자, 차순네는 밖으로 나오지 못하고 안으로 빨려 들어갔다. 입장댁은 화재를 목도한 순간, "도적이야! 불이야!"(102쪽)를 외쳤다. 위기의 순간, 자신이 살아남기 위해 차순네를 '도적'으로 고발했다. 차순네가 하루아침에 불명예스럽게 죽은 데 비해, 입장댁은 강조합장의 집안일을 돌보며 자기 입지를 굳혔다. 봉건적 신분질서의 굴레에 갇힌 나머지, 농민은 세계 속에서 자신의 입지를 자각하지 못하고 목전의 이익에 따라 쉽게 연대하고 그만큼 또 쉽게 와해되었다. 그들의 연대는 세계에 대한 주체적인 권리를 동반하지 않은 탓에 의식의 차원으로 성장하지 못했다. 동학이 민중운동으로 널리 민권을 발흥시키기에 당대 농민의 의식 각성이 그에 값하지 않았던 것이다.

3) 문명과 교육의 부재

해방공간의 홍구범이 주목한 농민은 민권에 눈뜨지 못한 전근대적 인간들이다. 그들은 자신에게 닥친 부당한 상황을 객관적으로 분석하고 진단하지 못했기에 그에 대한 해결 의지도 보이지 않는다. 징용을 가도, 아내를 잃어도, 인권을 유린당해도 그들은 그 일의 부당함을 자각하고 항거하기보다 운명이나 팔자소관으로 돌렸다. 당면한 생계 해결에 골몰한 나머지, 시대의 변화에 눈뜨지 못하고, 자신과 자신을 둘러싼 삶에 대해 치밀하게 사유할 수 없었다.

「창고 근처 사람들」(『백민』 17, 1949.3)에서 친일 지주는 일제와 결탁하여 징용을 피해간다. 그들은 일제에 영합하여 신분과 지위를 유지하고, 부를 축내지 않고 존속할 수 있었다. 이에 비해 농민은 지주의 횡포로 징용을 가야 했고, 남은 식솔도 지주에게 유린당했다. 농민은 현실에 대한 울분을 토로

하지만, 그것은 격분에 그칠 뿐 힘을 발휘하지 못했다. 그들은 격분하는 것만큼 빨리, 부당한 현실을 수용한다. 징용 간 남편은 아내 차순네에게 다음과 같은 내용의 편지를 썼다. "---그저 내 돌아갈 동안만은 고생할 작정하시오. <u>이리 된 것도 생각하면 우리네들이 타고날 때부터 정해 놓여진 운이니까,</u> 이렇게만 알고 그저 꾹 참고 몸이나 성하게 잘 있으오. 한평생 고생만 하라는 마련은 없을 터이니까---."(93-94쪽. 밑줄은 인용자) 그들은 봉건적인 계층 구조와 식민지 억압에 처해 있던 탓인지, 그들의 의식은 봉건 시대의 정서에 머물러 있었다. 그들은 불합리에 대한 저항의 정당성을 인식하지 못했다. 식민지와 봉건이라는 전근대적 삶의 질곡에서 근대의 보편적 가치에 눈을 뜰 수 없었으며 전근대적 양태를 벗어나지 못했다.

「농민」(『문예』, 1949.8)에서도 순만은 마을 지주 양씨의 농단으로 징용에 간다. 양씨는 자신의 집안일에 순만과 그의 처가 도우러 오지 않은 것을 괘심히 여겨 집안사람 삼뱅이 대신 순만을 징용 보내도록 했다. 순만이 징용 가자, 삼뱅이가 복순에게 청혼하였고 양씨 부인은 복순을 설득하려했다. 복순이 부당한 처사를 따지자, 지주는 몽둥이로 복순을 후려 갈겨 즉사하게 만들었다. 농민이 불의를 저항하더라도, 복순이처럼 모질게 몰매를 당하거나 죽음에 내몰렸다. 인간으로서 자신의 삶을 지키고 보호받기에도 힘겨운 나머지 연대는 요원한 일이었으며, 단지 주어진 조건을 운명으로 순응했다. 순만은 일본 탄광에서 왼팔을 잃었고 고향에서는 아내와 집을 잃었다. 그는 마을 친구에게 자신의 울분을 토로하자, "<u>이게 다 팔자에 매어 된 것이니까 뭘 어찌하느냐</u> 하고는 어린 것 데리고 살다 때를 보아 마땅한 여자나 나서면 얻어 살아갈 수밖에 별반 도리가 있느냐"(156쪽, 밑줄은 인용자)고 위로받았다. 농민은 그들에게 닥친 부당함을 '운명'과 '팔자'로 수용한다. 순만은 지주를 찾아가 재떨이를 던지는 정도로 울분을 표출한다. 지주가 아니라 벽을 맞혔건만 스스로 사람을 죽였다는 자괴감에 즉시 자살한다. 그는 운명과 팔자를 거역할 도리가 없기 때문에 저항 대신 생을 마감했다.

「서울길」(『해동공론』9, 1949.3)에는 해방 이후 화물차로 시골(중평)에서 서울로 올라가는 다양한 승객 군상이 등장한다. 트럭에는 화주, 운전수, 조수, 중년부부, 노인 등이 등장한다. 화주는 싸게 사서 비싸게 파는 투전꾼이다. 운전수와 조수는 인정사정없이 돈만 밝히며 술과 유흥을 즐긴다. 중년부부의 경우, 남편은 일본 구주 탄광에서 돌아왔으며 아내는 심하게 앓고 있다. 노인의 경우, 징용간 아들은 탄광에서 죽고 서울에서 고학하는 손주는 늑막염으로 사경을 헤메고 있다. 갈등은 노인과 화주 일행 간에 발생한다. 한시가 다급한 노인은 서울로 올라가야 하는데 차비가 모자라[15] 트럭에서 내쫓길 처지이다.

중년의 남자는 일흔 다섯의 노인에게 "그렇게 마음 상하시면 무어 소용되는 게 있어야지요. 다 돌아가는 대로 운수로 돌려버리는 것이 제일 시원한 일이지요. 인력으로 억지로래도 되지 않는 일에 너머 마음을 쓰지 마십시오"(124쪽)라고 위로하며, 모두 운수 탓으로 넘긴다. 화주 일행은 앞을 분간할 수 없는 밤의 노상에서 노인을 강제로 하차시킨다. 이 작품에서도 같은 고초에 시달리던 농민들은 잠시 "말을 주고받으며 서로 의지하고 믿는 포근한 동료의 정의 같은 것을 느"(128쪽)끼지만, 그것은 일순간의 공감과 정리(情理)에 지나지 않는다. 동질감을 연대감으로 끌어내고 현실에 표출하는 데에는 한계가 있다. 서울로부터 한참 먼 곳에 노인이 강제 하차 당하지만, 남은 승객들은 이에 맞서거나 만류하지 않는다.

부당한 외압은 운명의 탓으로 돌렸으며, 자신의 파렴치를 자각하는 수치심은 부재했다. 「귀거래」(『민성』33, 1949.2)에서 순구는 궁핍한 서울 생활에 지친 나머지 낙향하여 양조장을 경영한다. 열심히 돈을 모으려 했으나, 인간관계의 조악함을 직시하며 다시 서울행 기차에 몸을 싣는다. 촌사람 '박성달'의 의뭉스러움은 순구로 하여금 연민과 노여움을 느끼게 했다. 박성달은 거짓을 포장하여 순구에게 접근했으며, 그러한 의뭉스러움에는 수치심은 찾아볼 수 없다. 그는 마지막으로 순구와 헤어질 때에도, 그로부터 받은 돈으로 그에게 엿을 사주었다. 수치심이 문명 발달의 척도라고 할 때,[16] 해방 이후 조선의 농민들은 문명화로부터 먼 거리에 있었다. 수치심은 자신의 심리가계(내면의 자동장치) 안에서 이루어지는 갈등이다. 본능적 충동으로부터 구별되는 층위의 심리적 기능으로, 우리가 다른 사물 및 사람과의 관계에서 자기 자신을 통제할 수 있는 데서 생겨난다. 문명화 과정에서 사람이 사람에게 불러일으키는 직접적 불안은 감퇴되지만, 이와 비례하여 눈과 초자아를 통해 매개된 내면적 불안은 증대된다. 수치심은 내면 심리이지만 외부와 자신의 관계를 조율하는 본능적 기제이다. 그들은 운명을 극복하고 수치심을 자각할 수 있는 문명과 교육의 수혜를 받지 못한 것이다. 운명의 노예가 되고 수치심을 자각하지 않는 농민들에게 민권 의식의 성장은 어려운 과제가 아닐 수 없었다.

4. 동학운동 이후세대의 민권 탐구

해방공간의 홍구범이 소설에서 조명한 민권은 동학을 필두로 하여 현실에 첨예하게 부각될 수 있었으나, 그것은 현실에서 어떠한 역량도 행사하지 못했다. 동학운동 1세대가 몰살되고 일제의 식민지 그리고 해방 이후 신탁통치로 말미암아, 그 다음 세대의 민권의 성장은 더 어려워질 수밖에 없었다. 동학 1세대는 구시대 봉건질서의 문제성을 자각하며 자연발생적으로 민권을 자각했지만, 그것이 분노, 슬픔, 죽음에 그쳤으며 그 다음 세대는 그 이전 세대로부터 한 발짝도 더 나아갈 수 없었다. 동학 2세대는 1세대의 문제의식으로부터 오히려 퇴보했다. 동학 1세대의 삶이 노정한 실패와 좌절은 1세대의 좌절로 그치지 않았으며 오히려 다음 세대의 활로를 위축시켰다. 그들은 울도 담도 없는 현실에서 혈혈단신 자수성가의 길을 걸어야 했기에, 그들을 둘러싼 봉건적 속박을 자각할 여유를 지니지 못했다. 그보다 본질적인 이유는 그들의 아버지 세대가 온전히 민권을 자각한 것이 아니라 울분과 감정을 표출한데 그쳤기에 다음 세대의 각성과 의식에 어떠한 영향도 미칠 수 없었다.

결과적으로 동학 2세대는 앞선 세대보다 퇴보하여 현실과 사회가 내장한 제 문제들을 의식할 수 없었다. 그럼에도 동학 2세대가 거두어들인 성취가 있다면 그것은 일찍이 교육의 가치에 눈을 뜨고 자녀교육에 혼신을 다했다는 점이다. 홍구범은 장편소설「길은 멀다」(『협동』, 1950)에서 동학 3세대 인물의 행방을 조명했다. 미완으로 중단되어 자세한 향방을 예단하기 어렵지만, 이 작품을 통해 그가 지속적으로 동학에 관심을 기울이고 있었으며 동시대적 가치를 탐구하려 했음을 알 수 있다. 작중 주인공들은 동학 3세대로서 교육을 통해 자신의 입지를 회복하고 사회에서 당당한 한 사람의 몫을 담당한다. 작중 여주인공 애지와 남자 주인공 진녹은 동학 3세대로서 조부모들이 동학운동 1세대로 가담했다. 조부모들이 동학운동으로 일찍이 세상을 떠나자, 2세대는 혹독한 자수성가의 길을 걸었다. 그들은 홀로 자기 삶을 개척하면서 자식(동학 3세대) 교육에 열을 올렸다. 애지의 모친 강씨는 스무 살이 되기도 전에 술장사를 시작했다.

강씨의 어릴 적 일은 지금 누구 한 사람 아는 이가 없다. 더욱이 그 자신도 누구의 딸인지도 또한 어디서 났는지도 잘 알지 못한다. 다만 지금은 벌써

고인이 되고 자녀들도 어떻게 되었는지 모르지만, 부모 없는 그를 열두 살까지 길러준 진외종조 부부가 그 무렵 가끔 남에게 이야기하던 것이 그의 머리에 희미하게 남겨져 있을 뿐이었다. <u>이름은 모르지만 아버지는 동학에 몰려 남의 손에 죽었다는 것과 어머니는 네 살 적 자기만을 남기고 누구와 눈이 맞아서 어디론지 도망을 갔다는 것이다.</u>

그리하여 열두 살까지 능골 할머니의 동생들이 사는 그 집에서 크다가 열세 살 되던 해 봄, 보리쌀 한 섬에 팔려 오십 리쯤 떨어진 소깨란 곳에 사는 박 첨지네 집 민며느리로 들어갔다. 열다섯 살 되던 해 박 첨지의 외아들인 처서로 해서 머리를 얹고 살았으나 원래가 생활이 곤궁했던 터이라 고생고생 지냈다.(293면. 밑줄은 필자)

강씨의 아버지는 동학에 가담했다가 목숨을 잃었고 이후 가족은 흩어졌다. 강씨는 박첨지네 민며느리로 들어가 술장사로 그 식솔들을 먹여 살렸다. 그녀는 술장사하면서 만난 일본남자 사이에 딸 애지를 낳아 딸을 교육시키는 데 전념했다. 시골에서 보통학교 공부를 시킨 후에는 서울에 보내어 중학교를 공부시켰다. 졸업 후 애지는 고향에 돌아와 보통학교에서 교편을 잡았다. 남자 주인공 진녹이의 조부모도 동학에 가담했다.

집안은 원래부터 대대로 천민이었다. 어느 시대부터인지 할아버지 대까지는 남의 집 행랑살이로 한타령 지내왔다. 할아버지 댁에도 그 직업은 계속이었으나 그의 죽음과 동시에 아버지 대부터는 농민으로 풀렸다. 동기는 할아버지로 해서였다. 그보다도 할머니로 해서 그렇게 되었다는 것이 더 옳은 말일지도 모른다.

어쨌든 그 댁의 문묘직원(文廟直員)으로 행세하는 상전은 할머니를 첩도 아닌 말하자면 군것질의 대상으로 심심하면 가로채었다. 그러나 할머니도 감히 그러한 상전의 만행을 막지는 못했다. 할아버지도 역시 할머니와 같이 대책을 세우지 못했다. 그곳에서 그만 떠나 달리 이사를 하려 해도 종의 문서가 그 길로 내려오기 때문에 그렇게도 못했다. 그러던 차에 동학당이 일어났다. 할아버지는 거기에 휩쓸렸다. 이에 따라 그는 다년간 궁하여 쌓이고 쌓였던 울분이 한몫 폭발되어 급기야는 상전을 죽였다. 종문서도 태웠다. 그러나 결국엔 동학당의 멸망과 함께 그는 일본인 군대 감시 아래 양반 계통인 관청 손에 죽음을 받았다. 아내도 남편의 뒤를 이어 역시 관청 속에서 반죽음이 되도록 맞고 나와 보름도 지나지 못하고 세상을 떠났다. (314-315쪽. 밑줄은 필자)

진녹의 조부는 천민의 신분으로 상전으로부터 학대를 견뎌내지 못해 동학당에 가담한다. 그는 동학도가 되어 상전을 죽이고 종문서도 불태우는 등 적극적으로 저항했으나 동학당의 멸망으로 관청의 손에 죽는다. 그의 아내도 모진 태형을 맞고 세상을 떠났다. 이들의 죽음과 동시에 그 다음 세대는 농민으로 풀렸다. 진녹의 부친은 일찍이 부모를 여의고 17살 총각으로 거지노릇, 체장수, 솥땜장이 조수노릇을 하며 머리가 커지면서 남의 집 일꾼으로 들어가 농사를 배웠다. 10여 년 새경을 모아 약질의 중년 과부를 얻어 진녹을 낳았다. 부친은 아들의 미래를 위해 상업학교까지 진학시키고 물장수, 짐꾼 노릇 등을 하며 뒷바라지 했다. 아들이 장질부사에 걸렸을 때 지극히 간호하여 아들을 회생시켰으나, 정작 자신은 병이 옮아 목숨을 잃었다. 진녹은 고학으로 상업학교를 졸업하고 금융조합 본부에 근무하게 되었으나, 결핵 2기 진단을 받고 시골에 있는 금융조합으로 발령받아 정양했다. 그 마을에서 진녹은 애지를 만나 스물일곱의 생애 처음으로 이성의 정을 느꼈다.

애지와 진녹은 깊이 사랑하고 있으나, 애지의 모친 강씨가 약질의 진녹을 마음에 들어 하지 않았다. 처음에는 결혼을 반대했으나 점차 마음을 돌렸다. 애지와 진녹 두 사람은 계족산(현재 충주 계명산) 하이킹 길에서 서로에 대한 사랑을 확인하고 결혼을 약속한다. 두 사람 모두 상급학교에 진학하여 공부하려는 의지를 가지고 있었다. 작품은 여기에서 중단되고 만다. 작중에서 그들은 현실을 자각하고 사회 구조에 눈뜨기 앞서, 연애를 통해 개인성을 자각한다. 이후 그들이 현실과 좌충우돌하면서 만들어 내는 삶의 다양한 굴곡이 작품의 골격이 될 터인데 연재 중단으로 알 수 없다. 중단된 연재의 마지막 부분이 나무하던 소년이 순사에게 몰매를 당하는 것을 진녹이 그 일에 나서는 것으로 제시되어 있다. 남녀가 두 사람의 일에서 사회의 일에 관심을 옮기는 순간 연재가 중단됨으로 인해, 동학 3세대의 민권이 얼마나 성장했는지 정확하게 예측하기 어렵다.

그럼에도 이 작품을 통해 홍구범이 구한말에서 해방 이후에 이르기까지 동학에 지속적인 관심을 가지고 있었으며, 동학이 거두어들인 성취를 인정하고 있음을 알 수 있다. 1세대가 동학운동의 좌절로 무참히 죽음을 당함으로써, 2세대는 1세대가 태동시킨 민권을 더 발전시킬 수 없었으나 3세대를 교육시키기 위해 헌신했다. 그들은 동학이 아니라 교육이 삶을 바꿀 수 있는 근본 열쇠가 됨을 직시했던 것이다. 그 결과 작중 3세대는 서울로 상경하여 공부했으며, 졸업 후에는 교사와 금융조합원이라는 직업을 가질 수 있었다. 작품 초입의 상당 부분이 두 사람의 애정문제에 초점이 맞춰진 나머지, 이들이 그들을 둘러싼 현실을 어떻게 바라보고 있으며 그에 대해 어떠한 입장을 취하는지에 대해서는 보여주지 못한 채 연재가 중단되었다. '길은 멀다'라는 제목으로 미루어, 홍구범은 작중 주인공들이 현실을 직시한다고 해도 전망을 예견하기 어려울 것이며 그들의 힘이 현실에서 실제적인 힘을 발휘하기 녹록치 않음을 시사하고 있다. 그러나 해방공간 현실을 관통할 수 있는 새로운 '길'을 모색하는 신진작가의 호기를 엿볼 수 있으며, 그가 모색하는 그 길의 근본적인 출발점에 구한말 동학운동이 주춧돌처럼 놓여 있음을 짐작할 수 있다.

5. 결론

홍구범은 해방 이후 등단한 신세대 작가로서 소설을 통해 해방공간 조선의 제 문제를 치밀하게 탐구했다. 그는 충청북도 충주 출신으로 서울과 충주를 오가며, 해방 이후 도시와 농촌이 직면한 현실의 제 문제에 능통했다. 1950년 납치로 인해 해방공간 문학사에만 족적을 남겼다. 3년이라는 짧은 창작 기간에도 불구하고, 그의 소설은 해방공간 (비)국민의 고충을 주목하고 동학운동을 통해 민권의 태동과 그 가치를 지속적으로 탐구했다는 점에서 동시대 다른 작가들과 구별되는 변별적인 층위를 지닌다. 그는 해방 이후 도시와 농촌의 제 문제를 직시하는 가운데 민권 부재를 통렬히 인지했으며, 민권의 자연발생적인 태동을 동학운동에서 찾았다. 그는 '해방'의 방향성을 구한말 조선의 민권 태동과 연동시켜 사유했으며, 이 지점에서 현실의 문제를 총체적으로 조망할 수 있는 작가의 기량을 엿볼 수 있다.

홍구범의 동학 소재 소설로는 「전설」(『문예』4호, 1949.11, 1948.2.3)과 「길은 멀다」(『협동』, 1950)를 들 수 있다. 전자가 구한말 동학 1세대의 동학운동 가담기를 다루고 있다면, 후자는 해방공간 동학 3세대 젊은이들의 삶을 다루고 있다. 「전설」은 전격적으로 동학을 중심 소재로 삼고 있어 주목할 필요가 있는 작품이다. 구한말 중인을 비롯한 농민은 봉건적 신분제에 대항하여 동학의 평등 사상을 수용했다. 그들은 조선 전역 농민들과 연대하여 동학운동을 확산시킨다. 작중 주인공은 봉건적 신분제에 불만을 품고 신분 상승을 꾀한다. 중인의 신분에서 양반이 되기 위해 삶의 터전을 옮기고 양반에게 뇌물을 안기는 등 다양한 노력을 해 왔다. 그의 마지막 선택이 동학운동이었다. 주인공은 동학도의 앞머리에서 활약하다가 관군이 출현하자 동학도들을 배신했다. 그들은 함께 직면한 고난에 쉽게 동질감을 느끼는 것처럼, 이익 앞에서 다시 쉽게 배반한다.

「전설」의 주인공뿐 아니라 다른 작품에서도 농민들은 연대를 실천으로 관철할 정도의 민권 의식을 보여주지 않는다. 그런 의미에서 그들은 민권에 눈을 떴다기보다 자기 인권의 자각에 머물렀다고 볼 수 있다. 그들이 성취한 민권의 수준은 감정적인 동요로 그치며 오히려 봉건적 정서에 더 익숙해 있었다. 홍구범은 농민이 삶을 주도적으로 개척하는 존재가 아니라 운명과 팔자에 맡기는 전근대적 인간임을 부각시켰다. 그들은 지주의 횡포로 가진 것을 다 잃어도, 운명과 팔자소관으로 수용한다. 문명화와 교육의 기회가 없었으므로 스스로 수치심을 자각할 수 있는 기회도 없었다. 홍구범은 「전설」을 비롯한 일련의 소설에서 민권이 제기되고 태동하는 자연발생적인 과정을 보여주었지만, 의식 차원에서 발전할 수 없는 한계도 지적하였다.

미완성 장편 「길은 멀다」(『협동』, 1950)에서는 동학 2세대와 3세대의 삶을 조명했다. 이 작품은 민권 의식의 세대별 추이를 확인할 수 있는 소설이 될 터인데 작가의 납치로 말미암아 연재가 중단되었다. 작중 동학 2세대는 1세대 부모의 죽음으로 혈혈단신 자기 삶의 터전을 일구기에 급급했으며, 동학 3세대에 이르면 이전 세대의 헌신으로 교육과 문명의 혜택을 받았다. 그들은 개인에 대해 사유하고 의식을 현실에 실현할 수 있는 역량을 가졌다. 작품 초반부에 주인공 남녀의 연애문제가 전개되는데, 연재 중단으로 이후 3세대들이 현실에서 어떠한 역할을 수행하며 민권의 성장을 보여주는지 알 수 없는 아쉬움이 크다. 그럼에도 이 작품은 홍구범이 지속적으로 동학의 현대적 의의와 가치에 주목하고 그 정신을 탐구하고 있음을 시사한다.

홍구범은 해방공간 건국의 사명을 달성하기 위한 방안으로 민권에 주목했다. 해방 이후 혼란 정국에서 (비)국민은 안정된 제도적 장치와 보호를 받을 수 없었다. 일신의 안일만을 추구하는 모리배들의 틈바구니에서 가진 것 없는 농민들은 더 많은 부당함과 약탈에 직면했다. 그는 농민의 비애를 통해 봉건적 계급구조가 구한말에 이어 해방 이후에도 다른 방식으로 존속됨을 자각하고 동학운동을 조명함으로써 민권의 수립과 계승을 염두에 두었던 것이다. 홍구범의 작품은 해방공간에서 시작되어 해방공간에서 종결되었다. 그럼에도 그의 작품은 해방공간의 실체를 생생하게 재현하고 있으며, 특히 동학운동을 통해 민권의 기원을 탐구했다는 점에서 문학사적 가치가 제고될 필요가 있다. 그는 동학운동의 좌절을 통해 동학의 가치를 부정한 것이 아니라 동학운동의 정신적 수준에 도달하지 못하는 동시대 (비)국민의 실생활과 의식을 응시했던 것이다.

의암 손병희 사상의
철학적 조명

김 영 철_ 동국대학교 파라미타칼리지 교수

1. 들어가는 글

동학농민혁명의 햇불이 밝혀진 지도 벌써 123년이란 세월이 흘렀다. 수운 최제우에서 시작하여 해월 최시형 그리고 의암 손병희에 의해 그 햇불은 이어져 왔다. 그 불빛은 아직도 밝게 오늘날 우리 사회와 사람들에게 비치고 있다. 그중 의암 손병희는 동학을 근대화의 길로 나아가는 가교로서 우리 민족의 정신에 뿌리를 내리게 한 위대한 사상가이다.

의암은 종교적 지도자요, 민족정신을 승계하여 보존한 구국열사이자 교육가이기도 하다. 하지만 무엇보다도 동학을 천도교로 개칭하여 종교로서의 위상을 정립하고, 그 동학의 탁월한 사상에 철학적으로 의미를 부여한 철학자이기도 하다. 이런 이유로 철학계에서는 의암의 사상을 철학적으로 심도 있게 연구하고자 하는 열정과 경향을 보이고 있다. 그 중심에 그의 핵심 사상이자 천도교의 종지인 인내천 사상에 대한 철학적 논의가 놓여 있다.

의암의 인내천 사상은 단순히 인내천 개념만을 따로 떼어서 논의할 수는 없다. 그의 삶에 대한 애정어린 관심을 토대로 그의 생애를 살펴보는 작업이 선행되어야 한다. 사상의 뿌리는 항상 사상가의 성장 배경과 밀접한 연관이 있음은 만고의 진리이다. 또한 그의 사상은 그가 동학을 천도교로 개칭하는 작업과 연계하여 그 의미를 찾을 수 있다. 더 나아가 인내천 개념의 핵심은 사람이 잃어버린 본연의 모습 혹은 마음을 회복하는 것이다. 이를 우리는 자각이라 하고, 철학적으로는 자기인식이라는 개념으로 설명하며, 종국에는 인간 본성에 대한 이해와 연관된다. 그리고 이것을 의암은 이신환성(以身換性)의 개념으로 설명한다.

이 글은 이러한 의암의 사상적 발전, 즉 인내천 개념이 형성되고 변화되는 가운데에 철학, 즉 어떤 철학적 의미가 함께하는지 탐색하는 것을 목표로 한다. 물론 이러한 인내천 사상의 발전에는 그의 스승들인 수운 최제우와 해월 최시형의 사상적 유산인, 시천주 사상과 양천주 사상이 놓여 있음은 당연한 귀결이고, 그것은 기존의 많은 연구에서도 잘 드러난다.[1]

2. 불의에 맞서 정의로운 삶의 표본을 보이다

의암 손병희(1861-1922)는 제3대 동학교조로서 수운 최제우와 해월 최시형의 도통을 이어 받아 동학을 근대적 사상과 근대적 종교로 만든 한국 근대 역사의 한 획을 그은 인물이다. 그는 동학의 제3대 교조로서 단순히 종교 지도자로서의 삶을 영위하는 데에 만족하지 않고 대한민국의 독립과 미래를 위해 헌신하였다. 현 고려대학교와 동덕여대의 전신인 보성전문학교와 동덕여학교를 인수 운영하여 조국의 미래인 교육을 위한 사업을 전개하였고, 『천도교회월보』를 발행하는 등 출판사업도 하였다. 1919년에는 민족대표 33인 중 한 명으로 3·1운동을 주도하는 등 독립을 위해 온몸을 바쳤다. 이러한 그의 활동은 곧 조국의 해방을 가능케 한 밑거름이 되었고, 나아가 대한민국 민주주의의 상징인 4·19혁명 등을 가능케 하였다.

의암은 1861년 4월 8일 현 청원군 북이면 금암리에서, 청주관아에서 세금을 징수하던 관리의 서자로 태어났다. 그는 어려서부터 불의를 보고는 참지 못하는 성품을 지니고 있었으며, 정의감이 뛰어나 어려운 이웃이나 약자들의 편에서 행동하는 의협심이 강한 소년이었다. 일설에 의하면 어릴 때 관아에 내야 할 돈을 눈길에 쓰러져 다친 사람의 치료를 위해 썼다고도 하고, 친구 아버지의 석방을 위해 필요한 돈을 마련해 주기도 하는 등 어려운 이웃을 긍휼하는 삶을 실천하였다고 한다. 하지만 적자가 아니라 서자라는 신분의 굴레는 당시 사회에서 평탄한 삶만을 영위토록 하지는 않았을 것이다. 그래서인지 그도 20세를 전후로 하여 일정 기간 동안은 일탈하는 행동을 취하기도 한 것으로 전해진다. 하지만 일탈하는 행동도 1882년 조카 손천민의 소개로 '모든 사람이 평등하다'는 것을 주장하는 동학의 교리에 관심을 갖고 입도하면서 끝이 났다. 입도 후 그는 동학에 심취하여, 동학 입도 3년경 해월 최시형을 만난 후 동학의 도를 깨우치고 해월의 참다운 제자로서의 삶을 위해 익산 '사자암'과 공주의 '가섭사' 등에서 득도를 위한 수도를 하였다.

수도 생활을 마친 의암은 본격적으로 동학농민혁명에 가담하게 되었다. 1894년에는 '보은'에서 동학 창도주인 수운 최제우의 신원운동을 북접 소속의 일원으로 주도했고, 논산에서 남접을 이끄는 전봉준과 합세하여 관군에 맞서 싸웠다.[2] 초반에는 호남과 호서지방 등에서 승리하기도 했으나 일본군의 개입으로 인해 결국에는 패배했다. 패배 후 그는 관군의 추적을 피해 관서지방으로 피신하였고, 그곳에서 동학 포교 활동을 활발하게 진행하는 등 동학의 재건을 위해 노력했다. 이러한 그의 노력으로 인해 동학은 종교로서 그리고 사상으로서 재기할 수 있게 되었다. 1897년에는 정신적 스승이었던 최시형의 뒤를 이어 동학 제3대 교주가 되었다. 이후 그는 근대화 운동과 관련된 개화파 사람들과 활발하게 교류하였고, 그들로부터 서양 사상, 즉 개화사상을 받아들였다. 그 이후 그의 활동(갑진개혁운동, 1904)은 조선을 근대화의 길로 나아가도록 하는 데 큰 역할을 했다.

의암의 근대화에 대한 열망과 의식은 1901년 시작된 일본에서의 망명생활의 결과로 생겨났다. 그는 동학에 대한 탄압이 거세지고 자신에게 포교했던 조카 손천민이 체포되어 처형당하자 자신의 신변에 위기를 느꼈다. 이에 1901년 중국 상하이로 망명했고, 그곳에서 중국의 손문(孫文)과 국제정세를 논의하기도 했다. 중국에서의 망명생활이 여의치 않게 되자 곧 좀 더 안전한 일본으로 망명했다. 일본에서의 망명생활 중에 그는 개화파 관료들이던 박영효 등과 친분을 맺게 되었고, 메이지 유신 이후 발전하고 있던 도쿄 등을 돌아보면서 선진 제도와 문물 도입 그리고 교육을 통한 인재 양성의 중요성을 깨닫게 되었다.

1900년대로 접어들면서 일본의 조선 침략 야욕은 점점 더 노골화되었고, 이러한 상황에 대처하기 위해 의암은 1904년 권동진 등과 함께 일본에서 진보회(進步會)를 결성하여 위기에 처한 조국을 구하고자 했다. 이를 위해 두 차례에 걸쳐 조선에서 64명의 인재를 선발, 일본 유학을 주선하여 선진 제도와 문물을 획득토록 했다. 하지만 진보회 동료였던 이용구가 그의 뜻에 반하는 친일매국단체인 일진회와 합병하여 을사조약에 찬성하는 매국행위를 하자 곧바로 친일분자들을 색출하여 그들을 출교 처분했다. 그리고 더 나아가 그는 정치와 종교의 분리가 필요함을 느끼고, 동학을 천도교로 개칭했다. 1908년, 그는 대도주의 자리를 춘암 박인호에게 넘기고 민족주의 운동의 일환으로 교육이 조국의 백년대계라고 판단하여, 보성전문학교 등 애국지사들이 설립한 학교들을 인수해 교육 사업에 전념했다. 그는 3·1운동을 주도한 33인의 대표로 기미독립선언문을 선포한 후 일본 경찰에 체포되어 수감생활을 하던 중 건강이 악화되어 병보석으로 풀려났지만, 건강을 회복하지 못하고 1922년 5월 19일 62세로 순국했다. 후에 대한민국 건국훈장

이 추서되었다.

의암은 '사람이 곧 하늘'이라는 인내천의 정신을 몸소 실천한 근대 한국이 낳은 최고의 종교지도자요, 정치가요, 교육가요, 언론가요, 애국지사로 평가받고 있다. 무엇보다 그는 동학농민혁명의 정신을 1894년 이후 죽을 때까지 온몸으로 전파한 위대한 혁명가이자 동학 정신의 상징이다. 이러한 그의 일생은 우리 민족에게 조국 독립 희망의 촛불이었고, 지금도 우리 민족에게 행복과 번영의 횃불로서 남아 있다. 의암 손병희의 삶은 "불의에 맞선 정의로운 삶의 표본"이었다.

3. 동학을 천도교로 개칭하다

의암은 1905년 12월 1일에 그때까지 동학이라는 명칭으로 불리던 것을 천도교로 개칭하여 세상에 선포했다. 이전의 동학을 천도교라는 새로운 명칭에 따라 재정립하고자 한 것이다. 이 일은 동학의 새로운 위상을 정립하는 사건이었다. 의암이 동학을 천도교로 개칭한 것에는 여러 가지 이유가 있었다. 그 첫 번째 이유[3]는 그때까지 정부로부터 탄압을 받고 있던 동학에 종교적인 성격을 부여하여 종교로서의 자유로운 활동을 가능토록 하기 위함이었다. 왜냐하면 당시 사회에는 종교의 자유가 보장되고 있었으므로, 동학 또한 천도교라는 종교로 개편함으로써 정당하고 자유롭게 신앙 활동을 할 수 있을 것으로 생각했기 때문이다. 두 번째 이유[4]는 동학이라는 신앙적 교리 내지는 사상을 기반으로 하늘의 도를 찾고자 하던 사람들을 체계적이고 조직화된 신앙공동체로 결속하여 더 체계적인 신앙생활을 할 수 있도록 기틀을 놓았다는 점이다. 말하자면 근대적인 종교집단으로서의 천도교단을 형성하여 그곳에서 체계적인 신앙생활을 하도록 하였다는 사실이다. 세 번째 이유는 당시의 동학교도나 핍박받는 사람 대부분이 서민 계층이었고, 이는 곧 동학이라는 우리 학문으로서의 사상을 강조하여 그들을 위로 혹은 단합하게 하는 것보다, 종교적 믿음을 통해 새로운 세상의 도래에 대한 희망을 갖도록 하는 것이 더 필요했다는 것이다. 말하자면 종교적 특성을 더 강화하고 조직화하여, 불안과 실의에 빠져 있던 동학교도들을 다시금 모이도록 하는 효과를 보고자 하였던 것이다. 이는 단순히 동학교도들에게만 해당되는 문제는 아니었을 것이다. 동학을 알지 못했거나 동학교도가 아니었던 백성들에게도 종교적 성격을 강화하고 조직화하는 것은 곧 전교의 효과가 크다고 판단했을 것이다.

동학의 학문성은 이미 수운 최제우가 동학을 창도할 때부터 드러난다고 볼 수 있다. 수운은 "도는 천도(天道)이지만, 학은 곧 동학"[5]이라고 말했다. 이는 곧 동학과 도(道)를 구분하는 것이다. 말하자면 동학이라는 학문 혹은 사상을 통해 하늘의 도를 깨닫도록 함을 의미한다. 그리고 하늘의 도를 깨닫게 한다는 것은 곧 하늘의 뜻인 시천주(侍天主)를 깨닫고 몸소 실천해야 함을 말하는 것이다. 시천주라 함은 내 몸 안에 천주를 모시고 있다는 뜻이다.[6] 하여 수운은 동학이라는 학문을 통해 시천주의 참 뜻을 이해하고 그것을 세상에서 실천해야 함을 말했던 것이다. 의암은 이러한 수운의 뜻을 올바로 이해하여 그것을 교(敎)라는 가르침으로 정립한 것이다. 말하자면 학문으로서의 동학과 천도를 교로서, 즉 1905년 12월 1일에 천도교(天道敎)로서 세상에 알린 것이다. 그러므로 천도교의 이전 명칭이 동학이고 새로운 명칭이 천도교가 아니라, 천도교라는 명칭은 곧 동학과 천도를 동시에 포함하는 명칭으로 해석해야 하는 것이다.[7]

동학을 천도교로 개명한 후 의암은 교도들의 신앙심을 확고하게 하기 위해 종교적 의례를 정례화시켰다. 의암에 의해 정례화된 천도교의 종교 의례로는 청수(淸水), 심고(心告), 주문(呪文) 등의 종교적 의례 행위가 있으며, 또한 교단의 재정적 자원 조달의 역할을 하는 성미(誠米)와 종교의례 집회인 시일 성화식(侍日聖化式) 등의 종교적 기능으로서의 제도, 즉 오관(五款)이 있으며, 이를 통해 천도교는 종교로서 발전할 수 있는 확고한 기틀이 놓여졌다. 또한 천덕송(天德頌)을 만들어 종교 예식을 보완하기도 했다. 뿐만 아니라 의암은 수운 최제우가 득도한 4월 5일을 천일기념일(天日紀念日)로 정했고, 해월 최시형이 수운으로부터 도통을 승계한 8월 14일을 지일기념일(地日紀念日)로, 자신의 승통일인 12월 24일을 인일기념일(人日紀念日)로 정하여 교인들 간의 친목과 결속을 강화시켰다. 그 외에도 천도교 공포일인 12월 1일을 교일기념일(敎日紀念日)로 지정하는 등 교인들 간의 유대를 강화시키는 제도를 제정하여 교세를 확장하는 데 주력했다.

의암은 동학을 천도교로 개칭하고 근대적 의미의 종교로 정립시키는 작업을 통해 흩어진 동학교도들을 결집시켰으며, 그들에게 민족적 긍지와 위기에 처한 조국을 구하도록 하는 정신을 불어넣었다. 천도교의 교리 정립과 제도 정비는 단순히 천도교만의 종교적 의례를 위한 행위가 아니었다. 이것은 궁극적으로 민족정신을 일깨우는 행위였다. 민족이 함께 단합하여 외세에 대항하는 체제를 형성하는 방법을 제시한 것으로 볼 수 있다. 일본에 의해 주권이 상실되고 민족적 자긍심이 사라지고 있었던 시점에 이러한 의암의 종교적 체제 형성 및 교인 간의 유대와 결속 강화 그리고 자긍심 고취 방법 등은 조선 백성들로 하여금 잃어버린 자신을 자각하고 회복하는 행위임과 동시에 민족적 독립 정신을 일깨우는 선각적 행위의 발로였다. 그의 이러한 행위는 1919년 3월 1일 독립운동의 횃불이 되었고, 마침내 1945년 8월 15일 일제로부터의 조국 독립의 횃불이 되었다.

4. 인내천의 교리를 체계화하다

의암은 동학을 천도교로 개칭한 다음 해인 1906년부터 수운과 해월로부터 시작한 교리를 신앙과 철학적인 관점에서 체계화하는 작업을 진행했다. 우선 교리 해설집인 「천도교전(天道敎典)」과 수운의 사상이 들어 있는 천도교의 경전인 『동경대전(東經大全)』과 『동경대전』의 주해서인 「동경연의(東經演義)」 등을 발행했다. 그리고 더 나아가 교리를 철학적으로 주해한 「대종정의(大宗正義)」와 「현기문답(玄機問答)」, 「무체법경(无體法經)」 등을 발행했다.[8]

의암에 의해 천도교의 중심교리가 된 인내천(人乃天) 개념은 「대종정의」에 처음으로 등장한다. 인내천은 '내 몸에 천주를 모시고 있다'는 수운의 가르침인 시천주(侍天主)에서 출발하여, 해월의 '사람이 곧 하늘'이라는 의미의 인즉천(人卽天)의 해석을 거쳐서 발전한 개념이다. 인내천이란 '사람이 천주인 한울님을 모시고 있으니, 이에 사람이 곧 천주로서의 한울님'이라는 의미이다. 이것은 곧 인내천이 의암에 의해 새롭게 만들어진 개념이 아니라 수운과 해월의 개념에서 자연스럽게 생성된 개념임을 뜻할 수도 있어 보인다. 하지만 인내천이 분명 수운과 해월의 사상에 근거하여 생성은 되었지만, 의암이 두 교조들의 핵심 종지를 종합하여 더 발전적이고 구체적인 의미를 갖는 개념으로 발전시켰다고 보는 것이 옳을 것이다. 즉 인내천은 '사람이 한울님을 모셨고'(侍天主), '사람이 바로 한울'(人卽天)이며, 또 '사람이 곧 하늘이다'(人乃天)라는 개념적 발전이 포함된 의미를 지닌다. 말하자면 초기의 시천주는 천주의 영(靈)이 인간의 몸 안에 내재하고, 그것을 체험하는 것이 중요했다면, 해월의 인즉천은 그 천주를 어떤 신비적인 영의 내재로만 보지 않고 인간의 마음 자체로 파악하고자 했다는 것이다. 의암 또한 시천주(侍天主)를 천주의 영이 인간에 내재하는 것으로 보지 않고, 인간 자체가 바로 천주로서의 하늘이라고 생각했다.[9] 그리하여 사람이 곧 하늘이라는 사상, 즉 이러한 인내천의 사상을 자각하게 되었고, 그것이 바로 천도교의 핵심 교리가 되었다는 것이다.[10]

「대종정의」(大宗正義)에 기록된 인내천의 의미를 좀 더 구체적으로 살펴보면 다음과 같다.[11]

> 수운대신사는 천도교 元祖라. 그 사상이 博으로 從하야 約히 倫理的 要點에 臻하니 그 要旨는 人內天이라. 인내천으로 教의 客體를 成하며 人乃天으로 認하는 心이 그 主體의 位를 占하여 自心自拜하는 教體로 天의 眞素的 極岸에 立하니 此는 人界上 初發明한 大宗正意라 謂함이 足하도다.[12]

이는 인내천 개념이 수운 사상을 한 단어로 정리하여 표현한 천도교의 핵심 교리임을 밝힌다. 말하자면 인내천이 수운의 요지이므로 인내천 사상으로 천도교의 종교적 체계를 세우며, 자신의 마음으로 인내천을 깨달아야 함을 말하는 것이다. 이러한 이유로 그는 바깥에 있는 신을 섬기지 말고 자기 마음을 섬겨야 한다는 것을 강조한다. 즉 내 마음에 있지 않고 저 바깥에 있는 초월적인 신을 섬기는 것이 아니라 자기 마음이 하늘임을 알아 섬기는 것이 천도교의 근본 진리이며, 이것이 인류 역사에서 처음으로 밝힌 가장 으뜸 되는 바른 가르침(대종정의)이라는 것이다. 이러한 인내천 사상의 가르침 배경에는 근대적 의미의 교리의 필요성이 놓여 있다. 즉 천도교 개편에 따른 교리의 근대화와 문명개화의 노선에 부합하는 근대적인 의미의 교리가 필요함에 따라 만들어졌다는 것도 분명 일면 설득력이 있다는 말이다. 하지만 더 근본적인 의미는 수운의 시천주 개념이 이론적 그리고 실천적인 의미에서 발전을 이루면서 해월의 심즉천 개념으로 나타나고, 이 심즉천 개

넘이 다시 좀 더 근대적인 의미로서의 인내천 사상으로 발전했다고 보는 것이 더 설득력을 갖는다. 다시 말해 인내천은 시천주의 개념적 이해의 심화 과정에 따른 사상적 내재적으로 발전한 근대적 의미의 개념으로 이해해 볼 수도 있을 것이다.[13]

5. 인내천, 인간 본성의 자각이자 인간의 이해이다

인내천이란 어떤 의미일까? 먼저 인내천을 단순하게 직역하면 '사람이 곧 하늘이다'라는 뜻이지만, 다양한 관점에서 해석이 가능하다. 우선 인내천을 신관(神觀)이라는 관점에서 이해할 수 있다. 이는 곧 사람이 하늘, 즉 천주로서의 신이므로 초월적이고 절대적인 의미에서의 신이라는 개념을 상정하지 못하게 된다. 말하자면 인간 이외에 인격적인 의미에서의 신이 자리할 곳이 없게 된다. 그렇게 되면 인간 외부에는 신이 없고, 인간 마음만이 신이므로 마음만을 섬겨야 한다는 논리로 해석될 수 있다. 신을 이러한 관점에서 보면 천도교의 인내천 교리는 무신론이라는 비판에 직면할 수도 있어 보인다. 다음으로 인내천의 교리를 인간 본성에 대한 자기인식 혹은 자각이라는 관점에서 보면 그 의미는 달라질 수 있다. 말하자면 인간은 신으로부터 왔고, 신과 같은 본성을 타고났으므로 귀한 존재라는 식으로 해석이 가능하다. 이는 곧 인간이 천주인 한울님의 영(靈)을 지닌 고귀한 존재임을 말하지, 인간의 근원인 신으로서의 한울님을 부정하는 것을 뜻하지는 않는다.

김용휘는 인내천의 해석 문제를 세 가지로 정리하여 말한다.[14] 첫째, 인격적인 신으로서의 천주, 둘째, 우주적 기운으로서 비인격적인 지기(至氣), 셋째, 인간의 몸에 내재하는 영(靈)이다. 동학의 신은 인간의 정신에 의해 경험된다는 측면에서 인격적 존재로 이해될 수 있지만 어떤 특정한 공간에 존재하는 인격적 실체는 아니라고 한다. 이는 곧 인격적 존재로서의 한울님이 아니라 지기처럼 인간의 특별한 정신적 상태에서 신적인 존재로서 경험할 수 있는 존재로서 이해하고자 한다. 말하자면 신은 그 자체로 인격적 실체가 아니라 지기가 가진 정신적 속성의 궁극성이 인간 정신 안에서 경험되는 것을 가리키는 말이라고 이해할 수 있다는 것이다. 그러므로 김용휘는 인내천의 의미를 위의 세 가지 해석 중 두 번째나 세 번째가 더 적합하다고 생각하는 것이다. 그리고 이는 곧 인내천이 동학의 새로운 신관을 나타내는 것이 아니라 인간 본성에 대한 자각을 통해 인간 존재에 대한 존중을 담고 있는 것으로 보아야 한다는 것이다.

인내천 사상이 인간 본성의 자각 혹은 인간 존재의 존중이나 이해에 대한 문제라는 것은 단순히 자연스럽게 인간 내면에 머무르는 신을 자각하는 것이 아니다. 말하자면 인간은 신을 외부에 있는 절대적인 경배 혹은 신앙의 대상으로 여기게 된다. 하지만 신과 인간의 존재적 등급 혹은 위상의 차이로 인해 신과 인간은 서로 평행선을 달릴 수밖에 없다. 하지만 인간은 이러한 평행선 속에서도 신에 대한 경배 혹은 이해를 무한히 도모한다. 이러한 과정을 통해 인간은 신이 자신의 내면에 존재함을 느끼게 되고, 즉 내 안에 있는 영으로 생각하고 그 모신 내유신령을 섬기게 되며, 더 나아가 그 영이 다름 아닌 내 마음이라는 것을 깨닫게 된다. 이는 인간 내면의 자기변화이며, 더 이상 신과 인간 사이에는 만날 수 없는 평행선이 존재하지 않음을 인식하게 된다. 이는 곧 인간이 수도나 신앙생활 등을 통해 무궁한 존재로 나아갈 수 있다는 확신을 갖도록 하였다. 이러한 이유로 의암은 기존의 수행이나 수도 방법 그리고 신앙생활 방법 등의 변화가 필요하다고 생각했다.

의암이 제시한, 신앙생활을 위한 새로운 수행 방법의 핵심은 자기 자신을 자각하는 데에 있다. 말하자면 신앙생활에도 그 단계가 있으며, 그 단계를 통해 신앙생활을 하면 내가 곧 하늘이라는 인내천의 깨달음에 도달할 수 있다는 것이다. 의암은 이를 자천자각(自天自覺)이라는 표현을 통해 강조한다.[15] 자천이라 함은 내 안에 있는 본래의 마음을 뜻한다. 이는 곧 내 안에 있는 천주로서의 한울님을 말한다. 그리고 이러한 자천을 자각하는 것이 수행과 수도를 통한 신앙생활의 목표이다. 또한 의암은 자각이라는 개념을 통해 스스로 주체가 됨을 강조한다. 이는 곧 신앙을 주체적으로 하는 것을 뜻하지만, 자천, 즉 내 안에 있는 천주를 자각하고자 한다는 사실은 절대 잊어서는 안 될 것이라고 말한다.

> 어떤 사람이 말하기를 「하늘을 마음 밖에 두고 다만 지극히 정성을 다하여 감화를 받아 도를 얻는다」 하고, 또 말하기를 「하늘이 내게 있으니 어느 곳을 우러러 보며 어느 곳을 믿으랴. 다만 내가 나를 우러러 보고 내가 나를 믿고 내가 나를 깨닫는다」 하여, 닦는 이로 하여금 마음 머리 두 곳에 의심스러움이 겹치게 하여 성품을 보고 마음을 깨달으려 하는 사람의 앞길을 아득케 하느니라.[16]

> 무릇 천지만물이 주객의 형세가 없지 않으니, 하늘을 주체로 보면 나는 객이 되고 나를 주체로 보면 하늘이 객이 되니, 이를 분별치 못하면 이치도 아니요 도도 아니다. 그러므로 주객의 위치를 두 방향으로 지정하노라. 사람의 권능이 하늘을 이기면 하늘이 사람의 명령아래 있고, 하늘의 권능이 사람을 이기면 사람이 하늘의 명령 아래 있으니, 이 두 가지는 다만 권능의 균형에 있다.[17]

이는 곧 천주가 내 마음 밖에 있는 경배의 대상이라고만 생각해서 외부의 다른 것, 즉 외부의 신을 경배하고 의존해서는 안 됨을 뜻한다. 또한 무조건 적으로 내 마음이 곧 하늘이라고 생각하여 자신의 존재를 과하게 평가하거 나 자만하는 신앙 방법도 옳지 않음을 말한다. 그리하여 의암은 신앙생활, 즉 내 안에 천주가 있음을 자각하는 방법에 있어 주객의 관계를 잘 설정하 여 시작할 것을 강조하는 것이다. 말하자면 우선 천주인 한울님을 알기 위 해 정성을 다하는 수행과 수도를 하여 감화와 체험을 통해 천주를 확인하 는 것이 필요하다. 그리고 이것이 가능할 때야 비로소 우리 인간은 내 마음 속에 천주가 있고, 곧 내 마음이 하늘이라는 천도교의 종지(宗旨)인 인내천을 깨달을 수 있게 된다는 것을 뜻한다. 이는 곧 단계를 거쳐 자천을 자각하는 것, 즉 수도와 수행의 단계가 깊어지면 깊어질수록 자각의 정도도 깊고 커 지며 마지막으로 '내 마음이 곧 천주'임을 자각하게 되며, 그것으로 인해 인 내천, 즉 '사람이 곧 하늘'임을 깨닫게 된다는 것이다.

6. 이신환성으로 인내천을 깨우치다

육신은 백년 사는 한 물체요. 성령은 천지가 시판하기 전에도 본래부터 있 는 것이니라. 성령의 본체는 원원충충하여 나지도 아니하며, 멸하지도 아니하 며, 더하지도 않고, 덜하지도 않는 것이니라. 성령은 곧 사람의 영원한 주체요, 육신은 곧 사람의 한때 객체니라. 만약 주체로써 주장을 삼으면 영원히 복록 을 받을 것이요, 객체로써 주장을 삼으면 모든 일이 재화에 가까우니라.[18]

대신사의 법력은 원원충충하여 길이 살아 계시어 없어지지 아니하나니, 물 가운데 그냥 가는 것과 비 속에서도 젖지 않는 것은 대신사의 생전 법력 이요, 한여름에 얼음이 얼고 성미 그릇에 성미가 불어나는 것은 대신사의 사

후 법력이니, 대신사의 법력은 생전 사후가 같은 것이니라.[19]

의암은 후기로 갈수록 인내천 의미의 일환으로 이신환성(以身換性)이라는 신앙생활의 방법을 강조했다. 그는 1916년 서울 우의동 봉황각에서 이신환성에 대하여 설법했다. 이신환성이란 간략히 말하면 사람이 마음의 중심을 신체, 즉 육신에 두지 말고, 본래의 성품인 영(靈)에 둘 것을 말하는 것이다. 즉 사람의 눈·귀·코·혀·몸·뜻(眼耳鼻舌身意)의 6관념(根)으로부터 생기는 욕심을 본래 천주, 즉 한울님인 성령(性靈)에 기반한 마음으로 바꾸라는 의미이다. 육신에 매몰되어 있는 자신을 마음을 본래 한울의 마음으로 바꾸라는 뜻이다. 사람이 보고 듣고 배우고 경험한 다양한 유한한 것들을 무한하고 유일무이한 성령으로 거듭나는 것을 말한다.

의암의 이신환성 개념은 결국 물질과 육신관념 때문에 본래의 자신을 망각한 인간이 육신과 물욕으로부터 벗어나 자신의 육신을 자유롭게 하는 것이다. 망각한 자신을 회복하여 본래의 상태로 되돌리는 것이 곧 의암이 생각하는 인내천의 참뜻인 것이다. 이를 위해 의암은 이신환성의 신앙방법, 즉 수도와 수행을 하는 방법을 제시하여 사람이 물욕이나 신체의 굴레에서 벗어나 내면의 정신에 몰두할 것을 권하는 것이다. 이는 곧 현재 습관된 마음으로부터 여러 가지 생각이 일어나는데, 그러한 생각들을 일시에 없애려고 헛된 애를 쓰지 않더라도 진심으로 수행하고 신앙생활을 영위하는 행위, 즉 천주인 한울님을 믿고 공경하고 정성을 다하면 사람에 따라 시간 차이는 있을지라도 누구나 본래의 자신을 자각할 수 있게 된다는 것을 뜻한다.

이신환성이 되는 것은 곧 사람이 자신을 깨닫는 것, 즉 자각하는 과정으로 드러난다. 의암이 생각하는 자각의 과정은 다음과 같다. 첫 번째는 강령(降靈)한 천주인 한울님을 모시게 되고, 두 번째는 강화(降話)의 단계로서 천주인 한울님 말씀을 알고 한울님과 교통하여 서로 뜻을 주고받게 되며, 세 번째는 자천자각의 단계로서 천주인 한울님과 내가 둘이 아님을 하는 깨달음을 얻게 된다. 네 번째는 대도견성하는 단계로서 이때 사람은 모든 원리를 깨닫게 된다. 이러한 단계를 거치는 동안 사람은 자신의 힘이 아닌 천주인 한울님의 능력을 얻게 된다. 그리고 본래의 자신의 모습인 한울님 마음을 깨닫게 되는 경지에 오르게 된다.

이러한 의암의 생각은 수운의 시천주 개념에도 잘 드러난다.

> 분별없는 이것들아, 나를 믿고 그러하냐? 나를 도무지 믿지 말고, 한울님만 믿어라. 네 몸에 모셨으니 사근취원 한단 말이냐? 내 역시 바라기는 한울님만 오로지 믿고, 몽매함을 벗어나지 못한 너희들은 서책은 아주 폐하고 수도하는 데 힘쓰는 것, 그도 또한 도덕이다.[20]

수운의 이 말은 인간이 시천주하기 위해서는 자신을 아는 것, 즉 자각하는 것이 반드시 필요함을 의미한다. 이는 천주가 인간의 마음에 존재함을 말한다. 즉 사람의 몸에 천주인 한울님 모셨음을 뜻하는 것이다. 예컨대 천주인 한울님이 인간 마음에 존재하고 있다면 천주의 마음은 곧 사람의 마음이 된다. 즉 오심즉여심(吾心卽汝心)[21]이다. 사람이 오심즉여심을 깨닫게 되면, 즉 자기 자신에 내재하는 한울님을 자각하게 되면, 참된 의미에서의 사람, 즉 시자(侍者)가 됨을 뜻하는 것이다.

7. 나가는 글

의암 손병희의 사상적 의의는 인내천 개념에서 주로 나타났다. 인내천은 수운 최제우의 시천주 개념을 근대적으로 해석한 것이었다. 또한 해월 최시형의 실천적이고 수양하는 개념인 양천주와 심즉천의 개념을 좀 더 이론적이며 근대적인 의미로 해석한 것이었다. 동학의 세 거두, 수운과 해월 그리고 의암의 사상에는 공통적으로 인간에 대한 사랑, 즉 사인여천의 정신이 담겨 있었다. 하지만 당시의 사람들에게는 그러한 인간에 대한 존중의식이 부족했다. 이는 곧 사람이 사람을 이해하지 못하게 만들었다. 왜 이러한 문제가 생겨났을까? 의암 손병희는 이러한 문제를 제대로 인식하였고, 거기에 대한 올바른 답을 제시하였다. 문제도 인간에게 있었고, 마찬가지로 답도 인간에게 있었다. 하지만 인간은 그러한 사실을 몰랐다. 이는 곧 인간의 무지함에서 기인하는 것으로 보아야 한다. 이는 곧 인간의 자기성찰의 부족에서 기인한다. 말하자면 자기 이해의 부족이고 자기 자신에 대한 사랑 결핍이다. 그러므로 우리는 의암을 위시한 동학의 선각자들인 수운과 해월 사상의 핵심이 바로 인간 무지로부터의 해방, 무지로부터 벗어나 자신의 본연의 모습을 되찾는 것임을 인지해야 하는 것이다. 이러한 인지는 곧 인간의 자각이며 자기인식이다. 곧 자기 자신에 대한 무한한 사랑인 것이다. 나를 존중하고 타인들도 존중하는 인간에 대한 사랑이 곧 인내천의 교리를 이해하는 길인 것이다.

부록

* 출처: 동학농민혁명기념재단의 협조로 〈동학농민혁명 유적지 및 기념시설 현황조사 충남·충북〉의
일부를 발췌함.

세교(細橋, 가는다리) 전투지

충청북도 청주시 청원구 내수읍 세교리 200, 201-2, 251, 273-3 일대

1894년 9월 18일 해월 최시형의 기포령에 따라 일제히 북접 산하의 농민군들은 10월 10일을 전후하여 보은 장내리로 모여 들었다. 세교 일대의 첫 번째 전투는 바로 음성 무극장터에 모여 있다가 10월 6일 괴산을 점령한 뒤 보은 장내리로 가기 위해 청주를 우회하여 미원으로 가던 동학농민군이 당시 상당산성에서 출동한 일부 관군과 조우하여 벌인 것이다. 이 전투에서 농민군은 관군을 물리쳤다.

한편 장내리에 모인 농민군은 두 계통으로 나눌 수 있다. 하나는 경기도와 충청도 북부 그리고 강원도에서 봉기한 농민군이었고, 다른 한 계통은 보은을 중심으로 충청도 동남부의 여러 군현에서 집결한 농민군과 상주 등 경상도 북서부의 여러 군현에서 모인 농민군이었다. 장내리는 협소하였기 때문에 농민군들은 10월 11일 청산 · 영동 · 황간 등지로 옮겨 갔다. 여기서 북접농민군은 대군을 둘로 나누었다. 하나는 공주 점령을 목표로 전봉준의 남접농민군과 합세하기 위해 출진하는 원정군이었고, 다른 하나는 충청도 보은 일대에서 진압군을 막아내기 위한 지역수비군이었다. 북접의 10월 16일 이전에 주력부대가 전봉준 부대와 합류하기 위해 공주를 향해 떠나갔지만, 충북지역에도 여전히 많은 농민군이 남아 주로 청주 이남지역에서 일본군과 정부군을 상대로 싸웠으며, 청주성 점령이 일차적인 목적이었다.

세교 일대의 두 번째 전투는 10월 말에 일어났다. 10월 17일 청주 대접주 김자선(金子先)은 4,500명을 이끌고 청주성을 공격하고자 하였다. 그는 청주 병영의 관군과 부딪치지 않기 위해 상당산성으로 우회해서 초정리 부근의 가는다리[細橋] 장터까지 진출하였다. 이곳은 초정 입구 한봉수 의병장의 묘소 근처이며, 손병희의 생가가 있는 대교리와 맞닿아 있는 곳으로 요충지였다. 그러나 불행히도 김자선 부대는 10월 26일 일본군과 맞닥뜨리게 되어 치열한 전투를 벌였다. 김자선 부대는 결국 무기의 열세로 패한 뒤, 김자선의 고향인 보은 장내리쪽으로

후퇴하였다.

김자선과 그의 동지들은 장내리와 경북 상주 등지에서 재기를 노렸으나, 결국 11월 18일 상주 대곡에서 김석중이 이끄는 유격병대에 붙잡혀 총살되었다.

세교 1교 부근 모습 1

세교 1교 부근 모습 2

손병희 선생 유허지

충청북도 청주시 청원구 북이면 금암리 385-2 일대

손병희(孫秉熙, 1861-1922)는 충북 청원 출신으로 동학농민혁명 당시 지도자로 참가하였으며, 훗날 천도교 지도자로서 3·1운동에서는 민족대표 33인 중의 한 사람으로 활동한 인물이다. 본관은 밀양이며 초명은 응구(應九), 도호(道號)는 의암(義菴)이다. 손병희의 아버지는 두흥(斗興)으로 아전 출신이었으며, 손병희는 22세 때인 1882년 큰조카 천민(天民)의 권유로 동학에 입도했다.

동학농민혁명의 제2차 기포 때인 1894년 9월 18일(양 10월 16일)에 신사 해월 최시형이 일본군을 물리치기 위해 기포령을 내리자 호서 지역에서도 일제히 일어났다. 처음 기포한 곳은 음성군 만승면 광혜원(廣惠院, 당시는 鎭川郡)이었다. 얼마 후 음성 삼성면 황산(黃山)에 있는 충의포 도소(忠義包都所)로 옮기면서 본격적인 혁명운동을 시작하였다. 손병희 대접주는 10월 6일 괴산전투를 치루고 보은으로 갔다가 10월 12일에 청산으로 내려가 해월 선생을 만났다.

해월 선생은 손병희에게 통령의 직임을 주고 논산으로 가서 전봉준 장군과 합류하여 일본군을 물리치라는 명을 하게 된다. 그리하여 손병희는 논산으로 떠나 10월 16일에 전봉준 장군과 합류함으로써 호남·호서 동학군은 하나가 되어 공주성 공략을 벌이게 되었다. 동쪽의 곰티에서 서쪽의 우금티에 이르기까지 30리에 걸친 전선에서 10월 23일부터 혈전의 막은 올랐다. 그러나 무기의 열세로 많은 희생자를 내고 11일에 노성까지 물러서게 되었다. 손병희 통령은 전봉준 장군과 생사를 같이하여 논산, 전주를 거쳐 원평에 이르러 일본군과 관군의 공격을 받고 11월 25일에 다시 혈전을 벌였으며 27일에도 태인에서 전투를 벌였다. 그러나 역시 무기의 열세로 패할 수밖에 없었다. 태인 전투를 끝으로 전봉준과 헤어진 손병희는 이후 정읍, 순창 복흥을 거쳐 임실 갈담(葛潭)으로 넘어왔다. 여기서 해월 선생을 모시고 장수, 무주, 영동, 황간을 거치는 동안 수 차례의 전투를 치르며 보은 북실에 이르렀다. 11월 17일 밤부터 18일까지 민보군과 일본군의 공격을 받고 북실전투를 벌이게 되었다. 여기서 다시 패하여 금왕 되자니로 가서 마지막 전투를 벌인 다음 끝내 해산하고 말았다.

　이후 손병희는 피신을 다니는 중인 1897년 북접대도주가 되었으며, 1898년 최시형이 관군에 체포되어 처형되자 동학교문을 통솔하게 되었다. 1905년에는 동학을 천도교로 개칭한 뒤 대도주가 되었으며, 1919년에는 천도교 지도자로서 3·1운동을 주도하다가 체포되어 옥고를 치른 뒤 그 후유증으로 1922년 사망하였다.

손병희 생가 전경

손병희 동상과 영당

솔뫼마을/손천민 생가 터

충청북도 청주시 청원구 남일면 신송리 202

솔뫼마을은 이미 교조신원운동 시기부터 포교와 교단활동의 중심지 가운데 하나였으며, 1894년 동학농민혁명 당시에도 청원지역 동학농민군의 근거지가 된 곳이다. 1892년 10월 공주취회 당시에도 솔뫼마을 손천민의 집에 의송소를 정하고 준비하였으며, 1893년 2월에 일어난 〈광화문복합상소〉 시기에도 이곳에서 상소문이 마련되었다.

『시천교종역사(侍天敎宗繹史)』에 따르면 동학교단에서는 〈광화문복합상소〉(1893년 2월)를 앞두고 소장 준비를 위해 청주지역 동학본부인 청주군 송산리(松山里) 손성렬(孫星烈)의 집에 봉소도소(奉疏都所)를 마련하고 소장을 준비하였다. 상소문은 서인주(徐仁周), 서병학(徐丙鶴) 등이 주동이 되어 작성하였다. 1892년 7월 서인주와 서병학이 교조신원운동을 전개할 것을 요청한 이후 최시형은 각지의 접주들에게 덕망이 있는 인사들을 선발하여 주소성명을 기록하여 법소로 보낼 것을 지시하였다. 1893년 1월 최시형은 봉소도소를 솔뫼마을의 손천민가에 두어 교조신원을 위한 상소문을 작성한다. 성렬은 다름 아닌 손천민의 자(字)이고 천민은 의암(義菴) 손병희의 7세 위인 나이 많은 적조카(嫡姪)로 충청지역 동학 대접주(大接主)를 지냈다.

한편 솔뫼마을의 앞산 노가지봉은 한눈에 청주 남들과 읍성이 보이고 멀리 문의와 보은쪽 길이 한눈에 보이는 곳이었다. 동학농민군 지도부는 1894년 9월 기포하기 전부터 이곳에서 화승총과 칼, 그리고 화약을 구하기 위해 노력하였다. 화승총은 구하기도 어렵기도 하였지만, 소 몇 마리 값에 해당하는 돈을 치러야 구할 수 있었다. 창과 칼은 벼려서 만들었고, 죽창은 전라도에서 대나무를 가져다 만들었다. 무기를 확보하자 젊은 장정들은 뒷산에 올라가서 군사연습을 하였다. 강영문(姜永文)은 손천민과 같은 동네에 살며 손천민에게 많은 도움을 주었다. 특히 동학농민혁명 당시에 무기와 화약을 제조하거나, 군사훈련을 하는데 주도적 역할을 하였으며, 이를 보아 경제적으로 지주층에 속하였을 것으로 보인다.

솔뫼마을 전경

손천민 생가 터

모충사/갑오전망장졸기념비

충청북도 청주시 흥덕구 모충동 산 13-6

1894년 9월 18일의 기포령에 따라 충청지역에서도 농민군들이 일제히 기포하자 청주 병영(鎭南營)에서는 인근 지역으로 병대를 파견하여 순찰하도록 하였다. 10월 3일 병영의 영관 염도희(廉道希)는 군관 및 병사 73명을 거느리고 전라도 연산(連山)과 충청도 진잠, 회령, 그리고 계룡산 인근 공주지역을 순회하였다. 이 병대는 10월 3일 공주목에 속한 한밭을 지나 강외(현재 청원군 강외면 정중리 병마산 부근)에서 농민군의 기습을 받아 전멸한다. 이는 동학농민혁명 당시 관군이 입은 최고의 피해였다.

사건 직후인 11월 국왕은 청주목사 임택호(任澤鎬)에 명하여 청주 남다리 밖에 제단을 마련하고 갑오전망장졸 합동위령제를 지내도록 했다. 1900년에는 국왕의 명으로 서울 남산아래 장충단(奬忠壇)을 설치하고 경향 각지의 전몰장병들을 배향하게 하였으나, 청주 진남영에서는 모충사의 향사일을 10월 3일로 정할 것을 고집하며, 자체적으로 경비를 조성하여 논 닷섬지기를 사서 향사답을 마련하였다. 1904년에는 모충단이라는 호를 받아 당산에 단을 쌓고 기념비각을 건립하고, 1906년 10월에는 청주 진위대 대대장 박정환(朴晶煥)의 주도로 대대장병들이 돈을 모아 〈갑오전망장졸기념비〉를 세웠다. 1914년에는 모충계가 주최가 되어 향사비 잔금으로 청주성 당산에 있는 제단에 사우(祠宇)를 건립하였으나, 이곳에 일제의 신사가 건립되면서 1923년 고당(지금의 서원대)으로 옮겼다가, 1975년 지금의 자리로 옮겨졌다.

사당에 들어가면 중앙에 진남영(鎭南營) 영관 염도희, 대관 이종구(李鍾九), 교장 박춘빈(朴春彬)의 위패와 왼쪽에 군졸 70위, 도합 73기의 위패가 나란히 모셔져 있다. 현재 동학농민군을 기념하는 유적지나 기념관은 많으나, 진압군에 대한 유적지는 거의 없는 실정이라는 점에서 모충사는 동학농민혁명과 관련하여 특별한 의미를 지니는 기념물이라 할 수 있다.

〈갑오전망장졸기념비〉 옆에는 충청병사였던 홍재희(弘在義, 동학농민혁명 당시 양호

초토사로 활동한 홍계훈의 초명)의 치적을 기리기 위한 선정비(1888년 9월 건립)가 아래 위로 나란히 세워져 있다.

모충사 전경

갑오전망장졸기념비

청주병영[청주성 전투지]

충청북도 청주시 상당구 남문로2가 92-66

　청주성은 동학농민혁명의 제2차 기포시에 동학농민군과 반농민군 사이에 3번의 격전이 치러졌을 정도로 요충지였다. 우선 청주는 서울로 향하는 길목에 위치한 요충지였다. 둘째, 청주병영의 군사력은 충청도를 방위하는 핵심전력이었던 까닭에 청주성의 점거는 기포령 직후 관군의 기선을 제압하는 효과가 있었다. 셋째, 일본군의 병참소가 설치된 상주 낙동과 함창 태봉에서 괴산 안보와 충주 가흥을 위협할 수 있는 위치에 있었다.

　1894년 9월 18일 최시형의 기포령에 따라 북접 산하의 농민군들이 일제히 일어났다. 이들이 최초로 집결한 곳은 충주 황산과 진천 구만리 등이었으며, 늦어도 9월 23일경에는 청주 주변에서도 서장옥이 이끄는 농민군이 집결해서 활동을 시작하였다.

　『駐韓日本公使館記錄』(1)에 따르면 당시 충청도 각 지역에서 활동하던 농민군 지도자들은 다음과 같았다. 보은 최시형(崔時亨)·황하일(黃河一)·강영석(姜永奭), 회인 유일수(柳日秀), 회덕 김복천(金福天), 충주 성두환(成斗煥), 옥천 박석규(朴石奎), 문의 오일상(吳一相), 청산 이국빈(李國賓), 청주 서일해(徐一海, 서장옥), 영동 손광오(孫光五), 황간 조경환(趙景煥) 등이었다. 이 가운데 서장옥은 손천민과 함께 9월 23일부터 농민군을 거느리고 청주성을 포위하기 시작하였고 다음날에는 청주성을 공격하였다. 그러나 청주병사 이장회(李長會)는 성문을 굳게 닫고 지키기만 하며 원병을 기다렸으나, 원병이 오지 않자 직접 병사를 이끌고 나가 농민군을 공격하였다. 이 전투에서 농민군 수십 명이 목숨을 잃고 퇴각하였다.

　청주 병영의 군사들은 동학농민군이 섣불리 공격하기에는 상대적으로 무기도 우수하였고 훈련도 잘 되어 있었기 때문이다. 청주성 공방전이 끝나고 청주 병사는 군관 이용정(李容正)에게 병대를 이끌고 청주 일대의 농민군 근거지를 순회하게 하였다. 이때 손천민의 근거지인 솔뫼마을은 철저히 파괴되었고, 서장옥이 이끌던 농민군도 보은으로 후퇴하였다

두 번째 전투는 10월 29일 동학농민군이 다시 청주성을 공격하면서 시작되었다. 진남병이 파악한 정보로는, 청주공격을 준비한 동학농민군은 연기로 이어지는 길을 막아 후방을 안전하게 만든 다음에 다른 부대가 청주성을 공격하기로 한 것이다. 그러나 이때 문의에 있던 약 30명의 진남병과 중약의 농민군을 공격하러 갔던 미야모토(官本竹五郎) 소위 인솔 하의 일본군 중로군 지대가 청주성으로 회군하자 대부분 피신였으나, 그 정보를 알지 못한 일부의 농민군이 청주성 남문 밖에서 공격신호를 대기하다가 기습을 당해 16명이 체포되었다.

마지막 세 번째 전투는 김개남(金開南)의 부대가 청주성을 공격하면서 시작되었다. 김개남은 10월 14일 남원에서 출병하여 임실을 거쳐 15일 전주로 들어갔다. 그리고 전주에서 주둔하였다가 11월 초순 북상하여 은진, 연산을 거쳐 청주로 향하였다. 11월 10일, 진잠을 거쳐 대전 유성으로 행군한 김개남은 12일 밤 동학농민군을 두 부대로 나누어 신탄진과 문의방향으로 진군, 청주를 공격하도록 하였다. 이날 청주성에는 일본군 1개 소대 병력이 들어와 방어 임무를 맡고 있었다. 일본군 보병소위 구와하라(秦原榮次郎)가 이끄는 군로조사호위대가 문의를 출발해서 12일 청주에 도착하자 오후 8시에 충청병사 이장회가 구와하라 소위를 찾아와서 동학농민군 대부대가 청주로 오고 있다고 전하며 구해주기를 요청하였기 때문이다.

11월 13일 오전 6시 40분에 일본군 척후 보고에 의하면, 신탄진 방향에서 1만 5, 6천명의 농민군이 문의 방향에서 진군하던 1만여 명과 합세해서 청주로 향했다. 당시 일본군의 구와하라 소위가 정리한 기록에 따르면 "일본군은 청주 남문 앞의 고지(高地, 청주에서 600m 떨어진 곳)를 점령·잠복하여 농민군을 기다렸다. 농민군이 청주성 400m지점까지 진격하였을 때 배측면(背側面)을 기습공격 하였다고 한다." 이 기록에 의거하여 살펴보면 청주성 남문을 공격하기 위해서는 무심천의 삼각주들을 이어주는 남석교를 지나쳐야만 했기에 이 근처에서 전쟁이 벌어졌을 가능성이 높다.

현재의 청남교 - 일산웨딩프라자 - 육거리 시장으로 이어지는 선이 신탄진에서 청주성 남문을 향하는 길목이었고, 또 이 선의 측면에 있는 현재의 일산여고 자리 주변이 완만한 고지였다는 점에서 이 선을 따라 전투가 벌어졌을 가능성이 높다. 이 전투에서 농민군은 20명의 전사자를 내고 약 10리 가량 후퇴하였다. 11

월 13일에는 진잠을 거쳐 14일 연산에서 다시 집결하여 오전 11시경 일본군과 전투를 벌였으며, 오후 4시쯤 노성과 논산 쪽으로 후퇴하였다. 김개남과 전봉준은 11월 14일 밤 논산에서 합류하였다.

청주성은 현재 남아있지 않으며, 동서남북으로 성문이 있던 터에 비석이 세워져 있어 그 위치와 규모를 가늠하게 한다. 청주성 전투가 있었던 곳은 현재 불확실하다. 다만, 김개남이 지휘한 세 번째 청주성 전투의 경우에는 자료가 많이 남아 있어 어느 정도 주요 전투지를 추정할 수 있다.

망선루 전경

충청도병마절도사영문

동학군 별동대장 이종만의 행적 / 이상면

1) 면천(沔川)은 군사 교통의 요충으로 1413년 이래 군(郡)으로 승격되어 조선 말기에 이르렀다. 1914년 행정구역 개편에 따라 당진군 면천면이 되었다. 현재 당진시의 상당 부분이 면천군에 해당한다.

2) 지명진(芝明津)은 문의현과 회덕현을 잇는 금강의 나루였는데 1980년 대청호 건설로 수몰되었다.

3) 이종만이 척왜항전에서 동학군 별동대를 이끌었다는 것은 필자와 필자의 부친이 그로부터 여러 번 들은 바에 의한 것이다. 당시 동학군 지도자는 거의 대부분 농민이 아니라 양반이거나 중인이었다.

4) 그가 집강으로 취임할 때 문의현에서 삼현육각(三絃六角)을 연주하며 환영연을 열었다고 한다.

5) 『동경대전』은 최시형이 1880년 강원도 인제군 갑둔리(甲屯里)에서 목판으로 출간했다. 『용담유사』는 이듬해 단양군 남면 천동 여규덕(呂圭德)의 집에서 목판으로 간행했다.

6) 동명이인(同名異人) 이종만(李鍾萬)은 1892년 청주 오창에 출생하여 국내항일운동을 하다가 1921년 3월 12일 정치범처벌령 위반으로 1년 징역을 받았다는 기록이 있다.

7) 이시발(李時發, 1569-1626)은 인조때 형조판서로 영의정에 추증되었고, 그의 아들 이경휘(李慶徽, 1617-1669)는 현종때 이조판서를 지냈다.

8) 1632년 이래 당시 전라도에는 전주목과 능주목이 있었다. 능주목은 1895년 나주부 능주군이 되었다.

9) 관터(館基里)는 '고분터'와 함께 경주이씨 집성촌으로 현재 남일면 고은리(高隱里)에 속한다.

10) 당시 솔면이(松面里) 선유동(仙遊洞)은 문경현 농암면에 속했으나 1962년 행정구역 개편으로 현재 괴산군 청천면 삼송리 소속이다. 동쪽으로 10km 가면 문경시 가은읍 완장리에도 선유동(仙遊洞)이 있는데 문경팔경으로 꼽힌다. 솔면이에서 남쪽으로 산을 넘으면 용해(龍海)다. 용해는 옛날 용화사(龍華寺)가 있었다고 하여 용화(龍華)라고도 한다. 현재 상주시 화북면 운흥리(雲興里) 중벌리(中伐里) 일대와 괴산군 청천면 사담리(沙潭里) 일대에 걸쳐 거봉으로 둘러싸인 분지다.

11) 서장옥의 출생지는 명시된 곳이 없다. 황현은 그를 수원 사람이라고 했다. 황현(黃玹), 『오하기문(梧下記聞)』, 「서장옥 판결선고서」에는 그가 청주군에 거주하는 자라고 명시했다. 「서장옥 판결선고서」『동학관련판결문집』, 정부기록보존소, 1994,

37쪽.

12) 당시 단양현 남면은 현재 단양군 대강면(大崗面)이다.

13) 『순무선봉진등록(巡撫先鋒陣謄錄)』, 갑오 10월 27일조.

14) 이종만은 노년기에도 힘이 세어 호두를 두서너 개씩 손아귀에 넣고 '버썩' 으깨서 먹으라고 주곤 했다. 그의 호는 성곡(省谷)이고 자는 사록(士祿)이다. 선비인 관리의 아들로 태어나 유복한 환경에서 자란 것을 암시하는 뜻처럼 들린다.

15) 지금도 솔면이에 가면 촌로들이 이종만네가 살던 '이진사(李進士) 댁'을 가르쳐 준다.

16) 우복동(牛腹洞)은 용해(龍海)인데도, 인근 여나믄 산골 동네에서 각기 자기네가 원조라고 주장한다.

17) 용해(龍海, 龍華)는 북쪽 산 너머 솔면이(松面里)와 단일 생활권을 이루어 보통 '용해 솔면이'라고 부른다.

18) 지금도 사담리(沙潭里)는 괴산군 청천면에 속하며, 상주시 화북면 운흥리(雲興里)에 접해 있다.

19) 그 해평윤씨네가 이종만의 고모댁이다. 그 고모의 손자가 일동제약을 창업한 윤용구다.

20) 이돈화, 『천도교 창건사』(1933), 의암편 6면. 모미죽은 보리죽이다.

21) 이종만의 조부 이인영(李隣榮)의 묘소가 보은 삼년산성 서남쪽으로 1킬로 정도 되는 용천(龍川, 報青川) 동안(東岸)에 있는 용천산(龍川山) 후록(後麓) 높은 곳에 있다. 현재 보은군청 남쪽 바로 앞에 보이는 야산이다.

22) 주암(舟巖)은 현재 옥천군 안남면 연주리(蓮舟里)의 일부다. 일본인들이 주안(周安)으로 잘못 적어 혼동을 일으켰다. 옛날 5일 장이 서던 주암(舟巖)은 강가에 있는 큰 바위가 먼 후일 물에 뜰 것이라는 전설이 있어 '배바우'라고 했는데, 과연 1980년 대청호 수몰로 반이 잠겨 물에 뜬 형국이 되었다.

23) 말년에도 이종만은 금강상류를 누비며 활동하던 일과 보은취회시 장내리에 인산인해를 이루고 돌성에 각 포의 깃발이 휘날리던 것을 회고했다.

24) 독자 이덕우(李悳雨, 1925-1999)는 친지들에게 부친 이종만이 전봉준의 직속 부하였다고 말했다.

25) 오일상의 증언과 관련해서는, 「연기군 남면 월성리에서 발생한 전영록 치사 사건 보고서」(1903.9) 참조.

26) 필자는 어린 시절 조부 이종만이 독자 이덕우와 함께 별동대와 문의현 점령 등 동학혁명운동 관련 이야기를 하는 것을 듣곤 했다.

27) 이종만은 그날 이래 주민들로부터 '나리'라는 칭호를 얻었다.

28) 오일상, *supra*. 이종만의 회인현 북면 수곡리 집은 문의에서 동쪽으로 20리 떨어져 있었다. 지금 그 고택은 없어졌으나, 가덕면 수곡리 104번지 밭 상단에 있는 그의

묘역에서 동남쪽 100미터 지점에 대수산을 바라다보는 곳에 감나무가 있는 남향받이 집터가 있다.

29) *Id.*. 문의는 오일상의 연기현 남면 월성리 집에서는 동쪽으로 70리쯤 떨어져 있었다.

30) 전봉준은 척왜항전의 목적이 공주를 점령하고 일본측과 협상을 벌이는 것이라고 말했다. 「전봉준공초」.

31) 호서(湖西)란 원래 제천 의림지(義林池) 서쪽을 뜻하는 말이었다. 그런데도 종종 충청도를 다 포함하고 경기도 남부를 포함하는 넓은 개념으로 사용되었다. 『시천교종역사(侍天敎宗繹史)』는 "문도(門徒)가 모두 명(命)에 응해 오일상(吳一尙) 강건회(姜建會) 일파가 되돌아 회덕(懷德) 땅으로 갔고, 손병희(孫秉熙) 이용구(李容九)는 먼저 무리(徒衆)을 인솔하고 전봉준(全琫準)과 만날 약전(約典)으로 은진(恩津)을 거쳐 논산(論山)으로 갔다."고 적었다. 호중(湖中)은 호서(湖西)와 비슷하게 쓰이기도 했지만 대개 그보다 좁은 개념으로 쓰였다. 호서(湖西)에 대비해서 사용하는 경우에는 경기도 남부 일부와 충청도 북부를 제외하고 주로 충청도 중부와 남부의 내륙지방을 일컫는 것으로 보통 사용되었다.

32) 충경포(忠慶包) 대접주 권병덕(權秉悳)은 『갑오동학란(甲午東學亂)』에서 "동학군이 이대(二隊)로 분(分)하야 일대(一隊)는 영동 옥천으로부터 공주로 진(進)하여 전봉준과 상합(相合)하게 했고, 일대(一隊)는 회덕군(懷德郡) 지명진(芝明津)에 지(至)하야 청주 진위대(鎭衛隊)와 교전(交戰)"했다고 썼다.

33) 고종 때 청주에 설치한 친군영(親軍營) 가운데 하나로 충청병마절도사가 여러 군영을 통할했다.

34) 미나미 고시로(南小四郎), 「동학당정토약기(東學黨征討略記)」.

35) 『순무선봉진등록(巡撫先鋒陣謄錄)』 갑오년 10월 18일. 좌선봉이 선봉장으로 우선봉을 지휘하는 위치에 있었다.

36) *Id.*.

37) 미나미 고시로(南小四郎), 「동학당정토약기(東學黨征討略記)」, *supra*.

38) 세성산은 목천읍성에서 남쪽으로 바라다 보인다. 독립기념관 '겨레의 집'에서도 동남쪽으로 바라다 보인다. 그 남쪽 사면 8부 능선에 석성이 있다. 그 아래 토성이 김복용이 보축한 것이라고 한다.

39) 『순무선봉진등록(巡撫先鋒陣謄錄)』 갑오년 10월 19-20일조; 『순무사정보첩(巡撫使呈報牒)』 갑오년 10월 20일조, 其二十一.

40) 일시는 『균암장(均菴丈) 임동호씨약력(林東豪氏略歷)』 참조. 대통령기(大統領旗)는 대장군기와 비슷한 뜻이다. 그 무렵 중국에서 중요한 직책을 맡은 장군을 통령(統領)이라고 칭했다. 그 무렵 일본에서 조지 워싱턴 장군을 역시 비슷한 뜻으로 대통령(大統領)이라고 칭했는데, 오늘날 공화국의 국가원수를 일컫는 것으로 정착했다.

41) 『양호우선봉일기(兩湖右先鋒日記)』, 갑오년 10월 20일조.

42) 일본군이 세성산 전투에 참전했다는 것은 근거가 없다. 잘못 기술된 예로는, 진단학회 [이선근], 『한국사[현대편]』(1963), 368-369쪽 참조.

43) 홍주 관아에서는 이창구의 애첩을 송악산 진지 아래로 보내 유인했다. 그가 멋모르고 내려오자 체포하여 홍주로 압송하여 북문 앞에서 즉일 처형했다. 『홍양기사(洪陽紀事)』, 갑오년 10월 22일조.

44) 진남영(鎭南營)은 10월 1일 청주 무심천변에서 동학 두령 이종묵(李鍾默) 정필수(鄭弼壽) 홍순일(洪順日)을 효수했다. 『갑오군정실기(甲午軍政實記)』, 갑오년 10월 10일조. 동학군은 진남병 80명 가운데 저항하는 73명을 목 졸라 죽이고 목숨을 애걸하는 나머지 병사는 무슨 연고가 있었던지 흰 옷 차림에 물침표를 주어 돌려보냈다고 한다.

45) 이종만은 평소 독자 이덕우와 풍수지리를 논하면서 용해 솔면이에서 보낸 청소년 시절과 회덕현과 문의현에서 강건회와 오일상 등과 전개한 동학혁명운동에 관한 이야기를 하곤 했다.

46) 일본군은 검은 제복을 입고 흰옷 입은 동학군을 지휘하는 동학군 별동대를 승전곡전투, 지명진전투 뿐만 아니라 11월 14일, 연산전투에서도 보았다. 미나미 고시로(南小四郎), 「동학당정토약기(東學黨征討略記)」, *supra*.

47) 이범석, 『우등불(1971)』, 제2장 청산리의 혈전, 21-92쪽 참조. 일본군은 24일 승전곡 전투에서 별동대를 처음 보았는데, 전투 후 문의로 이동했다는 정보를 입수하고 26일 지명진에 와서 확인했다.

48) 면천군(沔川郡)은 당진군(唐津郡)의 옛 지명이다. 당시의 면천읍성의 모습이 현재 당진시 면천면에 남아 있다.

49) 승전곡(勝戰谷)은 원래 스님이 일하는 밭이 있어 승전목(僧田谷)이라고 불렀다고 한다.

50) 미나미 고시로(南小四郎), 「동학당정토약기(東學黨征討略記)」, *supra*.

51) 『주한일본공사관기록(駐韓日本公使館記錄)』1, (六) 동학당정토관계(東學黨征討關係)에 관한 제보고(諸報告), (5) 「승전곡부근전투상보(勝戰谷附近戰鬪祥報)」, 1894년 11월 21일 (음력 10월 24일).

52) *Id.*.

53) *Id.*. 서너 배 과장된 것으로 보인다.

54) 미나미 고시로(南小四郎), 「동학당정토약기(東學黨征討略記)」, *supra*.

55) 「승전곡부근전투상보(勝戰谷附近戰鬪祥報)」, *supra*.

56) *Id.*. 『홍양기사(洪陽紀事)』 갑오년 10월 25일조. 미나미 고시로(南小四郎), 「동학당정토약기(東學黨征討略記)」, *supra*.

57) 일본군이 잃은 물건은 배낭 78개. 상하 겨울내의 78벌, 휴대식량 312식분, 일대(日袋) 78개, 군대수첩 78개, 깡통과 소금 각 78개, 밥통(飯盒), 구두 78켤레였다고 보고했다. 「승전곡부근전투상보(勝戰谷附近戰鬪祥報)」, *supra*.

58) 이종만은 일본군한테 빼앗은 그 나팔을 가지고 다니며 동학군을 지휘할 때 사용했다.

59) *Id.*.

60) 미나미 고시로(南小四郎), 「동학당정토약기(東學黨征討略記)」, *supra*.

61) 『균암장(均菴丈) 임동호씨약력(林東豪氏略歷)』. 상주소모사 정의묵(鄭宜默)은 「소모일기(召募日記)」에서 황간 영동 등지의 동학군이 10월 23일부터 옥천을 거쳐 공주 방면으로 가고 있다고 보고했다. 『소모일기(召募日記)』, 갑오년 10월 25일조.

62) 순무선봉진등록(巡撫先鋒陣謄錄)』, 갑오년 10월 25일조(勸奬). '한다리'는 한자로 대교(大橋)라고 쓴다. 현재 세종시 장군면 대교리다. 옥천에서 온 호서동학군은 한다리(大橋)에 못 미쳐 '한솔벌'에 유진했다. '한솔벌'은 현재 세종시 '한솔동'일대다.

63) 기각지세(掎角之勢)는 사슴의 뒷발과 뿔을 잡는 것처럼 적을 꼼짝 못하게 협공하는 것을 뜻한다. Id., 갑오년 10월 24일조.

64) 『공산초비기(公山剿匪記)』, 「효포지전(孝浦之戰)」. 월성리에 문의 접주 오일상(吳日相)이 살았으므로 그의 영향 아래 동학군이 모여 있었던 것으로 보인다. 오일상의 법정 증언관련 문서, *supra*.

65) 동학군 '수만 명'은 과장된 숫자로 '수천 명'으로 보는 것이 옳다. 『순무선봉진등록(巡撫先鋒陣謄錄)』, 권장(勸奬) 갑오년 10월 25일조.

66) 호서동학군이 동쪽으로 달아나 '45리를 쫓아가 반나절을 싸웠다.'라는 기록에 의해 그들이 온 길을 지도에서 역으로 추적한 바에 의한 것이다. *Id.*

67) 『균암장(均菴丈) 임동호씨약력(林東豪氏略歷)』.

68) 『공산초비기(公山剿匪記)』, 「효포지전(孝浦之戰)」.

69) *Id.*. 『순무선봉진등록(巡撫先鋒陣謄錄)』, 갑오년 10월 27일조. 스즈키(鈴木) 소대는 후비보병 제19대대 서로군 소속이 아니어서 전투를 목적으로 공주에 온 것이 아니었다.

70) 『균암장임동호씨약력(均菴丈林東豪氏略歷)』.

71) 『선봉진일기(先鋒陣日記)』, 갑오년 11월초 관보 「원보장(原報狀)」. 『순무사정보첩(巡撫使呈報牒』, 갑오년 10월 기36(其三十六).

72) *Id.*.

73) 지명(芝明)은 원래 문의 남쪽에 있는 금강의 나루 이름이었는데, 그 북서쪽 인근 지류 '형강'에서 이무기가 물 빠진 늪에서 고사했다고 하여, 지명(止命) 나루라고 했다고 한다. '이무기'는 전설상의 뿔이 없는 용이다. 저주를 받아 용이 되지 못하고 물속에 산다고 한다. 현지 촌로들은 지금도 대청호에 잠긴 '지멩이 나루'를 회고한다.

74) 미나미 고시로(南小四郎), 「동학당정토약기(東學黨征討略記)」 *supra*. 또 『주한일본공사관기록(駐韓日本公使館記錄)』1, (六) 동학당정토관계(東學黨征討關係)에 관한 제보고(諸報告), (8) 「문의부근전투상보(文義附近戰鬪祥報)」 1894년 11월 23일 (음력 10월 26일).

75) 일본군이 지명진 전투에서 하룻밤 사이에 동학군의 말 16필을 노획하였고 교도중대도 동학군이 매놓은 우마 36마리나 끌고 갔다는 것을 보아도 동학군 지도급이 말을 타고 이동했다는 것을 짐작해 볼 수 있다.

76) 미나미 고시로(南小四郎), 「동학당정토약기(東學黨征討略記)」 *supra*.

77) 대청호 수문에서 수몰된 '지멩이 나루터'까지는 십리나 되는 거리였다.

78) 문의 사람들이 지명진에서 거룻배로 금강을 건너 회덕인과 물건을 사고팔고 나서 한잔하는 주막거리였다.

79) 미나미 고시로(南小四郎), 「동학당정토약기(東學黨征討略記)」 *supra*. 또 「문의부근전투상보(文義附近戰鬪祥報)」 *supra*.

80) *Id.*.

81) 『순무선봉진등록(巡撫先鋒陣謄錄)』 갑오년 11월 초3일조.

82) 미나미 고시로(南小四郎), 「동학당정토약기(東學黨征討略記)」 *supra*.

83) 「문의부근전투상보(文義附近戰鬪祥報)」 *supra*.

84) *Id.*. 이 숫자 역시 서너 배 과장된 것으로 보인다.

85) 미나미 고시로(南小四郎), 「동학당정토약기(東學黨征討略記)」 *supra*.

86) *Id.*.

87) *Id.*.

88) *Id.*.

89) 미나미(南) 소좌는 대포 탄환이 터지는 소리를 적어도 두 번 들었다고 기록했다. Id.

90) 지명진에서 30리 되는 연기현 봉암동 강변에서도 짙은 안개가 낀 것이 관측되었다. 이두황, 『양호우선봉일기(兩湖右先鋒日記)』, 갑오년 10월 26일조.

91) 미나미 고시로(南小四郎), 「동학당정토약기(東學黨征討略記)」 *supra*.

92) *Id.*.

93) *Id.*.

94) *Id.*. 진남영군 백 명도 지명진 전투에 참가했다.

95) *Id.*.

96) *Id.*.

97) *Id.*.

98) 그날 아침 지명진에서 30리 되는 연기 봉암동에 유진하고 있던 우선봉 이두황도 강변에 안개가 잔뜩 끼어 열 걸음 앞도 분간하기 어려울 정도였다고 기록했다. 『양호우선봉일기(兩湖右先鋒日記)』, 갑오년 10월 26일조.

99) 『주한일본공사관기록(駐韓日本公使館記錄)』 1, (六) 동학당정토관계(東學黨征討關係) 에 관한 제보고(諸報告) (11) 「증약부근전투상보 (增若附近戰鬪詳報)」.

100) 미야모토 타케고로(宮本竹五郎) 소위가 「증약부근전투상보(增若附近戰鬪詳報)」에 서 주안(周安)이라고 표기한 것은 주암(舟巖)을 잘못 듣고 아무렇게나 적은 것이다. 전투는 증약면 북부 금강변에서 벌어졌다.

101) Id..

102) Id..

103) Id..

104) Id..

105) Id..

106) Id..

107) 미나미 고시로(南小四郎), 「동학당정토약기(東學黨征討略記)」, supra.

108) 「증약부근전투상보(增若附近戰鬪詳報)」, supra.

109) 미나미 고시로(南小四郎), supra.

110) Id..

111) Id..

112) 「증약부근전투상보(增若附近戰鬪詳報)」, supra.

113) Id..

114) 미나미 고시로(南小四郎), 「동학당정토약기(東學黨征討略記)」, supra.

115) Id..

116) Id..

117) Id..

118) Id..

119) Id..

120) 『순무선봉진등록(巡撫先鋒陣謄錄)』, 갑오년 11월 3일조.

121) 일본공사관에서 1894년 가을 파악한 정보에 의하면, 동학도가 많은 지역에 대개 접주가 한 명이 있는데 금강 중상류 지역에는 두 명씩 있었다. 문의: 오일상(吳一相) 박상기(朴相基); 회덕: 김복천(金福天) 강건회(姜建會); 회인: 강영석(姜永奭) 박성환(朴星煥); 청산: 박태현(朴泰玄) 김익균(金翼均); 옥천: 박석구(朴錫球) 이용용(李龍容); 영동: 손구택(孫口澤) 최천식(崔天植); 보은: 황하일(黃河一) 임국호(任局鎬). 다만 황간에는 조재벽(趙在壁) 한 명으로 파악되었다.

122) 이두황(李斗璜)의 『양호우선봉일기』, 갑오년 10월 29일, 11월 1조.

123) 동학군이 감영 5리까지 들어왔다면 손병희 군이 봉황산 방면으로 공격한 것으로 추정할 수 있다.

124) 이두황(李斗璜), *supra*.

125) 미나미 고시로(南小四郞), 「동학당정토약기(東學黨征討略記)」, *supra*.

126) *Id*..

127) 이두황(李斗璜), *supra*.

128) 주암(舟巖)은 후일 연지리(蓮池里)와 합쳐 현재 옥천군 안남면 연주리(蓮舟里)의
    일부다. 미야모토(宮本) 소위는 전투상보에서 주암(舟巖)을 잘못 듣고 주안(周安)으
    로 썼다. 「증약부근전투상보(增若附近戰鬪祥報)」, *supra*.

129) *Id*..

130) *Id*..

131) 청산현 문암리는 현재 옥천군 청산면 한곡리다.

132) 옥천현감은 1898년 최시형 처형 후 최윤(崔潤)을 아전 정주현(鄭注鉉)에게 데려가
    살게 했다. 1901년 그 사이에서 태어난 정순철(鄭淳哲)이 '졸업식노래'를 작곡한
    음악가로 한국전쟁 중에 납북되었다.

133) 이두황(李斗璜), 『양호우선봉일기(兩湖右先鋒日記)』, 갑오년 11월 6일조. 고종은
    11월 20일 이두황을 영관으로 승진시키고 우선봉(右先鋒)에 임명했다.

134) 미나미 고시로(南小四郞), 「동학당정토약기(東學黨征討略記)」 *supra*.

135) 이두황(李斗璜), supra, 갑오년 11월 7일조.

136) 미나미 고시로(南小四郞), 「동학당정토약기(東學黨征討略記)」 *supra*.

137) 오일상(吳日相)은 법정에서 이웃 주민으로 증언 시 자신의 지위를 관령(管領)과
    집강(執綱)이라고 진술했다. 연기군 남면 월성리에서 발생한 「전영록 치사 사건 보고
    서」(1903.9), 참조.

138) 이종만의 가문에 전승되어 온 고사에 의한 것이다.

139) *Id*..

140) *Id*..

141) *Id*..

142) 그 나팔은 필자가 유아시절부터 가지고 놀던 것으로 지금도 보유하고 있다.

143) 미나미 고시로(南小四郞), 「동학당정토약기(東學黨征討略記)」 *supra*.

144) *Id*..

145) 이두황(李斗璜), *supra*, 갑오년 11월 14일조.

146) *Id*..

147) *Id*..

148) 이석구(李晳求, 1932-), [독자투고] 「송악산 유적지 발굴에 대하여」, 『당진시대』
    (2009.3.30.). http://www.djtimes.co.kr/news/articleView.html?idxno=36550.
    이석구는 그의 부친 이형규(李亨珪,1899-1989)가 21세 때 송악산 전투가 벌어진

현지에 있었던 조부 이인직(李麟稙,1874-1912)으로 부터 들은 것이라고 했다. 송악산(松岳山)은 옛적에 숭학사(崇學寺)가 있어 숭학산(崇學山)이라고 하던 것이 변하여 숭악산(崇岳山)으로 되었다가 1914년 행정구역 개편 당시에 송악산으로 표기되었다고 한다.

149) 이 글은 1984년 필자 이상면(李相冕)의 부친이자 이종만의 독자인 이덕우(李悳雨, 1925-1999)가 그의 묘소에 동학행적을 새긴 비석을 세우면서 "네가 글을 하였으니 조부의 동학관련 행적을 밝혀 후세에 전하라."는 말씀에 따라 쓴 것이다. 이종만의 자부이자 필자의 모친인 김태영(金泰榮, 1920-2002)은 유학자 안동김씨 김갑회(金甲會)의 딸로 기억력이 탁월하여 가족사를 상세히 회고 하곤 했는데, 다행히 필자가 속기를 해둔 탓으로 조부의 동학군 관련 고사가 기록으로 많이 남게 되었다.

갑오년 이후 의암 손병희의 의식변화와 개화혁신 / 임형진

1) 김삼웅,『의암 손병희 평전』, 채륜, 2017, 100-101쪽. 당시 전봉준에게 걸린 현상금이 1,000냥이었고 그를 체포한 자는 신분의 귀천을 따지지 않고 원하는 지역의 군수자리를 주겠다고 했다고 한다. 의암 등에게도 비슷한 수준의 현상금과 벼슬자리 등이 제시되었을 것이다.

2) 오지영,『동학사』, 337-338쪽.

3) 1898년 4월 5일 새벽에 원주의 송골에서 체포된 해월은 서울 단성사 인근의 육군법원에서 교수형되었다고 한다.(윤석산,「해월 최시형의 서소문 옥중 생활과 처형과정」,『동학학보』제38호, 2016, 69-70쪽) 그러나 최근의 연구는 육군법원이 설치된 것은 해월이 처형된 다음이었기에 그의 처형장소는 잘못 알려진 것이라는 연구도 있다. 즉, "육군법원은 최시형이 처형당한 이후인 1900년 9월 14일 '육군법원을 설치하는 건'에 관한 조칙에 의해 설치하여 1907년 8월까지 운영되었다"는 것이다.(한성대학교,『서소문역사공원과 동학의 관련성 검증을 위한 역사고증 학술용역 연구결과 보고』, 2016) 분명한 점은 해월 최시형의 처형장소는 아직까지 불명확하다는 것이다.

4) 성주현,『손병희』, 독립기념관, 2012, 109-110쪽.

5) 윤정란,『한국전쟁과 기독교』, 한울, 2015, 102쪽.

6) 이은희, 1990,「동학교단의 갑진개화운동(1904-1906)에 대한 연구」, 연세대 석사학위논문, 11쪽.

7) 조규태, 1990,「구한말 평안도지방의 동학-교세의 신장과 성격에 대한 검토를 중심으로」,『동아연구』21, 서강대 동아연구소, 76쪽. 이밖에도 이돈화의『천도교창건사』(천도교중앙총부, 1933) 등에서도 북쪽지역에서의 급속한 교세 확대를 알 수 있다.

8) 이돈화, 앞의 책, 27쪽.

9) 의암손병희선생기념사업회, 『의암손병희선생전기』, 1967, 160쪽.

10) 이에 앞서 1882년 조선과 미국이 국교수립과 통상을 목적으로 조·미수호통상조약을 체결하면서 조선사회는 미국에 문호를 활짝 열리게 되었다.

11) 김정인, 「일제강점기 천도교단의 민족운동연구」, 서울대학교 박사학위논문, 2002, 22쪽.

12) 이용구(1868-1912)는 23세 때 동학에 입교하여 2세교조 최시형을 모시고 최시형과 함께 투옥되었으나 곧 사면되어 손병희를 추종하는 측근이 되었다. 그러나 그는 배신·배교하여 매국노 송병준과 함께 일진회를 만들어 활동하였고 의암에 의하여 출교 처분되었다.

13) 일본행 루트는 부산에서 출발해 나가사키에서 하루를 묵고 다음날 시모노세키를 경유해 오사카에 도착했다. 대한제국을 탈출하다시피 나온 의암의 수중에는 돈이 얼마 없었기에 미국행 배편을 구하기는 쉽지 않았다. 그래서 의암은 동행했던 손병흠과 이용구를 국내로 돌려보내서 경비를 마련해 오게 했지만 이마저도 여의치 않았다. 결국 의암은 오사카에 눌러 앉을 수밖에 없었다.

14) 이곳은 의암이 고베와 나라 그리고 교토 등을 오갈 때 마치 본부처럼 사용한 주택이었다. 의암이 이곳을 완전히 떠난 것은 1904년 6월 30일 도쿄로 이주하면서였기에 어쩌면 일본에서 가장 오래 묵은 장소이기도 하다. 더욱이 오사카의 이 주택은 의암이 떠난 뒤에도 일본으로 오는 모든 동학과 천도교인들의 거주지로 사용되었다. 후일 일본으로 오는 유학생의 체류지도 역시 이곳이었다. 즉 일본의 동학 전초기지였다. 현재는 통신회사인 NTT 고베지부의 대형 건물이 들어서 있다.

15) 무반 출신인 조희문은 갑오개혁의 실질적인 주모자로서 아관파천으로 일본에 망명한 정객이었다. 권동진 역시 무과에 급제한 뒤 무관으로 활동하다 을미사변에 관련되어 일본에 망명해 있었다. 오세창은 초기개화파 지도자 오경석의 아들로 역과(譯科)에 합격해 관리생활을 영위하다 1902년 유길준이 일본 육군사관학교 출신 청년장교단체인 일심회와 함께 계획했던 쿠데타에 연루되었다는 혐의를 받고 일본에 망명해 있었다. 망명객은 아니지만, 1898년부터 일본에서 체류 중이던 양한묵도 손병희와 어울렸다. 김정인, 앞의 논문, 23쪽.

16) 성주현, 앞의 책, 120-121쪽.

17) 쑨원은 손병희가 머물고 있는 국제반점에서 중국 각지의 애국지사들을 초빙하여 연회를 개최하였다. 이 자리에는 위안스카이(袁世凱)·왕자오밍(王兆銘)·량치차오(梁啓超) 등 50여 명의 저명인사들이 참석하였고 이들과 의암은 교류하는 기회를 갖게 된 것이다.

18) 항구 가까이에 있는 후등승장 여관은 현재 미쓰비시의 게스트 하우스로 쓰이는 것 같았다. 영어로 Parkhouse로 표시되어 있는 현장은 그나마 번지수가 제대로 맞는

곳이었다. 주변에는 아담한 공원과 갖가지 조형물들로 꾸며져 있어 일본 재벌기업의 숙소다웠다. 마침 그 번지수의 앞에는 박영효가 1882년 8월 9일 메이지마루호(明治丸)를 타고 일본으로 가는 동안에 태극기를 그려서 그것을 게양한 현장인 니시무라(西村) 여관의 장소였다.

19) 교토제일중학교는 현재 교토대학 후문에 있는 근위중학교로 바뀌었지만 교정에는 "京都府立京都第一中學校"라고 적혀 있는 비석이 있어서 이곳이 과거 교토제일중학교임을 확인시키고 있다.

20) 두 차례에 걸쳐서 모두 64명의 인재를 일본에 유학시켰는데 『의암손병희선생전기』에는 "박종경, 장경락, 최창조, 서윤경, 백종치, 황석교, 정광조, 이관영, 김승운, 이광수" 등이라고 기록하고 있다. 의암손병희선생기념사업회 간, 앞의 책, 171쪽.

21) 1903년 6월에는 의암은 이곳으로 이사를 했다. 그곳이 이 학교의 근처인 성호원(聖護院) 이었다. 성호원은 일본 근대의 문을 열은 명치(明治)왕이 잠시 동안 궁궐을 나와서 어린 시절을 보낸 곳으로 일본 내에서는 성지중의 하나이다. 또 이곳은 일찍부터 일본 신도, 불교, 도교 등 일본 종교의 밀집지이기도 하다. 이곳에서 의암은 이웃인 오카자끼(岡崎)에도 거주하다가 1904년 6월에 도쿄로 이주하게 된다. 그러나 애석하게도 성호원이나 오카자끼의 번지수가 없어서 의암이 어디에서 머물렀는지는 알 수가 없다. 다만 확실한 것은 이곳에 체류하는 동안 의암은 유학생들을 격려하고 고무시켰을 것이라는 점이다.

22) 「天道敎百年略史」上, 332쪽.

23) 의암손병희선생기념사업회 간, 앞의 책, 171쪽 참조.

24) 애석하게도 현재까지 찾을 수 있는 의암의 도쿄 체류지는 아선방정 24번지뿐이었다. 그것도 24번지의 일대가 넓다 보니 어느 곳이 의암이 머물렀던 주택이었는지 구분이 되질 않는다. 그 번지수에는 현재 커다란 맨션아파트와 단독주택이 밀집해 있었다. 다행인 것은 현재 주소가 아직도 아선방정이라는 점이다. 주택가 골목길에 위치한 의암의 체류지. 이곳에서 의암은 대한제국의 개화혁신은 물론 자주적 독립국가의 이상을 꿈꾸었다.

25) 최린, 『여암문집(如菴文集)』하권, 여암문집편찬위원회, 1971, 165쪽.

26) 의암의 일본 체류지에 대한 연구는 2014년부터 지금도 계속 진행중이다. 위의 표는 2014년 최초로 의암의 일본 체류지를 답사하면서 성주현 박사가 만든 것을 보완한 것이다. 『萬歲報』『駐韓日本公使館記錄』『天道敎會月報』『舊韓末日帝侵略史料叢書』 『皇城新聞』『元韓國一進會歷史』『侍天敎宗繹史』 등과 관련 증언 등을 참고해 만들었다.

27) 1906년 1월 귀국할 때까지 신분을 숨긴 채 이상헌(李祥憲)·이규완(李圭完)·손시병(孫時秉)·천상우차(川上又次) 등의 이명을 사용하면서 줄곧 일본에 있었다. 國史編纂委員會, 「李祥憲에 對한 探問書」『駐韓日本公使館記錄』, 1997, 421쪽 ; 李光

洙,「天道敎大領 鄭廣朝縱橫觀」,『東光』1931년 1월호, 15쪽.

28) 김삼웅, 앞의 책, 150쪽 참조.

29) 의암의 초기 일본생활은 경제적으로 매우 어려웠으나 곧 국내 동학교인들의 지원으로 비교적 여유 있는 생활을 할 수 있었다. 아니 오히려 풍족한 생활을 했다고 볼 수 있다. 쌍두마차는 물론 최고급 승용차를 타고 다니며 일본 거리를 질주하는 등 일본인들에 전혀 주눅 들지 않는 자존심을 보여주었다. 당시 의암에게 동학도들이 모은 돈을 송금한 방법은 부산 제일은행에서 환전하여 보냈다고 한다. 특히 이상헌을 수상히 여긴 이또오 히로부미의 초대로 그와 나눈 술대작 이야기와 박영효에게 호통을 치는 이야기들은 지금도 남아 있는 유명 일화이다. 이와 관련한 자세한 내용은 의암손병희선생기념사업회 간, 앞의 책, 166-171쪽 참조 바람.

30) 성주현,「의암성사의 해외망명과 활동」(미간행 원고)

31) 위의 글, 1904년 8월 19일에 〈비(秘)제 194호〉로 작성된 정탐보고서이다.

32) 그러나 당시 일본정부는 자신들과 접촉하려는 이상헌이 손병희라는 사실을 알고 있었다는 연구도 있다. 최기영,「韓末 東學의 天道敎로의 개편에 관한 검토」『韓國學報』 76, 1994, 97쪽; 朝鮮總督府 警務局,『天道敎槪論』, 1930, 9쪽

33) 의암의 문명개화 노선으로의 변경의 구상은 이미 동학농민혁명 좌절 이후 그가 서북지방을 포덕하면서부터였다고도 할 수 있다. 즉 다른 어느 지역보다도 개방적이었고 무엇보다도 기독교 선교사들의 활발한 활동과 그들을 통한 개화의식의 전파 등은 일정 정도 의암의 문명개화 노선에 영향을 주었을 것이기 때문이다.

34) 일본 체류 중 의암을 만나서 감화된 대표적인 개화파 지식인이 오세창이다. 오세창은 독립협회의 창립멤버였고 꾸준히 독립협회와 만민공동회의 일을 하다가 1902년 일본으로 망명했다.

35) 순수 개화파 세력은 이후에 이완용처럼 친러파, 친일파가 되는 기능적 개화파와는 엄연히 다른 말 그래도 조선의 진정한 개화를 원했던 세력을 말한다.

36)「삼전론」, 서론.

37) 위의 글.

38) 김삼웅, 앞의 책, 135쪽.

39) "아무리 그러해도 강하다는 것은 병력이 강하다는 것이 아니라, 의에 나아가 굴치 않음을 말하는 것이요, 계교는 교활한 교태가 아니라, 일을 통달하여 예리함을 타는 것을 말함이니, 만약 예리한 무기와 굳센 무장으로써 병력이 서로 접전하면 강약이 서로 나누어져서 인도가 끊어지리니, 이 어찌 천리이겠는가. 雖然 强非勁兵之强力 就義無屈之謂也 巧非姦細之巧態 達士乘銳之稱也 以若利器堅甲 兵刃相接則 强弱相分 人道絶矣 是豈天理哉"「삼전론」'서론'

40) 위의 글, 총론.

41)「明理傳」, 活動章.

42) 위의 글, 創世原因章.

43) 김정인,「갑진개화운동의 정치사적 의미」,『동학학보』제7호, 2004, 69쪽.

44) 조항래,「갑진혁신운동의 전말」,『동학』제1집, 동학선양회, 1990, 147쪽.

45) 의암손병희선생기념사업회 간, 앞의 책, 181쪽 참조.

46) 의암은 조희연을 통해 1903년 말 일본 육군 참모본부 차장 타무라 이요조(田中怡興造) 와의 관계를 주선하게 한 바 있었다. 손병희는 그에게 자금을 지급하여 일본군이 한국에 상륙할 때 같이 들어와 한국 정치를 개혁하려 했다는 것이다. 그러나 타무라가 갑자기 사망하여 그 진위를 확인할 길은 없다. 김삼웅, 앞의 책, 119-122쪽 참조.

47) "군즈금으로 돈 일만원을 일본정부에 기부ᄒ야 황인종을 도아 백인종 배척하는 뜻을 표ᄒ시다"「본교역스」19면, 최기영·박맹수 편, 1997,『한말천도교자료집』2, 275면. "國家事 卽 道中事이니 내 이 戰役을 타서 국가만전의 책을 도하고 吾道顯彰의 機를 지으리라. 일로가 개전하면 어느 국가가 반드시 승리할 것인가를 잘 살펴서 필승할 만한 국가편에 가담해서 공동출병하여 전승국의 지위를 얻어야 할 것이요, 기 지위를 얻은 뒤에는 강화 담판시에 전승의 지위를 이용하여 국가만전의 조약을 체결할 것이니 이것은 천재일우의 기회일 것이다. 그런데 나의 생각으로는 日勝露敗를 점칠 수 있으니…."『天道敎百年略史』3편, 31-32쪽.

48) 國史編纂委員會,「李祥憲의 身上調査依賴件(1904)」,『駐韓日本公使館記錄』22, 1997, 441쪽 ; 渡邊彰,『天道敎と侍天敎』, 1919, 30쪽. 당시의 이 사실로 인하여 의암의 친일행적이라는 주장도 있다. 그러나 그것은 당시를 살지 않은 사람들이 오늘의 규범적 잣대만으로 판단한 단견이다.

49)『의암손병희선생전기』, 165쪽.

50) 위의 책, 191쪽.

51) 일본에 체류 중이던 손병희가 망명객들과 협의하여 만들어 국내로 보냈다는 진보회의 4대강령은 禩.황실을 존중하고 독립기초를 공고히 할 사, 2. 정부를 개혁할 사, 3. 군정 재정을 정리할 사, 4. 인민의 생명재산을 보호할 사."『天道敎會史草稿』, 511면. 『의암손병희선생전기』에는 禩.皇室을 尊重히 하고 그 神聖을 犯하지 못할 사, 2.獨立의 保全을 圖할 事, 3. 人民의 生命財産을 保護할 事, 4.政治의 改善을 期할 事, 5.財政을 整理할 事, 6.其他 文明啓發에 힘쓰고 敎育의 보급 農工業의 隆盛을 圖할 事, 7.同盟國에 軍事上 幇助를 與할 事.『의암손병희선생전기』, 199-200쪽.

52) 김정인,「갑진개화운동의 정치사적 의미」,『동학학보』제7호, 2004, 66쪽.

53)『동학의 원류』, 229쪽.

54)『天道敎創建史』제3편, 45-50쪽. 참조

55) 趙恒來,「東學과 甲辰開化革新運動」,『韓國思想』제22집, 서울, 韓國思想研究會, 1995.

56) "大告天道敎出現/道則天道 學則東學 卽 古之東學 今之天道敎, 宗旨는 人乃天이요
綱領은 性身雙全, 敎政一致요, 目的은 輔國安民, 輔國安民, 布德天下, 廣濟蒼生,
地上天國建設이요, 倫理는 事人如天이요, 修行道德은 誠敬信이라. 교주 손병희."(제국신문
1905년 12월 1일자) 이 밖에도 천도교의 대고천하는 「대한매일신보」와 「제국신문」에
'천도교 대도주' 명의로 실은 '대고천도교' 광고를 통해서 선포되었다.

57) 광무 10(1906)년 6월 17일 창간, 사장 吳世昌, 발행인겸 편집인에 申光熙, 주필에
李人稙. 경영난으로 1907년 6월 30일로 폐간.

58) 『萬歲報』 創刊號 社說, 1906.6.17.

59) "道德之化日新月盛 風氣大闢 世道隆盛 人事貴新 物品賦興 此謂文明之聖代也", 의암,
「명리전」

60) 『萬歲報』, 1906.8.14

61) "民族魂을 鼓吹하고 獨立精神을 함양시키는 가장 중요한 길에는 두 가지가 있다고
선생은 늘 생각해왔다. 그 하나는 天道敎가 東學創敎 이래의 精神을 계승하여
그것을 실현하는 것이요 또 하나는 學校敎育을 진흥시켜 民智를 개발하고 技術은
습득하여 民族生活의 土臺를 굳건히 함으로써 民族力量을 북돋우는 것이다."
『의암손병희선생전기』, 279쪽.

62) 보성 · 동덕 양 교의 경우 이외에도 대략 1910년 이후 천도교에서 직접 간접으로
관여했던 사학 중에 지금까지 알려진 것만 해도 용산에 양영학교와 양덕여학교,
마포에 보창학교와, 삼호보성소학교, 청파동에 문창보통학교, 전주에 창동학교,
대구에 교남학교와 명신여학교, 청주에 종학학교, 안동에 봉양의숙, 선천에
보명학교 등 수십개교에 이른다. 조기주, 『동학의 원류』, 보성사, 1979, 270쪽 외에
『천도교회월보』 등 참조.

청주병영의 동학농민군 진압과 모충사 / 김양식

1) 이민원, 「대한제국의 장충사업과 그 이념」, 『동북아문화연구』 제33집, 2012.
2) 유동호, 「朝鮮後期 淸州兵營의 군사조직과 재정구조」, 『역사와 담론』 제72집, 2014
참조.
3) 『淸州邑誌』, 兵營事例.
4) 『高宗實錄』, 고종 18년 11월 24일조.
5) 배항섭, 『19세기 朝鮮의 軍事制度 硏究』, 국학자료원, 2002, 211-220쪽 참조.
6) 『高宗實錄』, 고종 29년 9월 17일조.
7) 위의 책, 고종 25년 4월 19일조.

8) 『高宗實錄』, 고종 28년 2월 27일조; 고종 30년 2월 7일조.

9) 현재 청주에는 홍계훈 선정비 2기가 세워져 있는데, 하나는 모충사에 있는 〈崇綠大夫行兵馬節度使洪公在義永世不忘碑〉이고, 또 하나는 청주향교에 있는 〈兵馬節度使洪公在義尊聖碑〉이다. 전자는 1888년 9월에 청주병영 병정들이, 후자는 1888년 2월에 청주향교 서재생(西齋生)이 건립하였다.

10) 『高宗實錄』, 고종 19년 8월 19일조.

11) 위의 책, 고종 23년 12월 25일조.

12) 淸州 慕忠會編, 「慕忠祠實記」 『慕忠祠』, 1991. 14쪽.

13) 『高宗實錄』, 고종 24년 12월 28일조.

14) 위의 책, 고종 25년 2월 23일조.

15) 〈兵馬節度使洪公在義尊聖盛碑〉(1888년 2월 건립, 청주향교 앞).

16) 『高宗實錄』, 고종 25년 3월 10일조.

17) 〈崇政大夫洪公在義永世不忘碑〉(1888년 9월 건립, 청주 모충사 내).

18) 위의 책, 고종 25년 8월 18일조. 정부는 1888년 8월 18일 충청병사를 삼도육군통어사 겸 충청병사로 고치도록 하는 동시에 민응식(閔應植)을 삼도육군통어사로 임명하였는데, 홍계훈이 이때 파직된 것으로 보인다. 그렇다면 홍계훈이 충청병사를 역임하는 것은 1886년(?)부터 1888년 8월이었다. 이 때문에 청주 모충사 앞에 세워져 있는 선정비의 건립시기가 1888년 9월로 되어 있는 것이다.

19) 『承政院日記』, 고종 25년 9월 30일조.

20) 『구한국외교관계부속문서』 1-海關案, 淸州 鎭南營 購入 軍刀 免稅의 件(고종 28년 5월 27일).

21) 『高宗實錄』, 고종 30년 10월 19일조.

22) 위의 책, 고종 29년 7월 18일조.

23) 위의 책, 고종 30년 3월 25일조.

24) 위의 책, 고종 30년 1월 26일조.

25) 위의 책, 고종 30년 1월 29일조.

26) 위의 책, 고종 30년 3월 25일조.

27) 위의 책, 고종 30년 6월 16일조.

28) 위의 책, 고종 30년 10월 19일조.

29) 위의 책, 고종 30년 8월 14일조.

30) 『兩湖剿討謄錄』, 甘結 淸州兵營, 4월 8일조.

31) 『兩湖電記』, 1894년 3월 8일조.

32) 『聚語』, 十一日 錦電.

33) 『東匪討錄』, 4월 17일조.

34) 위의 책, 4월 30일조.

35) 『兩湖電記』, 5월 초2일조.

36) 『兩湖剿討謄錄』, 令 四門, 5월 9일조.

37) 위의 책, 5월 17일조.

38) 위의 책, 5월 19일조. 초토

39) 『兩湖電記』, 5월 21일조.

40) 위의 책, 5월 21일조; 『兩湖剿討謄錄』, 5월 21일조.

41) 신영우, 「충청감사와 갑오년의 충청도 상황」, 『동학학보』 34, 2015, 203-212쪽 참조.

42) 위의 논문, 215-220쪽 참조.

43) 『官報』, 개국 503년 10월 1일; 『갑오군정실기』 권1, 10월 7일조.

44) 『駐韓日本公使館記錄』 7, 56쪽.

45) 『甲午實記』, 갑오년 9월조(9월 28일자)

46) 신영우, 「1894년 東學農民軍의 淸州城 점거 시도」『충북사학』 13, 2002, 45-46쪽.

47) 『兩湖右先鋒日記』, 9월 30일조; 갑오군정실기, 권1, 10월 1일조.

48) 『甲午軍政實記』 권1, 9월 30일; 10월 7일조.

49) 위의 책 권7, 12월 4일조.

50) 『日省錄』, 고종31년 10월 9일조.

51) 『甲午軍政實記』 권1, 10월 10일조; 『時聞記』, 갑오년조. 다른 자료에 의하면, 청주병영군들이 사로잡혀 불에 타 죽은 것으로 되어 있다(『啓草存案』, 고종 31년 10월 9일조).

52) 전몰 장졸은 정부측 보고서에는 80명으로 되어 있으나, 실제 확인된 장졸은 영관 염도희, 대관 이종구, 교장 박춘빈, 규칙(糾飭) 임쾌석(林快錫), 십장(什長) 임영석(林榮錫) 등 8명, 병졸 김장석(金長錫) 등 60명 총 73명이다(『甲午戰亡將卒氏名錄』).

53) 『高宗實錄』, 고종 41년 5월 14일조.

54) 위와 같음.

55) 『啓草存案』, 고종 31년 10월 9일조.

56) 『甲午軍政實記』 권1, 10월 10일; 10월 14일조

57) 위의 책 권1, 10월 14일조. 『兩湖右先鋒日記』(10월 11일조)에는 어제, 즉, 10월 10일 도착한 것으로 되어 있다.

58) 『甲午軍政實記』 권2, 10월 19일, 10월 20일, 10월 25일조 참조.

59) 『巡撫先鋒陣謄錄』 제1, 10월 18일조.

60) 『甲午軍政實記』 권3, 10월 25일조; 『巡撫先鋒陣謄錄』 제1, 10월 20일조; 『先鋒陣呈報牒』, 개국 503년 10월 19일조.

61) 『先鋒陣呈報牒』, 개국 503년 10월 19일조.

62)『兩湖右先鋒日記』,『巡撫先鋒陣謄錄』,『先鋒陣呈報牒』등의 10월 11일부터 27일 사이의 기록 참조.

63)『兩湖右先鋒日記』, 10월 20일조.

64)『兩湖右先鋒日記』, 10월 20일조.

65)『甲午軍政實記』2권, 10월 24일조.

66)『兩湖右先鋒日記』, 10월 21일조.

67)『甲午軍政實記』2권, 10월 27일조. 세성산전투과정과 노획물이 수록되어 있는데,『兩湖右先鋒日記』, 10월 21·22일조 내용과 대동소이함.

68)『兩湖右先鋒日記』, 10월 26일조.

69)『甲午軍政實記』2권, 10월 27일조.

70)『兩湖右先鋒日記』, 10월 23일조.

71) 위의 책, 10월 22일조.

72)『先鋒陣日記』, 10월 23일조.

73) 위의 책, 10월 26일조.

74)『兩湖右先鋒日記』, 10월 24일조.

75)『駐韓日本公使館記錄』6, '各地 戰鬪詳報 및 東學黨 征討策 實施報告書 送付의 件', 63-64쪽. 일분군 서로중대의 행군일정은 10월 22일(양력 11월 19일) 진천⇒ 10월 24일 청주⇒ 10월 26일 문의⇒ 11월 5일 옥천 등을 거쳐 전라도로 이동하였다.

76) 문의 지명전투에 관해서는 신영우, 앞의 논문(2002), 58-64쪽에 자세하다. 여기서는 생략한다.

77)『甲午軍政實記』권4, 11월 4일조.

78)『承政院日記』, 고종 31년 11월 4일조.

79) 신영우, 앞의 논문(2002), 63쪽.

80) 위의 논문, 64쪽.

81) 청주성전투에 관해서는 신영우, 앞의 논문(2002), 65-71쪽에 상세하다.

82)『주한일본공사관기록』1, 청주부근 전투상보, 249-251쪽,

83)『甲午軍政實記』권6, 11월 21일조.

84)『巡撫使呈報牒』, 12월 20일조.

85)『札移電存案』, 12월 16일조.

86) 신영우, 앞의 논문(2002), 71-72쪽.

87)『甲午軍政實記』권9, 12월 26일조.

88)『承政院日記』, 고종 40년 8월 27일조.

89)『宣諭榜文竝東徒上書所志謄書』, 告示 京軍與營兵以敎示民.

90)『啓草存案』, 고종 31년 10월 9일조.

91) 『甲午軍政實記』 권1, 10월 10일조.

92) 『時聞記』.

93) 『甲午軍政實記』 권7, 12월 6일조.

94) 청주 모충회편, 앞 책, 15쪽.

95) 장충단의 건립과정과 내용에 대해서는 이민원, 앞의 논문, 122-140쪽 참조.

96) 청주 모충회편, 앞 책, 15쪽. 이 책에는 자체 향사답을 구입한 시기가 1894년 11월로 되어 있으나, 장충단 설립시기 등을 놓고 볼 때 1990년의 오기로 판단된다.

97) 청주 모충회편, 앞 책, 26-30쪽.

98) 『承政院日記』, 고종40년 8월 27일조.

99) 청주 모충회편, 앞 책, 1991, 26-30쪽.

100) 임소사 열녀각(정면 1칸, 측면 1칸, 겹처마 팔작지붕)은 2010년까지만 해도 청주대학교 입구에 있었으나, 현재는 모두 철거되었다. 열녀각 안에는 '烈女 前鎭南營殉節軍人 羅龍錫妻 林召史之閭 光武八年一月 二十七日命旌'이란 현판이 걸려 있었다(이민원, 앞의 논문, 주 38 참조).

101) 이 비는 현재 청주 모충사 앞에 홍계훈 선정비와 함께 세워져 있다.

102) 이민원, 앞의 논문, 149쪽.

103) 청주 모충회편, 앞 책, 40-42쪽.

104) 『大淸州』, 1922.

105) 청주에 일제의 神社가 처음 건립된 것은 1909년 당산이었는데, 1915년에 청주시 사직동 사직단 근처로 옮긴 다음 1918년에 또다시 당산 정상부로 옮겨졌다. 일제는 신사가 산 정상에 위치해 있어 참배하기 불편하자, 1923년 모충사 부지(현 명장사 부지)를 빼앗아 규모가 있는 신사를 재건립하였다. 그뒤 청주 신사는 1934년에 신사 앞에 일본 불교사찰이 들어서자, 1935년에 다시 현재의 대한불교수도원 부지로 옮겼다(강민식, 「경술국치 100년 그 흔적들」 『청주문화』 제25호, 2010 참조).

106) 청주 모충회편, 앞 책, 1991, 31-34쪽.

북접농민군의 교단 거점 수비와 청주 일대의 전투 / 신영우

1) 『錦藩集略』 1894년 7월 5일. "중국 군대가 철수하여 연기 · 청주로 향한 이유는 이미 임금께 급히 보고했으며, 오늘 접한 연기현감 김광현의 보고 내용에, '대수(大帥) 섭지초의 군대가 이동하여 6월 28일 연기현에 도착하여 머물러 잤으며, 6월 29일 진시에 청주로 출발하였습니다'라고 하였고, 이어서 또다시 도착한 병마절도사 신석희, 청주목사 신경균의 보고 내용에, 礦월 29일 신시 무렵에 대군이 연기현에서

청주에 도착하였고, 같은 날 해시 무렵에는 전참(前站)인 청안현을 향해 출발하였습니다'라고 하였습니다."

2) 『統理交涉通商事務衙門日記』, 41책, 1894년 9월 29일. "今見善山倅書 彼匪私通內渠則謂之北接 而南接全琫準徐章玉則 師門亂賊 八道北接道人 各持護身器械 一時來會 共討日人云云"

3) 「乙未二月十一日全琫準再招問目」"問 東學中의 南接北接이 有ᄒ다 ᄒ니 何을 依ᄒ야 南北을 區別ᄒᄂᆞ냐. 供 湖以南은 南接이라 稱ᄒ고 湖中은 北接이라 稱ᄒᄂᆞ니다."

4) 서장옥은 30년간의 승려생활을 청산하고 청주 栗峰의 陰善長의 딸과 혼인하였다. 동학교주 최시형의 장남 陽鳳이 음선장의 둘째딸과 혼인을 했기 때문에 서장옥과 최시형은 인척관계가 된다.(『侍天敎宗繹史』 第二編 八章, 遺蹟刊布. "是月 師之長男陽 鳳有室 卽淸州郡栗峰陰善長之第二女也)

5) 신영우, 「1894년 東學農民軍의 淸州城 점거 시도」, 『충북사학』 13집, 충북사학회, 2002의4. 1894년 청주 동학조직의 무장봉기 준비 참고. 서장옥은 장내리집회의 책임을 묻는 정부 관헌에게 지목되어 포교에게 추적되어 체포되었다.

6) 『甲午軍政實記』 10월 10일.

7) 密陽 孫氏家는 18세기에 공주에서 청주로 이주해서 청주목의 향리로 지낸다. 청의대접 주 손천민의 조부 즉 충의대접주 손병희의 아버지는 청주목의 북쪽인 산외면 대주리(大周 里)에서 살았다.(이융조 · 김경표 · 신영우, 「손병희 생가복원에 대한 고찰」, 『인문학 지』 제4호, 충북대 인문학연구소, 1989.)

8) 『다시피는 녹두꽃』, 321 - 332.

9) 신영우, 「1894년 東學農民軍의 淸州城 점거 시도」『충북사학』 13집, 충북사학회, 2002. 이 장에서 다루는 여러 사실은 이 논문에서 이미 검토한 바가 있고, 여러 사건을 기술한 내용도 이 논문을 주로 참조한 것이다.

10) 『甲午軍政實記』 10월 7일.

11) 『甲午東學亂』.

12) 『天道敎書』.

13) 『啓草存案』 1894년 9월 28일; 『甲午軍政實記』 9월 28일.

14) 『甲午軍政實記』 9월 28일.

15) 이때 청주성에 온 일본군의 지휘관이나 소속에 관한 자료는 확인되지 않는다.

16) 『甲午軍政實記』 10월 10일.

17) 위 자료, 10월 7일.

18) 위 자료, 10월 10일.

19) 동학농민전쟁 백주년기념사업추진위원회 엮음, 『다시피는 녹두꽃』, 330쪽, 1994년.

20) 신영우, 「1894년 일본군 노즈(野津) 제5사단장의 북상 행군로와 선산 해평병참부」

『동학학보』 39, 동학학회, 2015.

21) 『駐韓日本公使館記錄』 1권, 四. 東學黨에 關한 件 附巡査派遣의 件 一 (40) 淸安地方東徒의 日軍殺害說의 確認 및 拿獲要請에 관한 交信 1) 淸安地方東徒의 日兵殺害說의 確認 및 拿獲要請

22) 신영우, 「北接農民軍의 公州 牛禁峙·連山·院坪·泰仁戰鬪」 『한국사연구』 154, 한국사연구회, 2011.

23) 『甲午東學亂』의 覡여 만'에 달하는 수부터 '수만'에 이르기까지 다양한 수가 자료에 나온다.

24) 『召募日記』 1894년 10월 25일(양력 11월 20일). "각처의 探吏들이 돌아와서 보고한 내용 가운데는 황간과 영동의 여러 적들이 23일부터 옥천을 넘어 공주로 향하고 있다고 하였다."

25) 군사 조직의 역량은 전투 경험이 중요한 바 황산집결군이 괴산에서 경험한 일본군과의 전투가 원정군 구성에서 중시되었을 것이다.

26) 이 기록은 뒤에 쓴 회고록 성격으로 청주진위대는 1900년에 지방대를 개편해 서 설치한 명칭이다. 청주병영으로 불렸던 별칭 진남영인 충청병영은 삼도수군통제영과 함께 전국의 병영과 수영, 그리고 진영을 폐지한 1895년 7월 15일자의 군부령 2호에 의해 사라졌고, 아관파천 후 청주지방대로 편성되었다가 1900년 진위대로 재편된다.

27) 『天道敎書』, 第二編 海月神師. "於是 門徒皆應命發行 吳一尙 姜建會一派 轉向懷德地 孫秉熙 李容九 先率徒衆 約與琫準會于恩津之論山"; 『侍天敎宗繹史』 第二編 下. "吳一尙과 姜建會 일파는 회덕 지방으로 향하고, 손병희와 이용구는 앞장서 교도들을 거느리고 전봉준과 약속한 은진의 논산에 모였다."

28) 『日本外務省外交史料館所藏文書(1)』 韓國東學黨蜂起一件, 110) 1894.10.8. 同黨再發情形報告; 『駐韓日本公使館記錄』 2권, 二. 京城·釜山·仁川·元山機密來信 (16) 東學黨 鎭撫 件에 관한 具申.

29) 『駐韓日本公使館記錄』 1권, 五. 東學黨에 關한 件 附巡査派遣의 件 二 (3) 報恩東學黨에 관한 報告

30) 위 자료, 七. 各地東學黨征討에 관한 諸報告 (1) 文岩·梁山附近 戰鬪詳報 1) 文岩附近 戰鬪詳報. "오전 3시 마을 어귀에 이르렀을 때, 동학도 약 100명 가량이 우리 군대를 향해 사격해 왔다."

31) 『駐韓日本公使館記錄』 1권, 147 - 148, 152.

32) 『巡撫先鋒陣謄錄』 甲午 十一月初三日. "自今月初九日爲始 領官以下馬夫三百十八員人名內 馬夫二名上京是乎則 實三百十六員人名—"

33) 미야모토 다케타로 소위는 1895년 10월 8일 새벽 경복궁을 침범하여 명성황후를

건청궁에서 시해한 장본인이다. 김문자,『朝鮮王妃殺害と日本人』, 2009, 高文硏(번역
본은 김승일역,『명성황후 시해와 일본인』, 2011, 태학사); 이종각,『미야모토 소위,
명성황후를 찌르다』, 2015, 메디치미디어.

34)『駐韓日本公使館記錄』3권, 八. 和文電報往復控 追加 (210) 敎導中隊 사용의 件.

35) 일본군의 행군 일정과 전투 기록은 후비보병 제19대대장 미나미 고시로 소좌가 보고한
다음 문서를 정리한 것이다.『駐韓日本公使館記錄』6권, 二. 各地東學黨 征討에 관한
諸報告 (3) 各地 戰鬪詳報 및 東學黨征討策 實施報告書 送付의 件

36) 당시 지명은 회덕현에 속해 있었다.

37)『駐韓日本公使館記錄』6권, 二. 各地東學黨 征討에 관한 諸報告 (2) 東學黨 征討略記

38) 위 자료 1권, 六. 東學黨征討關係에 關한 諸報告 (8) 文義附近 戰鬪詳報

39) 위 자료 6권, 二. 各地東學黨 征討에 관한 諸報告 (2) 東學黨 征討略記

40) 위 자료.

41)『甲午軍政實記』11월 4일.

42) 위 자료, 11월 11일.

43)『巡撫先鋒陣謄錄』1894년 10월 20일, 10월 23일 기사.

44) 신영우,「내포 일대의 갑오년 상황과 동학농민군의 봉기」,『동학학보』29, 동학학회,
2013.

45)『駐韓日本公使館記錄』6권, 二. 各地東學黨 征討에 관한 諸報告 (2) 東學黨 征討略記

46)『巡撫先鋒陣謄錄』1894년 11월 3일. "敎導中隊爲牒報事 自淸州鎭 去月二十六日子時
所領兵丁與嶺南營兵丁一百名 日本大隊合勢進發 旣到懷德至明場是乎且 彼徒不知幾千名
隔水成陣 賊勢頗怪是乎只 混戰一場 殺得數十名 而餘黨散四逃竄 -- 將向公州合兵次
二十九日行軍 到芙江新垈是乎加尼 偵探消息內 彼徒大熾於懷德地云 故回軍於文義邑"

47)『駐韓日本公使館記錄』, 1권, 六. 東學黨征討關係에 關한 諸報告, 增若附近 戰鬪詳報
(1894년 11월 26일; 음력 10월 29일)

48) 동학농민군은 기포한 뒤에 각 포마다 軍職을 신설해서 깃발을 만들어 표시했다.
관아에서는 깃발을 兵亂의 중요한 근거로 보고 이를 중시했다.

49)『駐韓日本公使館記錄』1권, 210. "노획품 창 12자루. 화승총 6자루. 화살 천다발. 소
12마리. 말 16마리. 雜品 약간. 말 6마리는 우리 대대에서 갖고 나머지 소와 말은 韓國軍이
달라고 해서 주었다. 창·화승총·화살·깃발·雜品은 그 자리에서 소각했다."

50) 위 자료 1권, 195. 일본이 파악한 '忠淸道 東學黨 巨魁人名錄'에는 문의 옥천 회덕의
首領은 모두 2명씩이다. 文義:吳一相 朴桐瑩, 沃川:朴錫球 李權容 懷德:金福天 姜建會

51) 위 자료 1권, 六. 東學黨征討關係에 關한 諸報告, 增若附近 戰鬪詳報(1894년 11월
26일; 음력 10월 29일)

52) 위 자료 6권, 二. 各地東學黨 征討에 관한 諸報告 (2) 東學黨 征討略記.

53) 청주성전투는 필자가 이미 발표한 다음 논문을 참고해서 요약 정리한 것이다. 신영우, 「1894년 東學農民軍의 淸州城 점거 시도」, 『충북사학』 13집, 충북사학회, 2002; 신영우, 「1894년 일본군 철로실측대 호위병과 충청도의 동학농민군 진압」, 『충북학』 15집, 충북학연구소, 2013; 신영우, 「1894년 남원대도소의 9월봉기론과 김개남군의 해산배경」, 『동학학보』 33호, 동학학회, 2014.

54) 『甲午略歷』 十月條.

55) 『錦山被禍錄』.

56) 『巡撫先鋒陣謄錄』 1894년 11월 13일.

57) 『先鋒陣日記』 1894년 11월 12일. 傳令 敎導所中隊長李軫鎬.

58) 신영우, 「北接農民軍의 公州 牛禁峙・連山・院坪・泰仁戰鬪」 『한국사연구』 154, 한국사연구회, 2011.

59) 『駐韓日本公使館記錄』 3, 六. 戰役에 關한 雜件 (9) 京城・仁川・釜山間의 鐵道敷設을 爲한 軍路調査의 件 1) 軍路 調査 關聯.

60) 『駐韓日本公使館記錄』 1, 249. 智面村 附近 戰鬪詳報.

61) 『甲午軍政實記』 11월 18일.

62) 『駐韓日本公使館記錄』 1, 249-251. 이어지는 전투상황은 이 자료의 '淸州附近 戰鬪詳報(1894년 12월 9일 ; 필자 주 음력 11월 13일)'에 의한 것이다.

63) 이 자료는 군로조사원을 鐵道隊로 표기하였다. 이때 일본은 조선정부와 협의하지 않고 경부 군용철도를 부설하기 위한 측량기사를 무단히 파견하여 桑原소위가 호위하도록 해서 충청도와 경상도 지역을 조사하였는데, 보고문서에 이 기밀내용을 언급한 것이었다.

64) 『甲午軍政實記』 11월 18일.

65) 『駐韓日本公使館記錄』 1, 250-251. 일본군 사상자는 나오지 않았고, 동학농민군 전사자는 20여 명이었다. 노획품은 김개남 군의 규모를 짐작할 정도이다. (노획품 : 서류 - 약간. 깃발 - 수십폭. 활과 화살 - 수천개. 모젤총 실탄 - 2,000발. 화약 150kg. 구식대포 - 2문. 소와 말 - 50여 마리.)

66) 『巡撫先鋒陣謄錄』 제3, 1894년 11월 15일.

67) 『甲午實記』 갑오년 12월. "淸梱書目公州大田坪作變匪類李千岳等七漢及接事金應九等 大會軍民梟首警衆事."

68) 「判決宣告書」(『東學關連判決文集』, 37). "被告 徐章玉은 戊子年붓허 東學을 專尙ᄒ더니 甲午年間에 衆民을 煽起ᄒ야 其勢가 全琫準金介男崔時亨과 莫上上下ᄒ얏고 被告孫思文을 癸未年붓허 東學을 專尙ᄒ더니 甲午年에 淸州北面等地에 設接ᄒ 應從ᄒ난者가 數萬名이라 同年九月間에 全琫準에게 往投合勢ᄒ 其事實이 被告等陳供에 證ᄒ야 明白ᄒ지라 此를 大明律祭祀編禁止師巫邪術條 一應左道亂正之術爲首者律에

照ᄒᆞ야 被告 徐章玉 孫思文을 幷히 絞에 處ᄒᆞ노라 光武 四年九月二十日"

69) 『高宗實錄』 37年 9月 21日. "法部大臣 權在衡奏 接準平理院裁判長金永準報告 被告徐章玉孫思文案件審理 則兩犯俱爲專尙東學 其煽惑民衆 與全琫準金介男崔時亨等 事實明白 照左道亂正律處絞云矣 依原擬律處辨何如 允之."

70) 『甲午軍功錄』.

『문의군양안』으로 본 청주지역 농민들의 사회경제 기반 / 정경임

1) 신영우, 「남한강 유역 충주·여주의 양안과 지역사 자료의 조사」, 『중원문화논총』제11호, 충북대학교 중원문화연구소, 2007, 63쪽,

2) 양안은 정서본의 경우에는 '시주, 시작, 대주, 가주, 용주'정도의 표기만 있는데, 문의군의 경우에는 중초본이며 수정이 진행되는 상태이므로 다양한 표현이 등장한다. 借家主는 동면하 平 제3 필지에만 있는데 이것 역시 썼다가 수정한 흔적이다. 祠宇主는 북면 義자 제77(12책, 168b면)에 등장하는 표현으로 '응탈, 대주 서윤오, 사우주 서양순 '이라고 기록되어 있으며 초가1칸이라는 건물이라고 적혀 있는데 그 위에 삭제를 하겠다는 표시가 있다. 다음 필지인 廉 제1 서윤오의 답(12책, 170a면) 사표에 '남 임도심 답, 서 서윤오 가, 북 서양순 祠, 동 서원여 답'이라고 기재되어 있다. 陳主는 대부분 수정해야 할 것으로 삭제하기 위한 표기를 하고 있었다.

3) 『문의군양안』 군총목에 236동 4465호로 기록되어 있다. 실제 입력결과는 문의군의 호는 4,426호이나 여기에는 관청, 사창, 사찰, 里塾, 강당, 재실, 별묘, 정자 등을 제외하면 4,392호이다.

4) 문의군양안에 등장한 지명을 각 면별로 보면 읍내면 82개, 동면 107개, 남면 184개, 일도면 129개, 이도면 122개, 삼도면 173개, 북면 198개이다.

5) 1917년에 발행된 『新舊對照 朝鮮全道府郡面里洞名稱一覽』에는 이 지명이 남아 있지 않다.

6) 이도면 止 제 44 내분 응탈 垈主 家主 里塾(이숙)이라고 쓰여 있는 것을 강당으로 고쳤는데 앞의 필지의 사표에는 오씨재실이라고 표기하고 있기도 하다.

7) 최윤오, 「대한제국기 충주군양안의 지주제와 농민층분해」, 『광무양안과 충주의 사회경제 구조』(서울, 혜안, 2010), 34쪽 인용.

8) 이중환 지음, 이익성 옮김, 『택리지』(서울, 을유문화사, 2012), 101쪽.

9) 협호에 관한 연구는 이영훈, 「朝鮮後記 農民經營에서 主戶-挾戶 關係」, 『朝鮮後期社會 經濟史』(서울: 한길사, 1988), 266쪽. 임학성, 「조선 후기 漢城府民의 戶口文書에 보이는 '挾戶'의 성격」, 『조선사연구』 제7집, 조선사연구회, 1998. 정진영, 「18세기 호적대장

호(戶)와 그 경제적 기반11714년 대구 조암방 호적을 중심으로」, 『역사와 현실』 제39호, 2001. 정진영, 「조선후기 호적 '호'의 새로운 이해와 전망」, 『大同文化硏究』 제42호, 성균관대학교 동아시아학술원, 2003. 이영훈, 「朝鮮時代 主戶-挾戶 關係 再論」, 『고문서연구』 제25호, 고문서학회, 2004 등이 있다.

10) 1651년(효종 2)-1708년(숙종 34). 본관은 延安. 자는 伯春, 호는 二憂堂. 이현의 증손으로, 할아버지는 李星徵이고, 아버지는 李泂이며, 어머니는 崔大年의 딸이다. 1678년(숙종 4) 증광문과에 병과로 급제, 검열·正言 등을 역임하고, 1689년에 지평이 되어 송시열·윤증의 시비를 분별할 것을 상소하자 왕이 가납하였으며, 弘文錄(홍문관의 수찬·교리를 임명하기 위한 제1차 추천기록)에도 올랐다. 이어서 정언·지평·부교리·헌납·이조좌랑 등을 역임하고서 함경도암행어사가 되었다. 곧 승지에 발탁되었다가 광주부윤을 거쳐, 1690년에 이조참의가 되어 진휼을 위한 공명첩의 남발에 따른 폐단을 상소하였다. 그 뒤 대사간·이조참의 등을 거쳐, 1693년 평안도관찰사가 되었고, 2년 후에 함경도관찰사를 거쳐 1697년 성주목사가 되어 혜정을 베풀어 백성들의 칭송을 들었다. 1700년 충청도관찰사가 되었고, 이어서 공조참판·이조참판 등을 역임하였으며 延陵君에 봉하여졌다. 1796년(정조 20) 청백리에 뽑혔다. 공주의 芙蓉堂 영당에 제향되었다.

11) 1867-1935. 본관은 연안이며 자는 致仁, 호는 三雲이다. 충청북도 청원군 문의면 후곡리 출신으로 보국숭록대부 부원군 李光庭의 12세손이다. 1888년(고종 25) 성균관 사마시에, 1890년(고종 27) 문과에 올라 승문원을 거쳐 규장각직각과 통정대부 秘書監丞을 역임했다. 삭주 군수에 제수되었으나 거절하고 부임하지 않았다. 1919년과 1926년에는 國葬에 참여하여 마지막 신절을 다했다. 1910년 한일병합 이후 고향으로 돌아와 白衣하여 국운을 한탄하였다. 또한 육영에 뜻을 두어 학교를 신축하고 龍興講習所를 설립하여 신구학을 종합적으로 가르치며 후학을 기르는 데 힘썼다. 묘소는 청원군 문의면 후곡리에 있는 8대조 연릉군 선영 아래에 있다.

12) 1982년 12월 17일 충청북도유형문화재 제111호로 지정되었다. 오명립(1563-1633)은 본관은 寶城이며 자는 顯伯, 호는 止善亭이다. 충청북도 청원군 현도면 중삼리 출신으로 대호군 오효곤의 현손이자 풍창 吳璟의 아들이다. 1610년(광해군 2) 사마시에 합격하여 성균관 생원으로 태학에 들어가 학문을 닦았으나 느끼는 바가 있어 출사를 단념하고 향리로 돌아와 지선정을 짓고 선비들과 교유하였다. 또한 송규암과 정북창을 흠모하여 魯峰書院을 창건하여 후학을 가르치고 향촌을 교화시켰다. 1932년에 설립된 현도면 중척리에 있는 江皐祠에 배향되었다.

13) 현재 부강면 용포동촌길 43-19.

14) 1858(철종9)-? 조선 말기의 문신. 본관은 은진. 자는 允明. 錫老의 손자, 鍾濂의 아들로 鍾浩에게 입양되었으며, 어머니는 평산신씨로 在烈의 딸이다. 입사 전에는 휘릉참봉의

음직을 받고 지내다가 1874년(고종 11) 증광별시문과에 병과로 급제하였다. 1878년에 本館錄을 거쳤다. 이듬해에는 다시 都堂錄을 거쳐 홍문관응교에 제수되었다. 1892년에는 이조참의에 오르고, 이어 예방승지와 영광군수를 역임하였다. 이해 8월에는 시강원보덕이 되었다. 1893년 이조참판에 올랐으며, 1894년 사헌부대사헌에 제수되었다. 1895년에는 품계가 종2품에 이르고 왕태자궁 侍講院詹事가 되었으며, 칙임관4등에 서훈되었다. 1897년에는 왕태자궁 시강원첨사로 있으면서 궁내부특진관에 임명되었다. 1901년에는 太醫院卿 임명, 이후 掌禮院卿 임명 되었으며, 궁내부특진관을 겸하였다. 1907년에는 정2품으로 궁내부특진관을 겸하였고, 칙임관2등을 서훈 받았다.

15) 『문의군양안』, 9책 281b(http://e-kyujanggak.snu.ac.kr)

16) 『문의군양안』, 11책 008b

17) 『문의군양안』, 13책 0131a

18) 『문의군양안』, 13책 168b-169a

19) 인명을 한글을 기준으로 하였기 때문에 같은 음인데 한자가 다른 사람도 같은 인물로 처리했다. 실제로는 더 많은 사람이 있었을 것이다. 또 소사(召史, 寡, 釐)들은 성씨별로 1성 당 1명으로만 취급했기 이 역시 실제로는 더 많았을 것이다. 시주, 시작란에 나오는 인명을 다 합하여 단 1명만 있는 성씨는 공(孔), 노(魯), 단(段), 사(史), 어(魚), 연(延), 옥(玉), 왕(王) 우(虞: 우리나라에 없는 성으로 虞性煥이라는 사람으로 禹性煥과 같은 인물로 추정), 주(周), 표, 현, 호 등이다.

20) 총 305필인데 각 성 별로 강 4필지, 권 4필지, 김 44필지, 도 1필지, 류 8필지, 민 3필지, 박 29필지, 송 44필지, 申 11필지, 辛 1필지, 심 1필지, 안 3필지, 양 3필지, 연 5필지, 오 16필지, 우 2필지, 윤 3필지, 이 51필지, 정 28필지, 조 3필지, 차 1필지, 채 8필지, 최 2필지, 표 1필지, 한 14필지, 홍 15필지의 위토가 있다.

21) 2015년 인구주택 총 조사 결과 인구수가 가장 많은 성씨는 김. 이, 박, 최 씨 순이다.

22) 마을과 집성 성씨(문의, 가덕, 현도면사무소 및 청원군지 부용면 편 참조) 1. 〈문의면 괴곡리(남면) 연안이씨. 경주이씨, 순흥박씨가 많이 살고 있음. 구룡리(남면) 구사리 낙안오씨(석성군 오사룡). 열망골, 오룡동 경주최씨 집성촌. 남계리(북면) 수여 신평이씨 250년 전 낙향. 성남부락 보성오씨 집성촌. 미천리(읍내면) 새터말 정골 동래정씨(도사공파) 집성촌. 산덕리(남면) 영산辛씨 집성촌. 후곡리(남면) 연안이씨 집성촌.〉 2. 〈가덕면 노동리(동면) 진주류씨. 삼항리(동면) 진주류씨. 경주이씨. 청룡리(동면) 우봉이씨. 고령신씨(고천군파). 행정리(동면) 광산김씨.〉 3. 〈현도면 노산리(일도면) : 진주류씨 집성촌. 달계리(일도면) 보성오씨. 상달계는 강씨촌 진주강씨(은렬공파). 매봉리(일도면) 보성오씨. 상삼리(이도면) 보성오씨. 기안 임씨. 선동리(이도면) 보성 오씨, 진주정씨 집성촌. 시동리(이도면) 달성 서씨, 경주 김씨, 남양 홍씨, 파평 윤씨등의 집성. 시목리(일도면) 보성 오씨.

양지리(일도면) 보성 오씨. 우록리(이도면) 불목이 석수정은 보성오씨. 큰말, 매채울, 지정말은 순홍안씨. 영당 진주하씨 집성촌. 중삼리(이도면) 보성오씨, 밀양박씨. 중척리(일도면) 보성오씨. 하석리(일도면) 이천서씨, 밀양박씨, 안동권씨, 단양우씨 집성마을.〉 4. 〈세종시 부강면 부강리(삼도면) 밀양박씨. 보성오씨. 문곡리(삼도면) 경주 이씨. 하동정씨. 청주시 남이면 부용외천리(삼도면) : 진주 강씨, 부안 임씨. 양천 허씨. 금호리(삼도면) : 경주 최씨. 보성오씨〉

23) 부강면지발간위원회,『부강면지』(세종: 성원, 2016), 648-652쪽.

24) 예를 들어 오영수는 동면, 일도면, 삼도면에 위치한 가옥의 가주로 확인이 되며 차경농지는 5결이 넘는다. 이름 한자로 확인해 보면 '英秀, 永秀, 永洙, 靈秀, 靈洙, 暎秀, 橖秀, 蘂秀, 榮秀' 등으로 9개의 이름으로 표기되어 있다. 문의군 전체 인명을 한자를 기준으로 하면 8,000명이 넘는다. 거주지역이나 한자를 보면 명백히 다른 사람으로 보이는 경우도 있지만, 같은 이름을 필사하면서 음이 같은 한자를 이용한 것으로 추정된다. 실제로 같은 시기에 제작된 충북 영춘군의 양안의 경우 정서본으로 2가지 필사본이 존재하는데 같은 필지, 같은 사람의 성은 '趙'로 한책에는 趙, 다른 책에는 曺로 표기한 경우도 실제 있다.

25) 1861(철종 12)-1905. 조선 말기의 문신. 1962년 건국훈장 대한민국장에 추서.

26) 1852(철종 3)-1935. 민영휘. 친일반민족행위자.

27) 1818년(순조 18)-1903년(고종 광무 7). 조선 후기의 문신. 본관은 은진. 자는 彦述. 호는 立齋・南谷. 회덕 출신.

28) 1844(헌종 10)-? 조선 말기의 척신(戚臣).

29) 1858(철종 9)-? 조선 말기의 문신. 본관은 남양. 자는 汝聞. 서울 출신. 헌종의 비인 효정왕비의 조카이다.

30) 1835(헌종 1)-1916. 조선 말기의 문신・친일반민족행위자.

31) 삼도면의 지명 란에서 피촌(皮村)이라는 마을이 있는데 여기에는 성은 없고 이름만 있는 사람들이 11명 정도가 가주로 있었다. '연봉, 갑인, 수업, 사백, 봉선, 만흥, 순종, 준학, 도봉, 만길'이다. 피촌은 '가죽촌'이라고 할 수 있는데, 현재 부강면 부강리 구들기 마을과 연결된 구역으로 이들의 직업은 앞에 피한 재흥 같이 피색장으로 추정된다. 같은 직업군이 모여서 살고 있다고 해서 피촌(가죽촌)이라고 마을의 한 구역에 이름을 붙인 것으로 보인다.

32) 1879(고종 16)-1922. 독립운동가・대종교인. 본관은 고령. 별명은 誠・木聖, 호는 睨觀・余胥・一民・靑丘・恨人. 충청북도 청원 출신. 아버지는 龍雨이다.

33) 1889(고종 26)-1955. 독립운동가. 일명 桓・斗興. 충청북도 청원 출생.

34) 좌목 명단 15인. 고령 신승구(申昇求), 풍양 조병집(趙秉輯), 영산 신시묵(辛時默), 영산 신재은(辛在殷), 상산 송원식(宋元植), 은진 송득용(宋得用), 진주 류진형(柳振馨),

광릉 이응재(李應載), 연안 이의국(李義國), 하산 성주천(成周天), 원주 원세환(元世煥), 전주 이호건(李浩建), 남양 홍종우(洪鍾禹), 경주 김기락(金基洛), 보성 오영석(吳永奭).

35) 본관은 고령이며 자는 道鄕, 호는 石軒이다. 가덕면 청룡리 출신으로 이조참판 申佐模의 아들이다. 가학으로 진사시에 합격하였으며 학문과 덕행이 뛰어나 향리에서 많은 제자를 양성하였다. 문집으로《石軒集》2권이 있다. 가덕면 청룡리 화산에 묘소가 있다.

36) 『訓令照會存案』, 「文義郡 거주민 吳鶴均의 先祖 寧城府院君 恭僖公 位土 및 분묘에 대한 礦軍의 犯採를 금지하는 訓令 제4호.」, 1905년 9월 5일.

37) 『충청남북도 각군소장』1책, 「津夫畓의 賭租를 舊例로 해줄 것을 바라는 津民들의 請願」, 1900년 11월 문서 93 (115쪽).

38) 『충청남북도 각군소장』13책, 「忠南 文義郡 邑內面 德留洞 驛土 作人 등이 일진회원이 奪耕한 驛畓 16斗落을 還作케 해달라는 청원」, 1906년 5월 9일 문서 7 (14-16쪽)

39) 『照會起案』, 「문의군 서기 김종태의 訴狀 건을 보내니 裁決하기 바람」, 1898년 01월 16일.

40) 정경임, 「광무양안을 통해 본 충북 소읍인의 경제상황」, 『충북사학』제26집, 충북사학회, 2011, 83쪽.

41) 한국충청북도일반에 의하면 1909년의 1두락(100평)당 미곡 생산량을 3두5승으로 보았기 때문에 100석(1000두)을 생산하기 위해서는 285.7두락(9.52정보) 정도를 소유해야 한다. 대략 10정보를 경작하면 100석의 생산이 가능하며 20정보는 200석을 생산하는 지주로 볼 수 있다.

42) 최윤오, 「앞의 논문」, 『앞의 책』, (서울, 혜안, 2010), 55쪽.

43) 『한국충청북도일반』제6장 농업 경작자조. 73면.

44) 『한국충청북도일반』제4장 민적. 1909년(융희 3)

45) 정경임, 「앞의 논문」, 『앞의 논문』제26집, 충북사학회, 2011, 〈표5〉, 〈표9〉, 〈표13〉 수정 재인용.

46) 이영호, 「대한제국시기의 토지제도와 농민층분화의 양상 -京畿道 龍仁郡 二東面 「光武量案」과 「土地調查簿」의 비교분석-」, 『대한제국의 토지제도와 근대』, (서울: 혜안, 2010), 203쪽.

47) 충북 괴산군양안에서 안숙의 경우를 예로 들면 초명인 필(泌), 자 공위(公威) 등으로 시주란에 이름이 기재되어 있다. (박걸순, 「安潚(1863-1910)의 經世論과 자정순국(自靖殉國)」, 『대한제국기 충북 괴산의 사회경제 구조와 위당(韋堂) 안숙(安潚)의 경세론(經世論)』학술대회 논문집, 2011, 97쪽.

48) 배항섭, 「제2차 동학농민전쟁」, 『한국사』39, (경기도: 탐구당문화사, 1999), 457쪽.

1) 권희돈, 「해설:광복기 문단의 화제작 제조기」, 『홍구범전집』, 현대문학, 2009, 435-446쪽.

2) 이에 대해 동시대 비평가 조연현은 "철저하게 삶의 의의와 근대정신이 가지는 모-든 문제에 대하여 이렇게 완전히 무관심할 수 있다는 것은 나에게 있어 한 개의 경이에 가까운 일"이라고 평가했다. 조연현, 「홍구범의 인간과 문학」, 『영문』8호, 1949.11. 홍구범·권희돈 엮음, 『홍구범전집』, (서울:현대문학, 2009), 416쪽에서 재인용.

3) 채만식은 「소년은 자란다」(1949)에서 민주주의의 오용을 비판하고 올바른 정치 체제 정립의 긴요함을 시사했다. 안미영, 「해방공간 귀환전재민의 두려운 낯섦」, 『국어국문학』 159, 국어국문학회, 2011, 265-294쪽.

4) 크리스토퍼 피어슨·박형신/이택면 옮김, 「국가와 근대성」, 『근대국가의 이해』, (서울: 일신사, 1998), 91쪽.

5) 평등사상은 동학교도와의 전주화약(全州和約)의 폐정개혁안 중에서 노예문서의 소각, 천인대우의 개선, 청춘과부의 개가허용 등으로 발현되었다. 이러한 요구가 전라도에 한정되기는 하였으나 한국근대사상 획기적인 사실이었다. 채정민, 「한국 전통적 정치사상에서의 민주주의적 요소」, 『효대논문집』35, 효성카톨릭대학교, 1987.8, 288쪽. 정창렬은 「天心卽人心」, 「吾心卽汝心」을 "사회적 신분에 관계없이 모든 사람의 인격이 하늘의 마음과 같다고 함으로써 '인간으로서의 해방'에 대한 지향이 평민의식의 내용으로서 터전을 잡았다고 본다. 정창렬, 「백성 의식, 평민 의식, 민중 의식」, 『현상과인식』통권19호, 한국인문사회과학원, 1981.12, 116쪽.

6) 오문환은 접포제에서 아테네 폴리스의 시민 민주주의의 원형과는 또 다른 한국 민주주의의 원형을 찾는다. 동학은 사회영역으로 작동하던 사대부가를 대신하는 접(接)이라고 하는 동학적 이념을 공유하는 수행적·자발적·공공적 조직체를 형성했다. 1860년 동학을 창조하고 배우려는 사람이 늘어나자, 수운은 182년 접주를 임명하였고 1863년부터 집주제를 본격화되었다. 요컨대 접(接)은 동학이라는 새로운 학문을 습득하는 모임에서 출발하였다. 오문환, 「동학에 나타난 민주주의:인권, 공공성, 국민주권」, 『한국학논집』 32, 계명대학교 한국학연구소, 2005, 194쪽.

7) 오문환, 위의 글, 205면. 윤석산은 서양의 종교가 '신앙'에 치중한다면 동양의 종교는 '수행'에 치중하고 있으며, 동학은 두 가지를 모두 겸하고 있다고 설명한다. 윤석산, 『동학, 천도교의 어제와 오늘』, (서울: 한양대학교출판부, 2013), 33쪽.

8) 오문환, 위의 글, 190쪽.

9) 홍구범에 관한 선행논의는 다음과 같다. 김외곤과 권희돈은 작품을 발굴하고 단행본으로 만들어 독자들에게 작가 홍구범을 널리 알리는 일을 했으며, 김영도 이도연 등은

작품에 대한 세부적인 분석을 했다.

김외곤, 「홍구범 소설 연구」, 『호서문화논총』 14, 서원대학교 직지문화산업연구소, 2000, 73-91쪽.

김영도, 「홍구범 단편소설의 인물 연구:인물의 심리를 중심으로」, 청주대학교 국어국문학과 석사학위논문, 2008.

권희돈, 「홍구범의 삶과 문학 연구」, 『새국어교육』 86, 한국국어교육학회, 2010, 431-452쪽.

이도연, 「홍구범 단편 연구:해방전후사의 인식과 관련하여」, 『비평문학』 41, 한국비평문학회, 2011, 249-277쪽.

김영도, 「홍구범 단편소설 연구:인물의 유형을 중심으로」, 충북대학교 교육대학원 석사학위논문, 2015.

10) '(비)국민'이라는 용어는 해방기 조선민족을 지칭하기 위해 고안한 용어로서, 일본 식민지로부터 벗어났으나 국가의 보호를 받지 못했던 민족의 문제적 상황을 내포하고 있다. 안미영, 『해방, 비국민의 미완의 서사』, (서울: 소명출판, 2016).

11) K는 R에게 매번 일자리와 돈을 청한다. 본시 "R과 K는 지극히 친밀한 친구였다. 어렸을 때부터 그들의 언어, 행동은 한 몸 같았다."(홍구범·권희돈 엮음, 『홍구범전집』, (서울: 현대문학, 2009), 43쪽. 이하 작품 인용은 이 텍스트로 하되 인용문 말미에 페이지 수만 부기함.) 해방이후 R은 오백여만원의 거액으로 밀수출을 시작했다. 북조선으로는 몰래 쌀을 팔고 남쪽으로는 인삼, 해산물, 종이 등을 가져왔다. 그는 모리배가 되어 국가와 법망 밖에서 부를 쌓자 친구를 기피한다.

12) '동학소설'과 '동학 소재 소설'은 다르다. '동학소설'은 천도교 및 동학 계통의 교단에 서 포교 목적으로 씌어졌거나 동학사상이나 교리를 선양할 목적으로 교인 혹은 교단에 우호적인 작가가 쓴 소설을 의미하며, 그 내용에 따라 포덕소설, 박해소설, 투쟁 소설 세 가지로 구분한다. (채길순, 「1920년대 동학소설 고찰」, 『한국문예비평연구』제39집9, 한국문예비평연구학회, 2012, 274쪽 각주 1번 참조) 반면 '동학 소재 소설'은 작가가 전달하려는 주제 실현의 방편으로 '동학'을 이야기 재료로 삼아 쓴 소설이다.

13) 김구는 입도 당시를 다음과 같이 회고한다. "과거에 낙방하고 난 뒤 관상공부에서 마음 좋은 사람이 되기로 결심한 나에게 하늘님을 모시고 도를 행한다는 말이 가장 마음에 와 닿았다. 또한 상놈된 원한이 골수에 사무친 나에게 동학에 입도만 하면 차별 대우를 철폐한다는 말이나 이조(李朝)의 운수가 다하여 장래 새 국가를 건설한다는 말에서는 작년 과거장에서 품은 비관이 연상되었다."김구·도진순 주해, 『백범일지』, (서울:돌베개), 2017, 42쪽.

14) 정창렬, 「백성 의식, 평민 의식, 민중 의식」, 『현상과인식』통권19호, 한국인문사회과학원, 1981.12, 116쪽. 민족으로서 자기 인식도 낮은 것으로 지적된다. 정창렬은

14세기 말에서 18세기 중엽까지의 시기를 백성, 백성의식의 시기로, 18세기 후반에서 1876년까지의 시기를 평민, 평민의식의 시기로, 1876년 개항이후 오늘날까지의 시기를 민중, 민중의식의 시기로 본다.

15) 조수는 십 리에 십 원씩 계산하여, 음성에서 서울까지 290원을 요구한다. 노인은 가진 돈이 200원 밖에 없어서 더 주지 못했다.

16) 노르베르트 엘리아스 · 박미애 옮김, 『문명화 과정』II, (서울:한길사, 1999), 382-392쪽 참조. 이하 수치심에 관해서는 노베르트 엘리아스의 위의 책을 참조함.

의암 손병희 사상의 철학적 조명 / 김영철

1) 이 부분에 대한 논의는 비교적 연구 결과가 많은 이유로 간략하게 다룬다.

2) 북접은 해월 최시형과 의암 손병희를 중심으로 동학의 교세를 확장하고자 하였고, 남접은 전봉준을 중심으로 하여 사회적 정치적 운동을 꾀하는 혁명 세력의 색체가 강했다. 하여 북접에서는 교세를 좀 더 확대한 이후 혁명할 것을 바랐던 것으로 보인다.

3) 윤석산, 「교단사적 입장에서 본 천도교 100년」, 『동학학보』 제10권 1호(통권 11호), 286-287쪽 참조.

4) 위의 논문, 286-287쪽 참조.

5) 『東經大全』, 「論學文」, "道雖天道 學則東學"

6) 사실 시천주(侍天主)의 의미는 다양하게 해석된다. 하지만 일반적으로 다음과 같이 해석된다. '시천주(侍天主)'의 시(侍) 자는 모심을 뜻한다. 하여 시천주는 천주가 내 안에 모셔져 있으면서 동시에 초월적인 존재로서 섬김의 대상이 된다. 따라서 시천주는 천주 안에 초월적 경향과 내재적 경향이 함께 공존하고 있음을 의미하기도 한다. 말하자면 천주는 인간을 포함한 우주 만물을 생성하는 초월적 존재며 동시에 인간을 포함한 우주 만물 안에 내재되어 살고 있는 존재로 이해된다는 것이다. 오문환, 「천주관: 영성과 창조성」, 『동학의 정치철학』, (서울: 모시는사람들, 2003), 17쪽 참조.

7) 윤석산, 앞의 논문, 288쪽 참조.

8) 최기영·박맹수 편, 『韓末 天道敎 資料集』, 국학자료원, 1997 참조.

9) 『의암성사법설』, 「각세진경」 참조.

10) 이돈화는 의암이 인내천을 천도교의 핵심교리로 삼았던 건 분명하지만 수운의 핵심 사상도 바로 인내천이었음을 주장한다.

11) 인내천에 대한 교리적 주해 혹은 설명은 『大宗正義』에만 나타난다.

12) 「대종정의」, 『한말 천도교 자료집 1』, 국학자료원, 1997.

13) 김용휘, 「한말 동학의 천도교 개편과 인내천 교리화의 성격」, 『한국사상사학』 25집,

220쪽 참조.

14) 위의 논문, 222-223쪽 참조.

15) 『無體法經』, 「眞心不染」 참조.

16) 『無體法經』, 「性心身 三端」.

17) 『無體法經』, 「性心身 三端」.

18) 「이신환성1」.

19) 「이신환성2」.

20) 『용담유사』, 「교훈가」.

21) 오심즉여심(吾心卽汝心)이란 천주인 한울님이 사람인 나의 마음에 머무르고 있는 실체라면 천주의 마음이 곧 내 마음이라는 뜻이다. 그래서 사람은 수심정기를 통해 오심즉여심을 깨닫게 된다. 말하자면 사람은 자신을 생각하면서 자신에 내재하고 있는 천주를 자각하게 된다. 따라서 천주인 한울님은 사람과 다르지 않은 존재이다. 천주는 사람 안에 머무르고 있고, 우리 사람은 수행과 수련을 통해 내 마음에 있는 천주를 자각하고자 끊임없이 노력해야 한다. 하여 오심즉여심이란 나와 다르지 않은 존재라는 뜻인 것이다.

참고문헌

갑오년 이후 의암 손병희의 의식변화와 개화혁신 / 임형진

「明理傳」	「本教歷史」	「三戰論」	『萬歲報』
『侍天教宗繹史』	『元韓國一進會歷史』	『駐韓日本公使館記錄』	
『天道教會月報』	『皇城新聞』	『萬歲報』	『東學史』

渡邊彰,『天道教と侍天教』, 大阪屋號書店, 1919.

朝鮮總督府 警務局,『天道教概論』, 1930.

천도교중앙총부교사편찬위원회,『天道教百年略史』(上), 1981.

國史編纂委員會,「李祥憲에 對한 探問書」,『駐韓日本公使館記錄』22, 1997.

國史編纂委員會,「李祥憲의 身上調查依賴件(1904)」,『駐韓日本公使館記錄』22, 1997.

김삼웅,『의암 손병희 평전』, 서울: 채륜, 2017.

김정인,「갑진개화운동의 정치사적 의미」,『동학학보』제7호, 동학학회, 2004.

김정인,「일제강점기 천도교단의 민족운동연구」, 서울대학교 박사학위논문, 2002.

성주현,「의암성사의 해외망명과 활동」(미간행 원고)

성주현,『손병희』, 천안: 독립기념관, 2012.

윤석산,「해월 최시형의 서소문 옥중 생활과 처형과정」,『동학학보』제38호, 2016.

윤정란,『한국전쟁과 기독교』, 서울: 한울, 2015.

의암손병희선생기념사업회,『의암손병희선생전기』, 1967.

李光洙,「天道教大領 鄭廣朝縱橫觀」,『東光』1931년 1월호.

이돈화,『천도교창건사』, 서울: 천도교중앙총부, 1933.

이은희,「동학교단의 갑진개화운동(1904-1906)에 대한 연구」, 연세대 석사학위논문, 1990.

조규태,「구한말 평안도지방의 동학-교세의 신장과 싱격에 대한 검토를 중심으로」,『동아연구』21, 서강대 동아연구소, 1990.

조기주,『동학의 원류』, 서울: 보성사, 1979.

조항래,「갑진혁신운동의 전말」,『동학』제1집, 동학선양회, 1990.

趙恒來,「東學과 甲辰開化革新運動」,『韓國思想』제22집, 서울, 韓國思想硏究會, 1995.

최기영,「韓末 東學의 天道教로의 개편에 관한 검토」『韓國學報』76, 1994.

최기영ㆍ박맹수 편,『한말천도교자료집』2, 1997.

최린,『여암문집(如菴文集)』하권, 여암문집편찬위원회, 1971.

한성대학교,『서소문역사공원과 동학의 관련성 검증을 위한 역사고증 학술용역 연구결과 보고』, 2016.

청주병영의 동학농민군 진압과 모충사 / 김양식

『淸州邑誌』　　　　　　『高宗實錄』　　　　　　『承政院日記』　　　　　『兩湖剿討謄錄』
『兩湖電記』　　　　　　『甲午軍政實記』　　　　『兩湖右先鋒日記』　　　『札移電存案』
『巡撫先鋒陣謄錄』　　　『先鋒陣呈報牒』　　　　『先鋒陣日記』　　　　　『甲午軍功錄』
『駐韓日本公使館記錄』『甲午戰亡將卒氏名錄』『宣諭榜文竝東徒上書所志謄書』

淸州 慕忠會編,「慕忠祠實記」,『慕忠祠』, 1991.
배항섭,『19세기 朝鮮의 軍事制度 硏究』, 서울: 국학자료원, 2002.
유동호,「朝鮮後期 淸州兵營의 군사조직과 재정구조」,『역사와 담론』제72집, 2014 참조.
이민원,「대한제국의 장충사업과 그 이념」,『동북아문화연구』제33집, 2012.
강민식,「경술국치 100년 그 흔적들」,『청주문화』제25호, 2010.

북접농민군의 교단 거점 수비와 청주 일대의 전투 / 신영우

『高宗實錄』　　　　　　『錦藩集略』　　　　　　『啓草存案』　　　　　　『甲午略歷』
『甲午實記』　　　　　　『甲午軍功錄』　　　　　『錦山被禍錄』　　　　　『召募日記』
『巡撫先鋒陣謄錄』　　　『先鋒陣日記』　　　　　『侍天教宗繹史』　　　　『天道教書』
『甲午東學亂』　　　　　『甲午軍政實記』　　　　『東學關連判決文集』37
『統理交涉通商事務衙門日記』　　　『駐韓日本公使館記錄』
『日本外務省外交史料館所藏文書(1)』韓國東學黨蜂起一件(110) 1894.10.8. 同黨再發情
　　　形報告

동학농민전쟁 백주년기념사업추진위원회 엮음,『다시 피는 녹두꽃』, 1994.
김문자,『朝鮮王妃殺害と日本人』, 高文硏, 2009(김승일역,『명성황후 시해와 일본인』,
　　　2011, 태학사).
이종각,『미야모토 소위, 명성황후를 찌르다』, 서울: 메디치미디어, 2015.
이융조·김경표·신영우,「손병희 생가복원에 대한 고찰」,『인문학지』제4호, 충북대
　　　인문학연구소, 1989.
신영우,「1894년 東學農民軍의 淸州城 점거 시도」,『충북사학』13집, 2002.

신영우, 「北接農民軍의 公州 牛禁峙·連山·院坪·泰仁戰鬪」, 『한국사연구』 154, 한국사연구회, 2011.

신영우, 「1894년 일본군 철로실측대 호위병과 충청도의 동학농민군 진압」, 『충북학』 15집, 충북학연구소, 2013.

신영우, 「1894년 남원대도소의 9월 봉기론과 김개남군의 해산배경」, 『동학학보』 33호, 동학학회, 2014.

신영우, 「1894년 일본군 노즈(野津) 제5사단장의 북상 행군로와 선산 해평병참부」, 『동학학보』 39, 동학학회, 2015.

『문의군양안』으로 본 청주지역 농민들의 사회경제 기반 / 정경임

量地衙門, 『忠淸南道文義郡量案』, 광무4년(1900).

內藏院, 『忠淸南北道各郡訴狀』.

法部 檢查局, 『照會起案』, 光武2年(1898).

內藏院, 『訓令照會存案』(1899-1907).

『한국충청북도일반』, 서울: 경인문화사, 1990.

越智唯七, 『新舊對照 朝鮮全道府郡面里洞名稱一覽』, 서울: 태학사, 1985.

이영훈, 『朝鮮後期社會經濟史』, 서울: 한길사, 1988.

이중환 지음, 이익성 옮김, 『택리지』, 서울: 을유문화사, 2012.

부강면지발간위원회, 『부강면지』, 세종: 성원, 2016.

청원군지편찬위원회, 『청원군지』, 청원: 청원군, 2006

국사편찬위원회, 『한국사』 39권, 서울: 탐구당문화사, 1999.

박걸순, 「安潚(1863-1910)의 經世論과 自靖殉國」, 『대한제국기 충북 괴산의 사회경제 구조와 韋堂 安潚의 經世論』(충북대학교 중원문화연구소 학술대회 논문집), 2011.

신영우, 「남한강 유역 충주·여주의 양안과 지역사 자료의 조사」, 『중원문화논총』 제11호, 충북대학교 중원문화연구소, 2007.

이영호, 「대한제국시기의 토지제도와 농민층분화의 양상-京畿道 龍仁郡 二東面「光武 量案」과「土地調査簿」의 비교분석-」, 『대한제국의 토지제도와 근대』, 서울: 혜안, 2010, 203쪽.

이영훈, 「朝鮮時代 主戶-挾戶 關係 再論」, 『고문서연구』 제25호, 고문서학회, 2004.

임학성, 「조선 후기 漢城府民의 戶口文書에 보이는 '挾戶'의 성격」, 『조선사연구』 제7집, 조선사연구회, 1998.

정경임,「광무양안을 통해 본 충북 소읍인의 경제상황」,『충북사학』제26집, 충북사학 회, 2011.

정진영,「18세기 호적대장 호(戶)와 그 경제적 기반11714년 대구 조암방 호적을 중심으로」,『역사와 현실』제39호, 한국역사연구회, 2001.

정진영,「조선후기 호적 '호'의 새로운 이해와 전망」,『大同文化硏究』제42호, 성균관대학교 동아시아학술원, 2003.

최윤오,「대한제국기 충주군양안의 지주와 농민층 분해」,『광무양안과 충주의 사회경제 구조』, 서울: 혜안, 2010.

해방공간 (비)국민의 실태와 민권 탐구 / 안미영

홍구범 · 권희돈 엮음,『홍구범전집』, 서울:현대문학, 2009.

김구 · 도진순 주해,『백범일지』, 서울:돌베개, 2017.

김외곤,「홍구범 소설 연구」,『호서문화논총』14, 서원대학교 직지문화산업연구소, 2000.

김영도,「홍구범 단편소설의 인물 연구:인물의 심리를 중심으로」, 청주대학교 국어국문학과 석사학위논문, 2008.

권희돈,「홍구범의 삶과 문학 연구」,『새국어교육』86, 한국국어교육학회, 2010.

이도연,「홍구범 단편 연구:해방전후사의 인식과 관련하여」,『비평문학』41, 한국비평문학회, 2011.

김영도,「홍구범 단편소설 연구:인물의 유형을 중심으로」, 충북대학교 교육대학원 석사학위논문, 2015.

안미영,「해방공간 귀환전재민의 두려운 낯섦」,『국어국문학』159, 국어국문학회, 2011.

안미영,『해방, 비국민의 미완의 서사』, 서울:소명출판, 2016.

오문환,「동학에 나타난 민주주의:인권, 공공성, 국민주권」,『한국학논집』32, 계명대학교 한국학연구소 2005.

윤석산,『동학, 천도교의 어제와 오늘』, 서울:한양대학교출판부, 2013.

정창렬,「백성 의식, 평민 의식, 민중 의식」,『현상과인식』통권19호, 한국인문사회과학원, 1981.12.

채길순,「1920년대 동학소설 고찰」,『한국문예비평연구』제39집, 한국문예비평연구학회, 2012.

채정민,「한국 전통적 정치사상에서의 민주주의적 요소」,『효대논문집』35, 대구효성카톨릭대학교, 1987.8.

노르베르트 엘리아스 · 박미애 옮김,『문명화 과정』II, 서울: 한길사, 1999.

크리스토퍼 피어슨·박형신/이택면 옮김, 「국가와 근대성」, 『근대국가의 이해』, 서울: 일
신사, 1998.

의암 손병희 사상의 철학적 조명 / 김영철

『東經大全』　　　　　『無體法經』　　　　　『義菴聖師法說』　　　　『大宗正義』
『천도교회사』　　　　『신인간』　　　　　　『天道敎會月報』　　　　「萬歲報」
「天道敎月報」

강동진, 『日帝의 韓國侵略政策史』, 서울: 한길사, 1980.
김완수, 『동학·천도교약사』, 서울: 홍문당, 2003.
김용휘, 「한말 동학의 천도교 개편과 인내천 교리화의 성격」, 『한국사상사학』 25집, 2005.
조극훈, 「의암 손병희의 이신환성에 나타난 철학적 의미」, 『동학학보』 제24호, 동학학회, 2012.
윤석산, 「교단사적 입장에서 본 천도교 100년」, 『동학학보』 제10권 1호(통권 11호), 동학학회.
이돈화, 『人乃天 : 要義』, 서울: 개벽사출판사, 1925.
이돈화, 「인물을 통해 본 동학사상의 계승; 이돈화의 동학사상과 정치이념」, 『동학학보』 제22호, 동학학회, 2011.
이현희, 『3·1혁명 그 진실을 밝힌다』, 서울: 신인간사, 1999.
김정인, 「일제강점기 천도교단의 민족운동 연구」, 서울대학교대학원 박사학위논문, 2002.
오강남, 『세계 종교 둘러보기』, 서울: 현암사, 2003.
임태홍, 「손병희의 신관」, 『동학연구』 14, 15집.
윤석산, 『동학교조 수운 최제우』, 서울: 모시는 사람들, 2004.
천도교교서편찬위원회, 『천도교 약사』, 서울: 천도교중앙총부. 2006.
최기영·박맹수 편, 『韓末 天道敎 資料集』, 서울: 국학자료원, 1997.
황종원, 「20세기 초엽 천도교의 인내천 교의 및 심성론에 대한 비판적 연구」, 『대동철학』 44집, 2008.

찾아보기

[ㄱ]

가사계권 183
가섭사 243
가옥 182
가주 202
갑진개화혁신운동 90
『갑오군정실기』 127
『갑오동학란』 140
강건회 167
강령 254
강화 254
개벽 24, 25
개신 15
개화 71
개화운동 78
개화혁신 83
개화혁신운동 91
경군 150
공(公) 15
공공(公共) 15
공공실천 16, 17, 18
공공인식 16, 17, 18
공공철학대화 16
공공(하는)철학 쿄토포럼 15, 19
공동(共動) 15
공방전 168
공주성 56
관군 43
광무양안 173

교육 사업 244
교조신원운동 35
교주 243
군로실측대 160, 161, 162
근대화 244
금강변 전투 52
『기구회첩』 187
기와집 186
기포령 125, 128, 138
기화 22
「길은 멀다」 214
김개남 155, 156
김개남 군 157, 158, 159, 163, 164, 165, 166
김연국 71

[ㄴ]

농민 197, 228

[ㄷ]

다시개벽 24, 25
대고천하 91
대도견성 255
대전 107
「대종정의」 248, 249
대화 15
덕의대접주 70
덕포 41
도전(道戰) 85
독립운동 247
동(東) 19

「동경연의」 248
동덕여학교 92
동학 18, 19, 26, 29, 36, 67, 68, 78, 84,
  167, 208, 214, 218, 219, 233, 235,
  241, 246
동학 1세대 231, 232
동학 2세대 232
동학 3세대 232, 236, 237
동학교단 126
동학교도 246
동학군 38, 43, 50, 53
동학농민군 98, 111, 114, 159
동학농민혁명 67, 97, 208, 245
동학당 234
「동학당정토약기」 62
동학도 234
동학운동 218, 236, 238

문의 153
문의군 178, 182, 204
『문의군양안』 173, 174, 197, 198
『문의군읍지』 175
문의면 177
문의전투 139
문의 지명장전투 113
문중별 제사 시설 191
문화 20
물질개벽 25
미국 74
미나미 고시로 51, 53, 62, 142, 143
민간교육시설 189
민권 218, 224, 231, 236, 238
민족운동 208
민주주의 215
민회운동 92

[ㅁ]

『만세보』 91
「명리전」 87
모더니티 문명 84
모리오 대위 150
모충단 122
모충사 98, 119, 122
모충회 120
무기 159
무장봉기 156
문명 91
문명개화 68, 74, 91, 93
문명개화노선 74
문명개화운동 92

[ㅂ]

박문국 92
박인호 30, 37, 41, 61, 70
반봉건 항전 35
백학산 57
백화산 58
별동대 62
별동대원 42
별동대장 38
보성학교 92
보은 97, 243
보은 장내리 125
북부지방 71
북접 129, 243

북접농민군 125, 126, 128, 139, 140, 146,
   149, 161
북접원정군 140
(비)국민 215, 218, 238
비정개혁 89
빈농층 201

[ㅅ]

사(私) 15
사인여천 256
사자암 243
삼전론 84, 85, 86
생명개벽 26
생업개벽 26
생활개벽 26
서(西) 19
서구문명 71
서장옥 72, 167
성씨 197
세교 131
세성산 40, 41
세성산전투 111
소농 174
소농층 201
손문 76
손병휘 114
손병흠 71, 75
손병희 44, 67, 69, 70, 73, 75, 84, 167, 241,
   242, 245, 248
손천민 72, 129, 167, 243
솔뫼마을 36
송동춘정자 189

스나이더총 102
승전곡전투 42, 44
시라키 중위 54
시자(侍者) 255
시주 201, 206
시천(侍天) 21
시천기화 18, 19
시천주 246, 248, 255
신식무기 159ㄴ
신앙생활 245, 251, 252, 253, 254
심즉천 249, 256
쌍교 131

[ㅇ]

아스카이 소좌 138
양안 198, 207, 209
「양전사목」 179
양천주 256
양호도순무영 39
『양호우선봉일기』 62
언전(言戰) 85
오관 247
오명립지선정 188
오사카 75
오세창 91
오심즉여심 255
오억령 195
오일상 41, 48, 60, 167
외유 68
용해 34, 35
우금치전투 29, 58, 61
우금티전투 114, 151, 170

원화위인 23
위토 193
이규성 31, 32
이규태 40, 112
이두황 39, 108, 109, 110, 113, 137
이두황부대 108, 111
이상헌 80, 82
이신환성 253, 254
이용구 75
이제현 31
이종만 29, 33, 37, 49, 60, 61
인권 224
인내천 245, 248, 249, 250, 253, 256
인내천 사상 241, 251
인재 양성 77
일본 88, 208
일본군 29, 43, 150, 154, 159
일본군 중로군 149
일본행 68
임소사 116

[ㅈ]

자각 254
자기인식 256
자작농 202
자천자각 252, 255
장위영군 113
재세이화 23
재전(財戰) 85
전라도 129
전봉준 39, 40, 156
접화군생 21

정신개벽 25
정탐병 138
조선인 218
종통설법식 71
증약전투 149, 153, 154
지기(至氣) 22, 251
지명장 49
지명장터 49
지명진전투 47, 62
진보회 90, 92, 244
진압군 146

[ㅊ]

차경농 202
창룡사 220
척왜항전 38
천덕산 70
천도교 68, 78, 91, 245, 246, 247
천도교 시대 78
천주 248, 252, 253, 255
철학 15
철학대화 20
철학 대화운동 26
청산 38
청안 138
청주 97, 122, 128, 167
청주병영 97, 98, 99, 115, 120, 121
청주병영군 105, 107, 121
청주병영 진남영 103
청주성 127, 137, 154, 169
청주성 공격 105
청주성전투 128, 154, 155, 169

청주성 점거 130
청주지역 97
최린 78
최시형 33, 35, 69, 125
최윤 57, 58, 64
최제우 24, 247, 256
친군진남영 99

[ㅌ]

토지 179, 197, 207, 210
토지대장 173
토지 소유 198

[ㅍ]

포함삼교 21

[ㅎ]

한솔벌 48
한솔벌전투 49
한울님 248, 250, 253, 254, 255
해방 236
해외 망명 72
협호 184, 185
홍계훈 104
홍구범 213, 214, 215, 216, 218, 226, 236,
     237, 238
홍순형 186, 189
홍주성전투 170
화(化) 23
화당서당 191

화승총 53, 130
황무영 220, 224
후비보병 독립제19대대 142
흑의단발운동 90

[기타]

1차 봉기 129
2차 봉기 169
3 · 1운동 78, 93, 242

동학총서 008

충청도 청주 동학농민혁명

등록 1994.7.1 제1-1071
1쇄 발행 2017년 9월 30일

기 획 동학학회
지은이 김태창 이상면 임형진 김양식 신영우 정경임 안미영 김영철
펴낸이 박길수
편집인 소경희
편 집 조영준
관 리 위현정
디자인 이주향
펴낸곳 도서출판 모시는사람들
        110-775 서울시 종로구 삼일대로 457(경운동 88번지) 수운회관 1207호
전 화 02-735-7173, 02-737-7173 / 팩스 02-730-7173

인 쇄 상지사P&B(031-955-3636)
배 본 문화유통북스(031-937-6100)
홈페이지 http://blog.daum.net/donghak21

값은 뒤표지에 있습니다.
ISBN 979-11-86502-96-9   94900
SET   978-89-97472-72-7   94900

이 도서의 국립중앙도서관 출판예정도서목록(CIP)은 서지정보유통지원시스템 홈페이지(http://
seoji.nl.go.kr)와 국가자료공동목록시스템(http://www.nl.go.kr/kolisnet)에서 이용하실 수 있습
니다. (CIP제어번호: 2017022591)